朋友,祝福你!祝你在追寻人生意义和成为领袖的道路上好运!

——[美]肯尼斯·尤金·贝林

[美]肯尼斯·尤金·贝林 著
孙昌坤 侯萍萍 方堃杨 译

The Road to Leadership

生当为仁杰

——寻找人生的意义

山东大学出版社

图书在版编目(CIP)数据

生当为仁杰:寻找人生的意义/(美)贝林著;孙昌坤,侯泮泙,方堃杨译.—济南:山东大学出版社,2014.5

书名原文:The road to leadership, finding a life of purpose

ISBN 978-7-5607-4995-2

Ⅰ.①生… Ⅱ.①贝… ②孙… ③侯… ④方… Ⅲ.①贝林,K.E.—自传 Ⅳ.①K837.125.38

中国版本图书馆 CIP 数据核字(2014)第 024560 号

责任编辑:马银川
封面设计:张　荔

出版发行:山东大学出版社
社　址　山东省济南市山大南路 20 号
邮　编　250100
电　话　市场部(0531)88364466
经　销:山东省新华书店
印　刷:山东鸿杰印务集团有限公司印刷
规　格:720 毫米×1000 毫米　1/16
15 印张　244 千字　64 插页
版　次:2014 年 5 月第 1 版
印　次:2014 年 5 月第 1 次印刷
定　价:48.00 元

献　辞

谨以此书献给世界上所有的领导者以及所有希望成为领袖的人。谢谢你们帮我找到了人生的意义。

致　谢

感谢我的朋友、家人以及环球健康与教育基金会的同仁，还有与我一起做慈善事业的伙伴们。没有你们，就不会有这本书。书中的很多故事都来自于赞助人、志愿者以及团队成员的报告。他们奔波于世界各地，将教育、健康以及能够使人自由行动的礼物传递给数百万人。

感谢将我的书稿编辑成型的编辑们，他们是彼得·巴恩斯、谢丽尔·巴恩斯、乔尔·霍奇、黛安·里弗斯、娜迪亚·斯科尔尼斯基、阿曼达·拉尔森以及苔丝·塞万托斯；感谢乔尔、查理·巴特菲尔德、玛塔·赫特琳蒂以及陈天为本书提供照片；当然，我也要感谢书中所提到的学校、博物馆以及各种组织，感谢他们为本书提供图片和内容。尤其应当感谢凯茜·高恩为我提供的国家历史日活动照片。

我还要感谢基金会的同事以及我的商业伙伴们，感谢他们帮助我确定一些事实，让我的回忆更准确。他们是史蒂夫·贝金、唐·威廉姆斯、安妮特·安德森、沈安琪、韩云、查理以及乔尔。感谢贝林集团上海办事处的贡献。感谢我的儿子大卫为本书校稿。

最重要的是，我想借此感谢我的妻子帕特。六十多年来，我们相濡以沫，互相扶持。我要感谢她的默默支持，感谢她能从不抱怨，容忍我的编辑访客、那些我离开家写书的日子以及我堆在厨房餐桌上的一箱箱照片。

特别要感谢中国办事处的李嫣琪女士为本书中文版校稿；感谢山东大学在本书中文版的翻译、校稿、出版、印刷过程中给予的巨大帮助与支持！

[美]肯尼斯·尤金·贝林

2014年1月

目录

我的人生信条

荣誉不属于那些评论家。不属于那些指出强者如何栽跟头、实干家如何才能做得更好的人。荣誉属于那些身在竞技场、满脸泥污、血汗交织、勇敢拼搏的人。他们会犯错，但却一次次爬起来从头再来，因为所有的尝试都伴随着错误与失败。他们知道要满怀激情、敢于奉献地投身于一项崇高的事业。他们最好的结局是品尝到功成名就的喜悦，但即使出现最坏的结局，他们失败了，他们也至少勇敢地尝试过。所以，他们的地位永远是那些冷漠、胆怯、不知成败为何物的灵魂所无法企及的。

——[美]西奥多·罗斯福

引　子

> 当我出生时，我哭，众人笑。当我去世时，希望会是我笑，众人哭。
>
> ——匿名

我是一个普通的人，平凡度日，在成长的过程中，积累了一些朴素的人生经验。

我出身贫寒，但已拥有荣华富贵——事实上，我所拥有的财富，远远超乎小时候的想象。依照世俗的标准，我实现了“美国梦”并且跻身于社会顶层，成了商界领袖。

然而回望我的成功之路，我意识到相对于寻找人生意义这样真正的成功而言，获取经济上的成功要容易得多。只有倾注心思、时间、关爱、金钱为他人提供更好的生活，人生才有意义。

世间很多男男女女都没有真正的生活目标，他们除了努力填充自己的银行账户外，就再也没有更高的追求了。有些人倾其一生追逐金钱，但大部分时间里却徒劳无功；有些人挣的钱自己花不完，开办的公司寿命比其自身生命都长。这两种人都认为自己在追求幸福。但他们都错了。

今天的世界面临着越来越多的危机，经济、环境、国际事务等各方面的威胁都在，但我们缺少着眼未来的领导者。要成为领导者，你需要有目标。要成为领导者，需要的远不只是金钱、豪车和宽大的办公室。

我了解特权阶层的感受，也熟悉他们的生活方式。过往对财富的追求让我无法看清我可能错过的一切。每一刻我都在追逐一个自己力所能及的目标——赚钱，却没有时间去留意其实可能错过了一些只能感觉得到的东西。

坦白地说，在感觉的空间里，我做得并不好。但我知道有些人做得很好，他们总能超越因追逐物质而产生的冲突、恐惧、压力，他们发现了自身天性中被亚伯拉罕·林肯总统称为"本善"的特性，成为给予者与领导者。因此我知道人是可以改变的。

我开始把这群不多的幸运儿称作"找到人生目标的人"。他们承载的使命是要做一份超越自我的事业，是要追逐一个方向，这方向让他们的人生充满意义并常常使他们成为领导者。面对每一天，他们信念坚定，充满激情。相对于名利而言，他们会更多地关注如何让生命更有意义。

我也认识到，其实任何人都可能成为有人生目标的人，都可以加入这个无需会员卡的俱乐部。入会资格与你的出身无关，不会因为你突然暴富或一夜成名而获得，与金钱也没有一点关系，但却与寻找和保持快乐息息相关。这里的"快乐"不是指单纯的开心，而是指精神上的愉悦。

很简单的事实是，我自己并没有一开始就领悟人生的意义。我领悟到人生的意义是在我被《福布斯》杂志列为全美最富有的 400 个人之一之后，是在我把孩子们都抚养成人——孩子也有了自己的孩子之后，是在我修建了几座城市并且拥有了一只职业橄榄球队之后，是在我生活的大部分时间都被那个现代但却被误用的短语定义之后。在此之前，我一直认为物质上的成功就是我梦寐以求的成功，但现在看来这可笑至极。

我第一次目睹人生的意义，是在2000年，当我把一位瘦小的越南女孩抱起来放上一把轮椅的时候。那一刻，她找到了希望。那一刻，我明白了一个长期无法行走的人若拥有行动的自由将意味着什么。我看到小女孩感受到一种她过去从未知晓的自由。她的脸上绽放出笑容，眼睛明澈如正午的天空。我明白，这一刻女孩经历了很多的改变，而我自己则改变得更多。

那是记忆中有生以来第一次，我感觉到了精神上的愉悦。而我希望能做任何力所能及之事让这种感觉保持下去。这种追求让我成为全世界帮助残障人士重获行动力这项事业的领导者。这也让我明白我们其实有更多的事业可以做，我们也需要更多的领导者，而我也确信应当将领导能力的培养作为自己追求的目标之一。

送辆轮椅给一个身体残疾的越南女孩并没有花掉我多少钱，也没有耗费我很多时间。敞开心扉，通过一种善良的行动，去用心接触他人，这一过程相当简单。一旦意识到这一点，我立刻就会想到还有许多事业可以去做，还有许多机遇可以让我去当领头羊。

走向有意义的人生并且成为领导者并不难。我相信这条道路的最初阶段就是我曾听人们谈到的：找到人生的意义之前通常要经历想要更多、更好、更与众不同的阶段。

一开始我们会更关注物质层面。当我们是儿童、青年人或者刚刚开始自己事业的成年人时，我们为物欲所累，一心想尽快得到最多。对我这个出身贫寒的孩子而言，当时是希望得到最基本的生活用品——比如有热水以及有一个室内浴室这样简单的事情（我当时拼命想挤进高中橄榄球队的原因之一就是在学校里我能有热水淋浴）。一旦基本的需求满足了，我们会继续努力工作，去购买自己的第一辆车、第一套房子等。

当我们拥有了更多的东西以后，我们就开始希望品质上的提升。作为成年人，我们有漂亮的轿车，也许还有自己的房子，里面有各种家具和生活设施。但我们不满足，我们希望房子在更好的社区，希望拥有更豪华的车子和珠宝首饰，希望到更有异国情调的地方去度假……

随着时光流逝，收入增加——也许此时孩子已经长大，走出家门。但是，许多人仍然不满足，于是我们最终把注意力转向那些与众不同的东西。我们追求的不再是房子在哪个高端社区，而是高端社区里最大的房子；不再只是一辆豪车，而是最豪华、最炫的车；不再只是舒服地度个假，而是在滑雪胜地拥有独立的公寓来度周末。

如果我们有幸能够攒下自己花都花不完的钱，我们便会参加《名流生活》[1]电视节目的拍摄。我们不再只是想要一幢昂贵的房子，而是想要纽约曼哈顿公园大街上1万平方英尺的顶层公寓；我们不再只是想要一辆昂贵的汽车，而是想追

---

① 即 *Lifestyles of the Rich and Famous*，为1984～1995年美国多家电视台热播的一个电视系列剧的名称。

求特工“007”詹姆斯·邦德在电影中所驾驶的阿斯顿·马丁[①];我们不再只是想去痛痛快快地度个假,而是希望能单独安排到俄罗斯圣彼得堡的冬宫博物馆进行参观。而我,则是收藏了世界上最多的老爷车,买下了一支职业橄榄球队、一艘私人游艇以及自己的私人飞机——一架麦道 DC-9。

但无论我得到的多么多,多么好,多么与众不同,内心深处还是有一种空落落的感觉。没有人同我谈过人生的意义以及如何界定人生的意义,但凭直觉我知道生活中缺失了一些东西。我很自私,并且认为“物质”才能给我快乐。如果我能早一些明白和体验人生的意义的话……

认识到人生意义的人已经超越了“想要更多,想要更好以及想要与众不同的阶段”。他们逐渐懂得,在这三个人生阶段之外,还有一个阶段,而这个阶段才是最重要的,这就是有意义的人生。

我很遗憾自己浪费了许多年才找到人生的意义。这不是因为我缺少求索的欲望,而是因为起初我认为自己只要经济上成功了便可获得这一切。事实是,我把人生进步的阶梯靠在了错误的墙上,直到自己到达了这部阶梯的顶端才无助地意识到错误之所在:尽管事业一帆风顺,但是自己却从不知道什么是真正的幸福,甚至到哪儿去寻找也不知道。

我的故事讲述的是一个取得了巨大物质成功的普通人做了几件普通的事,而后又因机缘巧合,发现了真正的快乐之源。

这个故事讲述的是我的人生历程和我的人生探索。我

① Aston Martin,英国同名汽车公司生产的豪车。

依照上述的四个阶段来展开叙述，是希望我的故事能帮到读者朋友们，让你们能够避开我所走过的弯路。我希望通过把你们引导到寻找人生意义和成长为领袖型人才的道路上，来帮助你们找到人生目标和值得为之奋斗的事业，找到属于你们自己的快乐并好好珍惜。

与我一起前往人生最奇妙的所在——有人生意义的地方吧！

第一部 想要更多

More

More

第一章 我的第一辆“车”

> 感恩生活，因为它给予你机遇。
>
> ——［美］亨利·凡·戴克

1928年6月13日，我出生在伊利诺伊州弗里波特市一家医院的电梯里。我迫不及待地来到了这个世界，这预示了我一生中的一个基调——从不静待事情发生，而是创造条件促使事情发生。当时正值20世纪20年代末，美国经济大萧条刚刚开始。[①] 尽管我在弗里波特市出生，但是却在紧邻弗里波特市的威斯康星州门罗镇长大。门罗是一座小城市，居民大多为瑞士和德国人的后裔。这些人工作勤奋，家家都有奶牛场，生产着世界上最好的奶酪。

我父母的美国梦并不成功，但他们的努力为我以后的成功奠定了基础。在我出生前几年，他们失去了自己的农场。为了养家糊口，我的父亲埃尔默把家从弗里波特搬到门罗，开始在舅舅的木材厂做工，工资是每小时25美分。为了多挣些钱，我的母亲梅为人家打扫房子、洗衣服，与她的表姐妹们一起为人家贴墙纸。

① 指1929～1933年美国的经济大衰退。

我们家很穷，但餐桌上总有食物。不过每晚吃的东西大致相同——炸土豆和黄瓜。这些都是我家后院的大菜园里自己种的。肉只是偶尔才能吃到。我们的房子每月租金12美元。社区的周围有一个啤酒厂、一个奶酪厂、一个煤场，还有声音嘈杂的铁路。房子里没有热水和暖气。祖父去世时，留给了父亲1200美元。父亲用这笔钱把这所房子买了下来。

父亲的工作时间很长，而且要每天两次往返于家和木材厂之间。这对于他来说相当痛苦，因为他的脚部畸形，虽然做过一次手术矫正，但手术失败，他的脚也从未痊愈。即使在温度降到华氏零下20度[①]的时候，他也要在冰天雪地里步行去上班。父亲回家吃午饭，因为只有在家里他才能吃上一口热饭。

整个冬天里，我都瑟缩着睡觉。我家的厨房里有一个圆肚火炉，但它离我睡觉的地方隔着两个房间，中间还有两道门。室外温度降到零度以下[②]了，我还只有毛毯保暖。想洗热水澡，只能自己在炉子上烧水。童年时代的大部分时间里，我只有一件工装裤可穿。家里的车子很破旧，而且大部分时间都开不了。

家里总是入不敷出，生活充满了压力。家人很少有时间一起随意聊天，也少有父母和孩子一起活动培养亲情的机会。我想当时家里的情况就是如此，因为我出生时父母年龄已经很大，父亲39岁，母亲32岁。当时我姐姐也已经长大，她比我大13岁。我是家里的累赘，在父母为生存挣扎的时候来到了这个世上。

我的父母没有远大的梦想。我猜，他们的梦想在失去农场时就已经破灭了。所以我似乎也不应该有什么所谓的梦想。但是，我的确有梦想。

我梦想有一天能走出门罗，我知道这小镇外面是另一个世界。我

① －28.9℃。

② －17.8℃。

是通过在电影院看短片和《巴克·罗杰斯》[1]的故事知道这些的。但我的父母说梦想只会让人失望。他们说：“你是个穷人，肯尼斯。你说的那些事是做不到的，忘掉吧……”我记得母亲告诉我：“你要提高自身的修养，你想凭外貌成功是不大可能的。”我当时看上去一定是一副很受伤的样子，因为母亲很快转过身，回头去照管炉子。

这一刻虽然已经过去了七十多年，但我还能记得每一个细节。我想，依照当时我们家的条件和未来的发展前景，母亲的建议应该是当时她能给出的最好建议。而我也知道父母在当时没有能力教我如何实现自己的梦想。

虽然当时生活艰难，但我从未觉得自己生活中缺失了什么。大萧条时期，几乎所有人都飘摇在同一条船上，艰难度日。事实上，我感觉自己的童年还挺快乐。小镇生活的所有快乐片段至今仍深深印在我的脑海里：与亲戚们一起野炊，与表兄弟们一起坐在舅舅的卡车的车斗里去湖边，整日钓鱼，小学童的相互依恋，沿着铁轨去抓野兔、野鸡和松鼠给家人改善伙食……我喜欢追逐动物，喜欢动脑筋同它们斗智；我也喜欢在附近的小河、沟渠和湖中钓鱼。

当时父母唯一强制我做的一件事就是上音乐课。他们在所有的乐器中为我选了手风琴。我觉得这很傻，我那时一直在想：“上音乐课的钱是从我们的口粮里扣出来的。”幸运的是，后来我参加了一次门罗镇音乐比赛，而我所有的音乐梦想也随之结束。我是这次比赛中唯一的一位手风琴选手，但评委们却给我颁发了一个二等奖。我的表现一定很糟糕，因为在一场只有一位选手参加的比赛中，我却得了个二等奖。

我童年时代最大的创伤是一次严重的车祸。当时我 10 岁，过马路时被一辆车撞倒。剧烈的碰撞导致我头骨骨裂，整整一个星期都昏迷不醒，徘徊在生死边缘。我伤得很重，醒来时记不起发生了事故，连

---

① 指摄于 20 世纪 40 年代的美国科幻片《巴克·罗杰斯》(*Buck Rogers*)。

走路也得重新学习。

儿童时代很多情况都是我难以驾驭的，但我不会让这些成为自己实现梦想的阻碍。我感觉自己很特别，觉得自己与父母及邻居都不同。我不想让父母的态度成为我实现自己目标的障碍，我们在任何时候意见都不一致。他们都是好人，但我不以他们为傲，我们很少交流。我学会了快速吃饭，只为能尽快离开餐桌去做自己的事。

于是，小小年纪，我就变得非常独立。我 6 岁的时候开始打零工，从那时起，我已经能为自己拿主意了。我当时捉蚯蚓拿去卖，一罐 5 美分。

等我又长大些，能推动剪草机的时候，我开始利用晚上或周末的时间为别人修剪草坪挣钱。我会走到邻居家，甚至陌生人那里，询问他们需不需要我修剪一下他们的草坪，价格是 25 美分，如果草坪面积大，就得一片 50 美分。另外，在当地的高尔夫球场上，我还得到了一份球童的工作，每轮比赛他们付给我 35 美分。

但直到我父母给我买了辆自行车后，我才真正成了一个小生意人。父母兑现了一份我出生时他们为我投的人寿保险，给我买了辆自行车。我不在乎那份人寿保险单，我想要一辆自行车，非常想要。而要给我买自行车，那份保单是我父母唯一可用的资金。

那是一桩大买卖。这辆自行车价值 28 美元，在大萧条时期，那绝对是数目不小的一笔钱。车子是最好的款式，不是那种便宜货。这开启了我的一种生活模式——我想要的是最好的。我不希望任何人的自行车比我的好。那是一辆有着深、浅棕色色调的施文①自行车，车上装有一个大大的篮筐。车把上还安了一盏灯，这样在天亮前我骑行的时候就可以用上。这件事对我很重要，因为有了自行车，我就可以骑着它去赚钱了。对我来说，这是那一段时间里最了不起的事。

10 岁时，我开始在早晨上学前为当地的一家奶酪加工厂工作。我

① Schwinn，美国著名自行车品牌。

通常早上 4 点起床，然后骑自行车去工厂。

我要接大约 20 个农场的活。农民挤好牛奶，把牛奶装到大桶里送到工厂来。我的工作就是帮助这些农民卸下牛奶桶。工作 1 小时，工厂付给我 10 美分。

有了这辆自行车后，我找到了自己第一份正式的工作——卖《密尔沃基日报》。我有了自己的送报路线。我开始卖报纸，每卖掉或送出一份提成 1 美分，周日版则每份 2 美分。

我开始规划自己的未来。平生第一次，我真正明白了钱是如何赚来的。吃一堑，长一智，我也学到了一些销售策略。不出几天的工夫，我就学会了把我的报纸拿到市里，摆在杂货店的门口卖，越近越好，只要店主不赶我走。只有在这些地方，你才会有顾客。在我 11 岁的时候，我已经学到了生意上的第一课：地段，地段，地段！

这辆自行车让我第一次可以自由地活动。我可以走得更远、去得更快，我开始重视利用时间。这样在很小的时候，我就学会了如何自力更生。（我当时一点都不知道车轮几十年后会在我的生活中扮演重要的角色。）我开始把赚到的钱交给父母以补贴家用。

我还做过其他工作。12 岁时，我去当地的一家杂货店工作。起初，我不得不去整理货架。但我请求去做销售。农民们会把鸡蛋送到店里来，我们需要清点鸡蛋的数量。然后他们会用鸡蛋换日用杂货。我喜欢鼓动他们把鸡蛋都换成他们可能需要的杂货，这样店里就能有充足的鸡蛋来转卖给其他顾客了。最后，这份工作已经能使我拿到每小时 25 美分的报酬。这很重要，因为这意味着此时我已经挣得同父亲一样多了！14 岁时，我开始在夏天到舅舅的木材厂工作，我所做的是从箱车往卡车上装运 50 磅一袋的水泥，这让我能挣更多的钱。开始的时候我的薪水是每小时 25 美分，最后能挣到每小时 50 美分，比父亲的薪水高了一倍。但父亲从不对舅舅抱怨自己的薪酬低，我猜他是不想冒失去工作的危险。

16岁时，我在本地的蒙哥马利—沃德百货公司[①]找到了一份工作。因为有过在杂货店工作的经历，我知道自己喜欢与人打交道，喜欢销售。我很擅长做这个，我可以在蒙哥马利—沃德百货公司做销售赚更多的钱。这显然要比在奶酪厂搬运奶酪或往卡车上装水泥挣得多。很快我就把工作做得相当出色了。因为在公司只干了两周多一点的时间，经理就安排我管理两个部门：体育用品部与涂料部。

我总是尝试着把一单销售额5美元的生意变成100美元。如果有顾客来店里购买刷一间房子的涂料，我会对他说："如果你把房子外面也刷一下，你的房子会更值钱。我们的涂料价格合理。你能买得起，我们会送货上门……这样你的房子会值很多钱……"我让很多人把自己家的牲口棚也刷了一遍。如果有人来买价格便宜的渔线轮，我通常会告诉他："用这样的渔线轮你钓不到鱼。你得买个好点的。"

我的销售才能大概是与生俱来的。我很快学会了不在那些我们称之为"橱窗购物族"的人的身上浪费时间。你听听他们的话，随便问几个问题就能辨别出来。如果碰到这样的顾客，我会马上把他推给别人。如果遇到真心实意想买东西的客户，我会去了解他们愿意花多少钱，而这也是需要通过聆听和询问来了解的。一个好的销售人员先要聆听顾客的话，然后与其交谈。我学会了揣摩顾客的需求，然后为他们推荐需要的产品。我见到过很多销售人员"过度销售"，也就是说，他们一旦看到某个人有购买的愿望，就不停地给人家推销这个推销那个，弄到最后顾客什么东西都不愿买了。一旦开了单子，就不要再额外兜售什么，不然顾客最后可能什么都不买。

有时候顾客想要的东西会缺货。我意识到这是一个机会，于是我自己做起了运动器材生意。我就在自己家的房子外面做生意，枪、摩托车、渔船……有需要，我就找货源。周末的时候，我会开车去周边的城市、乡镇以零售价购买这些东西。然后回家标高价格把它们转售给

① Montgomery Ward，美国的一家大百货公司。

我们本地的客户。我认为这不只是一桩好买卖，更能为人提供方便。很快，我在家里挣得钱就比在蒙哥马利—沃德百货公司挣得还要多。

在卖渔具的同时，我也开始卖汽车。我15岁时花80美元买了自己的第一辆车——一辆1928年产的庞蒂克轿车。后来，有人撞了我的车，我通过保险理赔得到了100美元，然后买了些旧零件找人把车修好（我把自行车卖掉支付了修车费）。车仍然是我的，修好后我把它卖给别人，然后自己另换了一辆。就这样，我开始涉足汽车生意。我把两辆不同部位有损坏的车买下来，找修车店把它们重新拼装成一辆车。通过做汽车生意，我第一次明白不用干体力活也能赚钱。

手里有了钱，我便开始了自己另外一个毕生的喜好：购物。我为自己买了第一辆车，为父母买了他们的第一台收音机。我会时常去看看我们家屋外的商品销售目录，看看那些枪和钓鱼竿。我急不可耐地要买一辆更大的车，买最好的钓鱼竿，还有其他最好的什么东西……我想要得到更好的东西！作为一个在大萧条时期成长起来的孩子，我的梦想都集中在我能得到或能追求到的东西上。

我渴望得到更多。当你有了一丁点的时候，你就会渴望得到更多，渴望有所成就，渴望物质的东西，渴望成功。这种饥渴一直伴随我一生，推动我更加努力地工作，成就更多的事业。当我有了自行车、轿车、各种工作以及自己的雄心后，我明白了没有什么是不可能的。

但即使在当时，我也知道自己是在寻找一种东西。只是我还不知道这种东西是什么。

今天，我想我很幸运能有这样的父母。

他们给了我最需要的东西——独立。他们努力在大萧条的年代生存下来，没能花更多的时间陪我。但这也给了我自己探索、成长的自由。我学会了自己为自己作决定。我快速地学会了很多。我开始体会到任何活动都有意义，这正如任何你所认识的人对你都有意义一样。我明白了任何一种行动都会有结果。我喜欢这点。我记得在我10岁之前，我就认识到行动与各种人际关系所起的作用。在我还没有明白这种观念究竟是什么、能对一个有雄心的人有什么帮助时，我就意识到了这点。这种年少时的体验对我以后的经商生涯大有裨益。在商界，领导才能和决策技巧至关重要。

我的朋友们也都有过这样的经历。不同的是，长大后，他们当中的很多人满足于自己所做的事，把它变成了自己的职业。我也曾一度希望自己能像他们一样知足常乐。他们看起来心满意足，他们善良、勤谨，相处起来很愉快。许多人至今与我保持着密切的联系。他们能安定下来，舒舒服服地生活。他们的生活令他们心满意足，就如我想象和渴望的生活也要让我心满意足一样。

那我为什么就不能安于现状呢？直到今日，从我第一次有了那样的感觉以后，时光又已经走过了70年，可我还在思考。到底是什么让我从不停歇，甚至片刻也不耽搁？我的父亲从不说起他未曾实现的梦想，母亲总是尽力让我考虑得更现实些。我的近亲们都在很幸福地干着蓝领的工作，他们当中任何人都不会教给我不应满足现状、保持进取之心。

那么我这种强大的进取动力来自何处呢？也许是来自那次几乎夺走我生命的可怕事故，也许是来自我们的贫穷，也许是因为缺少父母的关爱和亲情……我不知道。不管是何种原因，我不明白它的根在哪里。事实上，再过上60年，我也搞不清楚。当时我意识到的只是我的生活中缺少了什么。在我很小的时候，我就开始寻找机会，参加活动，获得物质上的成功，以填补我内心的空虚。我需要找到一种成就感。

我想从我最初的经历可以看出，是工作填补了我的这种空虚感。工作不仅让我觉得自己有用，而且还让我觉得自己是被需要的，因为我在帮助我的父母维持生活。工作给了我成就感和前进的力量，也让我有些自负。对我来说，仿佛我越努力工作，对我自己还有那些依赖于我的人而言，我就变得越重要。同时，我也领会到，越努力工作，运气也就会越好。

我早年所干的工作都是不体面的粗活。多年以后，我儿子无法明白当时我怎么能那么高兴地去除草或当球童。我不能责备他们。这些工作的确很无聊，而且出力不讨好，但在我人生的那个阶段，我很自豪能有这样的工作并且用心去做。当时我清楚地知道自己工作时的感受。时间没有白费，行动都会有结果。我们家的条件改变了，基本生活水平提高了，这些改变都是努力工作带来的。

对我来说，一个人做什么不重要，重要的是他要努力工作，道德高尚。我的父亲是二者兼备的人。很多年以后，我慢慢明白我与父亲的区别其实不在于谁更能干，不在于智力的高低，也不在于能力的强弱。

我与父亲的区别是，我永不知足——至少满足不了多久。

一段新经历也好，从事一份新工作也好，我迟早会感到厌倦。然后我就需要去寻找更好的机遇。

我可以自由地选择，我敢于冒父亲不敢冒的风险，因为家人并不依赖我养家糊口。父亲已经失去了农场，尽管我们从未谈过此事，但我确信这动摇了他的信心。随着年龄的增长，安定生活比经济回报对父亲更重要。父亲从未学过我学到的一堂重要的课——回报有时和风险是成正比的！

在工作中，我找到了自由。但我并不是每时每刻都享受工作的。也有些单调而沉闷的粗活，做完后使我浑身疼痛。那年夏天在舅舅的木材厂装运那些 50 磅一袋的混凝土时，箱车里的气温经常会攀升到华氏 100 度①以上。我们每天长时间地工作，只是偶尔歇一会。晚上，我走路回家，身上以前从未疼过的地方都开始疼起来。每天早上醒来时，身体僵硬疼痛，我都忍不住会算算还有几天是礼拜天，因为礼拜天我可以休息一天。那个夏天非常悲惨，但后来的事实证明这份经历对我的未来非常重要。所以还是那句话，艰辛的付出必有回报。

我当时只有十几岁，身高 5 英尺 10 英寸(约 1.78 米)，体重 195 磅

① 37.8℃。

(约 88.5 公斤),腿短,重心低。这些体力劳动锻炼了我的身体,增强了我的身体的协调性和力量。艰苦的工作环境让我能耐高温、耐疲劳。我学会了不做无谓的抱怨,只去做好自己的工作。

我不知道自己是如何度过那个夏天的。但秋天来临的时候,我得以入选校橄榄球队。我准备好了。虽然有种种的厌烦与苦痛,那个夏天的工作却是我早年最重要的人生经历之一。在当时我没有意识到这一点,但艰苦的工作却让我准备好了迎接日后的成功。这项工作在那时比其他任何事都能让我明白自己是什么样的人以及未来要成为什么样的人。

More
第二章 赛场

> 改善你的弱点，直到它们变成你的强项。
>
> ——[美]克努特·罗克尼

我从橄榄球运动中悟到了许多人生道理。少年时代我就很喜欢这项运动，一个赛季刚结束，就迫不及待地期待着下一个赛季的到来。橄榄球让我十分满足，它发挥了我与生俱来的能力，让我善于竞争，而且让我生平第一次同时得到了同龄人和长辈的认可。这份对橄榄球的热爱直到现在都没有消退。

但是橄榄球带给我的远比这更多。

橄榄球在门罗很受欢迎，是这个小城的人们所喜爱的为数不多的娱乐活动之一。我体重 195 磅，是门罗高中"奶酪大师队"最高大的队员。我不仅强壮，而且擅长冲刺。当时学校的年鉴评价我是"为橄榄球而生"。进攻时，我司职跑锋；防守时，我司职线卫。而且我喜欢撞击。我明白了在球场上能够震慑对手是一大优势。我发现如果你撞击对手比对手撞击你更用力，你就永远不会受伤。

我并不是最好的运动员，但每次上场我都付出一百二十分的努力。每次比赛我总是打满 60 分钟，从不中途退场。有一次，我患了严重的流感，卧病在床。但那一周的比赛我们要对阵联赛最好的队伍。我从床上爬了起来，去了球场。队友们都担心我打不了比赛，但我的出现增强了他们的信心。因此，尽管那一天我状态不佳，但最终却帮助球队赢得了比赛。

很早我就锻炼出了自己的运动能力，无论是打猎、捕鱼，还是游泳，我都在行。10岁那年，我和镇上的一位富家女孩一起进行体育运动。她比我大一岁，像个男孩子，非常擅长运动。在和我一起运动的人当中，她是最强的。为了能和她匹敌，我不得不拼命。如果她打网球赢了我，我会想方设法赢回来。我会观摩她和她朋友打球，试图找出她的弱点。从她身上我学会了加倍努力，并设法发现对手的弱点。最后，我终于赢了她。

我对疼痛有很强的耐受力。暑期打工时我曾待在炎热的货运车厢里，这种经历教会我不去理会疼痛。我能够控制疼痛，并保持积极的心态。我把对疼痛的耐受力和积极的态度带到球场上。队友们都因为长时间的艰苦训练而累倒了，我却没有。我热爱训练，我经常感到训练后比训练前更精力充沛，我不希望比赛结束。我想这一点在我的态度里表现了出来，因为之后不久我就当上了队长。我经常出现在当地报纸体育版的头条。“贝林跻身威斯康星橄榄球领军人物称号”，一则头条曾这样写道。

出于某种原因，在我的首秀赛季，我买了一双我能找到的最大号的鞋子。这双鞋比我的脚大了整整五个号。我在鞋子里塞进棉花，想让鞋子合脚——现在我真不知道当时是怎么想的。赛季进行到一半时，我的教练在一场比赛中间把我叫离场地。他命令我把可笑的“小丑鞋”脱掉，换上一双合脚的小号鞋子。他从我的一位队友那里拿了一双小码鞋子给我。结果，我在场上的表现马上有了改观。

也许当时想要大一点的鞋子，是因为这样会让我觉得自己更高大，更不容小觑。实际原因还是交给心理学家去研究吧。但我可以肯定的是，那双大号鞋子所显露出的我当时的个性，远比我想了解得更多。

我们的战术并不复杂，就是人们常说的“一次前进四码，卷起一阵沙尘”，只不过在威斯康星州的橄榄球赛季，大部分时间场地是泥泞的。我很快就发现了我的短腿带给我的竞争优势。在泥泞的地面上和对手正面交锋，我有着更大的优势。每四次进攻我就能拿到两次传球，然后上场穿过锋线，一会儿向左，一会儿向右，或越过对方的守卫，把球抢断，或绕过边锋……我在赛场上总是竭尽全力。有一次比赛，大雨滂沱，场地泥泞，对方球队想要取消比赛，因为他们知道我们在泥泞场地里的优势。但我们的教练坚持继续比赛。那一晚，不管球是否在我手里，对方防守队员都会竭力将我扑倒在地。但是，尽管对方球员把我当作重点防守目标，我跑的距离还是创了纪录。

当年，运动员主要凭借与生俱来的能力参加比赛，因为那时还没有今天的运动员训练所使用的高级训练工具。那时没有体重室，没有训练员，没有饮食补充剂，也没有交叉训练，不过有热水淋浴。橄榄球为我提供了生平第一次的热水淋浴。当然之前我就知道热水和室内管道是怎么回事了，但我们家里并没有这些。在我们家的前院只有一个抽水机。它有两个用途：为家人提供冷水和拴住我的猎犬布奇。当然，直到布奇死的那一天，它也没学会为猎人指路。

有一位名叫尤金·戴维斯的队员让我懂得成功并不需要天赋。尤金体重 135 磅，他并不具备橄榄球运动员的典型特点。就他的体质而言，你会觉得他更适合加入国际象棋队。他有着金色的头发，做事情精神高度集中，然而他的体格和外表仅仅是他的一个方面。

他的勇气惊人。作为一名阻截后卫，他会奋不顾身地迎击场上那些个头比他更大的对手而并不在意自己可能会受伤。他会为我在人墙中打开一个缺口，然后回到队员当中听取指示，如此往复。在我的记忆中，最后一整学年尤金自己没拿过一次球，但他从来也没抱怨过。进攻时矮小的他站在后场，防守时他司职角卫，很多次他都让我想到了杀人蜂：不知从哪里杀了出来，冲上去攻击个头大他两倍的对手。

而有时，他居然会将对手们撞倒在地。

那些最坚韧、最成功的人往往是人们最不看好的，赛场上，这些人是用心去比赛。尤金是第一个让我懂得这个道理的人。自那一刻起，我认识到一颗勇敢之心的可贵。一名队员的精神面貌，以及他那精明、诚恳、热情的品质，都会感染其他队员。

对我来说，橄榄球赛很少带来身体上的疼痛，这要归功于以前在酷暑里装卸货物的经历。但刚开始时，橄榄球赛却令我在情感上十分痛苦。因为，几乎所有人都到场支持我们的球队，而我的父母却从未去过。

父母从未到场观看过我的比赛，这让我很失落。学校给参加比赛的学生家长发放免费球票。我会把球票放在家里的餐桌上，并向父母提及比赛。一开始，我还会在看台上寻找他们的身影，希望他们能到场，但他们从来没有出现过。我很失望，非常伤心。

但事后想想，我不应责备他们。父亲每天回家后已经非常疲惫，他不能为了比赛而提前下班，因为他不能为此丢了那份每小时 25 美分的工作。不说别的，那时我们一直欠着杂货店的钱。几年以后，我才发现父母一直都没还上买食物所欠下的钱，一直欠着店老板的账(后来是我还上了那笔账)。

所以过了一阵子，我就不再在看台上寻找他们了。我提醒自己，他们真的抽不出空来。而从这一经历中，我开始思考金钱以及金钱所能买到的自由这个问题。在我远没有获得成功的时候，父母缺席比赛这一经历就让我领悟到了时间和金钱之间的关系。不仅时间是金钱，而且金钱也能够提供时间。

橄榄球还教会我如何做一个领导者。我比其他队员都要高大，所以我能负责整个球队，而且我也想当领导者。我并不是四分卫[①]，但基本上队里的事情都由我决策。队里的四分卫是我的一个朋友，一位优

① quarterback，美式橄榄球的全队灵魂传球手。

秀的运动员，人也很好，但我担心他不够重视我。而且每次进攻我都想拿球，所以队员集合时，如果我不认同他的指令，我就会推翻他的指令，而其他队员也会认同我的看法。每一次进攻和防守我都想参与其中，我热爱奔跑。

显然，我在赛场上学到了一些东西。1946 年的情人节那天，校友们在体育馆集合，纪念我们最后一学年赢得联赛冠军。我们的教练霍华德·夏普和校长 T. R. 霍利奥克向我们颁发了小型的金色橄榄球奖杯和校名首字母标志[①]。被认可的感觉真好！

有时在比赛之余我也发挥自己的领导力。曾经有过一次不甚光彩的经历，但我也从中有所收获。

那时离毕业还有三个月，日子过得懒懒散散，包括体育课。我们因为打球和教练都很熟，所以体育课也非常不正式。正是年末，我们觉得无聊，而教练却对此却不理不睬。所以我和朋友们经常不上体育课，跑到马路对面的一家酒吧去喝酒聊天。

然而有一天，我们在酒吧里玩得太惬意了。也许是都喝了太多的啤酒，时间过得飞快，不知不觉间体育课已经结束，下节课已经开始了。当我们赶到教室时，我们竭力不让自己的呼吸散发出酒精的味道，但老师还是拒绝我们进教室。究竟是有人告诉她我们去了哪里，还是她从我们的举止中看出了端倪，现在已经记不清了，但我确切地记得她要求我们离开，停课反省。

我本该接受应有的惩罚，然后第二天再来上课，应该为自己的行为感到后悔。但当时的我非常傲慢，目中无人。我使出了自己前三年锻炼出来的领导力，设计出了一套报复学校的计划。我和同学哈罗德·戴维森组织了一次罢课，但抗议的不是我被停课——我知道我的同学不会为这事儿罢课。

我找到了一个更好的理由。早些时候，学校宣布要解聘夏普教

① 指美国学校作为奖品授予校队优秀运动员的校名首字母标识。

练，把他的职位让给即将从二战战场上归来的堂·哈德斯顿教练。虽然夏普教练带领我们取得了联赛冠军，但学校对哈德斯顿教练做出过承诺，并且学校也将信守这一承诺。

我知道如果以支持夏普教练的名义组织罢课，一定能从同学中得到足够的支持。于是我就这么做了。消息很快传开了，第二天，城区广场上就有数百名学生高喊着口号、高举着标语进行游行示威。他们要求学校留任夏普教练。

我的做法是不诚实和错误的。但这次罢课让学生们几天不上课，直到主管我们学校的教育局长 E. O. 埃文斯把我叫到了他的办公室。他要求我停止罢课，让同学们回到学校。

虽然我找了一个虚假的借口发动了罢课，但我从埃文斯局长那里学到了宝贵的一课。罢课让他很尴尬，挑战了他的领导地位。但他并没有生气或者跟我争辩，而是从更有效的两个层面应对我：他谈到了与我的个人关系，也谈到了我组织罢课的理由。

埃文斯局长的儿子是我的朋友，我之前经常去他家玩，而局长也一直对我很好。我们谈话刚开始，他就提到了我们的这层关系。他是在这个框架下来谈我的行为和造成的后果的。他让我承认我们之间确实有着良好关系，可以彼此视为朋友。然后他转到了问题的核心——对哈德斯顿教练的承诺。

他说，这位教练在战争中为国效力，为门罗带来了荣誉，而局长先生已经对他做出过承诺……这些我都无法争论。当他谈到最后一点时，我已经打算退缩了。我很惊讶，我彻底投降了。

埃文斯局长说他知道我组织罢课那天都发生了什么，他和我们的老师进行过交流。他知道我的动机是错的，但他提出了一个我不能拒绝的建议。他说他将允许我回校上课，并且对那天我去酒吧喝酒的事也不再追究。我同意了。于是罢课就这样结束了，同学们回到了学校。但最终，哈德斯顿教练也没有回到门罗。这些年来我一直为自己的行为感到懊悔，而这一事实大大增加了我的懊悔程度。我不知道哈德斯顿教练到底为什么没回到门罗，但我常常想这是不是因为那次罢课和我糟糕的行为所致呢？如果确实如此，我现在想真心说一声："对不起，教练！"

自那以后，我明白了一个道理，拥有魅力人格，但只为一己私利而冒险的人是做不了好领袖的。以原则为核心的领导力必须建立在无私的勇气、务实的智慧和崇高的道德标准之上。拥有这种领导力的人以诚实为基础，关注的是如何为他人创造最大利益，而不管他人理解与否。因此，伟大的领袖不一定总是受欢迎，但他们会坚持到底。民意调查、公众意见、艰难的尝试都不会动摇他们。他们的目标超越了普通人的眼界，而且他们能够在更大、更有意义的背景下考虑眼下的行动和当前的时事。

虽然这些教训经常重演，但它们早已在门罗高中的橄榄球场上留下了最早也是最不可磨灭的印记。而我即将着手把它们应用在"真正"的世界里。

More

第三章 鸡舍

> 如果一个人能发挥自己的技能和想象力，并全力以赴做事而不偷奸耍滑，他一定能获得成功。
>
> ——［美］亨利·福特

高中毕业后，我打算在威斯康星大学打橄榄球，在这之前有一位教练鼓励我参加大学级别的比赛。我和朋友哈罗德·戴维森花了 35 美元买了一辆小型房车，把它挂在一辆小汽车后面运到麦迪逊[①]。我们把房车停放在校园附近的一家加油站后面，每月给加油站老板 3 美元，用来支付水电和一间浴室的费用。

秋天的麦迪逊风景很美，校园里一派忙碌的景象。能成为大学橄榄球联赛这个大型赛事中的一员，我感到很高兴，但我的大学生涯很快就结束了。在赛季前的训练中，我的膝盖受了重伤，这使我失去了获得运动员奖学金的机会。我明白在这种情况下继续待在学校几乎是不可能的。当时又正值二战结束，高年级学生服完兵役后返校，争取资助很难，我根本没有留在学校的物质基础。另外，到了冬天，我们

① 威斯康星大学麦迪逊分校所在地。

的房车里冷得像个冰窖。暖气在装满燃料后最多只够供 3 个小时的暖,晚上入睡几乎是不可能的事情。这更坚定了我另谋出路的决心。于是,一学期后,我辍学了。

离开大学是我人生中的重大转折点,也是我一生中为数不多的犹豫不决的事情之一。我差点重返校园:我大一时的一位教练是原海军上校,毕业于安纳波利斯的海军学院。他建议我转学到那里,而不是彻底放弃大学。当时我已经通过了大学联赛所要求的最严格的体检,觉得自己能适应海军学院,而且这个主意似乎值得一试。于是我动身了。开车开了 300 多英里后,我改变了主意,调头回到了家乡门罗。在车开到路上的某个地方时,我突然意识到自己连普通大学的校规都受不了,更何况是一所军校!那时,我就知道自己应该去工作挣钱。我清楚自己会去经商,我绝不会为别人的公司打工,所以我也用不着什么大学学位。而且我当时也没有耐心——我不想再等三年半才开始职业生涯。

离开学校前,我完成了几门课的学习,其中一门课叫"城市规划"。教授问我是不是从另一所大学转学过来的,因为之前他从未在校园里见过我。我回答说我是一名大一学生。他很震惊——他告诉我他的课是给大四学生开的,但他还是让我留了下来。有一次做作业,我对一整座城市进行了规划。而在以后的生涯中,我在佛罗里达白手起家建造了一座城市。所以,我想自己在大学里还是有所收获的。

我对自己十分有限的大学经历从不感到后悔,只有一点有些遗憾——我没有那些在毕业后可以保持联系的朋友和同学。但我最终获得了一个学位——2002 年,杨·伯明翰大学授予我荣誉博士学位,作为对我慈善贡献和商业成功的认可。六十几年后的今天,我更成为了深圳大学和山东大学的荣誉教授。说实话,我唯一能教给孩子们的就是努力工作!

高中毕业后,我的一位最要好的朋友迪克·比勒玛加入了海岸警卫队。他和我一样,需要在生活中闯出一条自己的路。他也和我一样，在成长中遭遇了各种不幸的逆境。他妈妈去世后，爸爸又娶了一个妻子。继母拒绝抚养迪克，因为看见迪克，她就会想起丈夫的前妻。迪克的爸爸有一份不错的工作，本可以抚养他。但由于新任妻子的反对，迪克被送到门罗的爷爷奶奶家，只能依靠政府救济金生活。

迪克成为我在学校亲密无间的朋友。我们是在垒球队认识的，当时为了谁打某个位置而发生争执。他突出的个性和极强的冒险精神给我留下了深刻的印象。当时他已经被迫跟父亲断绝了来往，他眼看着同父异母的弟弟妹妹们享受着他从未享受过的宠爱和机遇，但他不愿被这些击垮。他一直在生活中寻求上进，从海岸警卫队退役后，他找到了一份当泥瓦匠的工作。

迪克和其他开始了职业生涯的朋友激励了我。我仔细考量了自己的职业选择，除了橄榄球，我还热爱汽车。我曾在蒙哥马利－沃德公司工作并做了几年汽车生意，学会了如何销售，如何揣摩顾客心理，如何定位顾客的需求并为了完成销售而帮助他们进行必要的联络。因此我决定成为一名汽车销售员。

曾和我一起在蒙哥马利－沃德公司工作的一位朋友已经离开了这家公司，在当地一家哈德逊汽车的专卖店工作。听说我回到了家乡，她找到我并告诉我，她所在的专卖店急需一位优秀的销售员。然而，哈德逊汽车的销路不是太好（是美国商业史上最失败的产品之一）。因此，六个月后，我到了当地的雪佛兰专卖店工作。在我看来，雪佛兰于 1948 年和 1949 年生产的汽车，包括在门罗需求量很大的卡车，都是市场上最好的车。老板付给我毛利润的四分之一作为提成，并让我一同决策经营。他允许我到外地出差，从其他专卖店购买新车，并带回门罗。我对汽车的兴趣使我能敏锐地察觉到顾客的需求。不久，我赚的提成比管理该店的老板的儿子和女婿还要多。他们决定减少我的提成，从按毛利润计算改成按净利润（减掉运营开支）计算。这等于把我的薪水减了一半，我决定不干了。我走后他们没有了出色的销售员，生意受到较大损失。门罗镇有这样一句话："好吃懒做的猪会被宰杀，贪得无厌的人会自食其果。”①因为他们变得贪婪，所以现在要承担后果。

在雪佛兰专卖店工作了两年后，我跳槽到一家克莱斯勒汽车专卖店。厄内斯特·斯图特是这家店的老板，非常勤劳，为人诚实，拥有一个大家庭。他也给我进货的权利，另外还让我负责二手车交易。但我很快意识到他最感兴趣的其实是农用机械，而且正打算退出汽车销售行业，所以在这里我同样看不到未来。

我越来越肯定一件事：为他人工作让我感到失望。所以我萌生了成立自己公司的想法——贝林汽车公司。那年我 21 岁，高中毕业已有四年，觉得不能再依靠别人维持生计。我想做自己愿意做的事情，而且越快越好。而我的老板们都不是雷厉风行的人。我很快明白了一个道理：大部分人是先考虑事情，然后再动手去做。而我是先动手做事，然后再去考虑。我的顺序是预备，开火，瞄准。我意识到如果只是为他人工作，将永远不能取得自己期望的那样的成功。

我爸爸一直为别人打工。从某种意义上说，我还是有点儿佩服他的。他是一名好员工，也为家庭提供稳定的收入。当我在雪佛兰和克莱斯勒的专卖店工作时，我尽力成为父亲那样的员工——总是按时上班，从不缺勤。而且我很快就喜欢上了这种安全感。我本可以永远在这些地方工作，过着很体面的生活。当时，雪佛兰专卖店付给我接近 1 万美元的年薪，这在 20 世纪 40 年代的门罗可是一笔不菲的收入。

这个收入足够养活我的妻子和孩子。高中时我就结识了帕特·里弗，但并不怎么熟。那时她和我的好朋友杰瑞·斯古瓦伊格交往，有一次他们约会时也叫上了我和她的一位女性朋友，想帮我们牵线搭桥。但我和她的那位朋友并没有擦出火花，而且我有点怨恨她把我和

---

① 原话：You feed the pigs, but you send the hogs to the market。“hog”指的是体重达 120 磅以上，饲养用以买卖的肉猪，常在英语谚语中暗指贪得无厌的人（如 pigs get fat and hogs get slaughtered）。上文中作者也是同样的意思，意指太过贪得无厌是没有好下场的。

不喜欢的人拉到一起。

高中毕业后，她就在蒙哥马利一沃德公司会计部工作，我在销售部工作。当时，在每笔订单成交前，我甚至就已经在脑子里算好了每一笔提成的数额。到了发工资的日子，我能算出自己的报酬，数额精确到角。有一次我的报酬算少了，我便对帕特大发脾气。我站在她的办公桌前，几乎要指责她偷拿我的提成。而她却对我微笑，平静地回答说她会马上查看一下，如果有问题会立即处理。这笔报酬确实有问题，而她妥善地解决了。

我当时太过冲动，事后觉得有点尴尬，但从大学退学回到门罗后还是不顾面子去邀她出来约会。那时她正和我的一位朋友约会，那位朋友还是门罗警察局局长的儿子，但这阻挡不了我。我们第一次约会是在德尔文湖的舞会上。树林里很凉爽，由一根根电线杆连接的电灯照亮了舞台。现场有一支大型乐队，演奏了许多流行歌曲，都是汤米·多尔西①、阿蒂·肖②和格伦·米勒③的作品。那天帕特在办公室的自信表现深深印在了我的脑海里。面对我，她看起来很放松。她也没对我表现出很大的好感——我的意思是，我可是门罗最棒的汽车销售员呀，可能在全县都是最棒的！而且我开着很高档的汽车——一辆一年前买的1948年的亮黄色别克敞篷车。她话不多，但好像对我这个人以及我对生活所发表的看法由衷地表示出兴趣。

我们一起快乐地度过了那个晚上。不过，当我把车停在她家门口时，她的表现让我很吃惊。她马上跳下车跑进屋里——连一句“晚安”都没说。我没想到她会这样。我把车从马路边开走，不知道自己究竟什么地方做错了。我是不是忘了做什么事情？我们玩得不够尽兴吗？我一边开车，一边回忆了晚上的情景，包括我们的谈话和活动。我说

---

① Tommy Dorsey，20 世纪 20 年代开始活跃在美国的爵士乐手。

② Artie Shaw，美国 20 世纪 40 年代红极一时的摇摆乐手。

③ Glenn Miller，美国 20 世纪 40 年代著名的爵士乐手。

错什么话了吗？对她不够注意吗？是不是我的哪位朋友对她说了些什么？

第二天一早她就揭开了谜底。她打来电话为她唐突的离开道歉——她说当时在外边待的时间太久了，一直没能去洗手间。我说我能理解，并第二次约她出来。她同意了，然后我们的浓情蜜意持续了整个夏季。关于我的个性，她的继母曾警告过她。“换作我就不会和他谈恋爱”，她说，“他这一生只会打猎、钓鱼，直到老得秃顶”。不管怎样，她说的都是对的。虽然她的继母有这样的顾虑，但帕特还是和我相爱了。1949 年 10 月 16 日，我们结婚了。那时她 20 岁，我 21 岁。

打从一开始，帕特显然就是最适合我的独一无二的女孩。她全力支持我，愿意帮我做我需要做的任何事，并且给我足够的自由和空间。我需要这种自由和空间，因为我正计划从零开始建立自己的汽车专卖店。

我说服了雪佛兰专卖店的老板，用 900 美元购买了他仓库里 27 辆最便宜的车。我用自己的积蓄付了这笔钱。我所买的车绝不是什么豪华车，但我至少有了自己能买得起的起始库存。

我面临的第一个挑战是找到一块合适的场地，价钱不能太贵，而且位置要好。我发现城郊的一条高速公路旁有个合适的地方，便以每月 100 美元的价格租了下来。因为它处于低洼地区，所以价格很便宜。但我需要把房屋盖在地面高度以上，才能适合放置车辆。

因为没有很多钱去填埋这块场地，我想出了一个主意：门罗的建筑商正在为新的建设项目挖掘地下室。他们把泥土铲起来，然后倒在一边。如果我能说服他们把沙土给我，而他们因为有地方处理这些泥土而付给我钱的话，那该多好！我联系了好几家建筑商，令我吃惊的是，他们都同意了。而且他们付给我的报酬是一车土 25 美元，而事实上这些报酬刚好够我购买石子铺在泥土上面。

不久我就改造好了停车场，并准备用一间鸡舍做我的办公室。

是的，你没听错，一间鸡舍。它是我用 25 美元从当地一家农场买的。我认识农场主的儿子,这个价格还包括了运送鸡舍的费用。当鸡舍送到时,里面沾满了如水泥般坚硬的鸡粪。里面的气味真让人受不了。我花了好几天才把鸡粪刮掉,把内墙清理干净。只有喘不过气来的时候我才出去清清肺部,呼吸一下新鲜空气。要是给别人打工,这个活儿我是绝对不会干的,但这间鸡舍预示的前景让我坚持了下来。这段记忆一直非常鲜活地储存在我的脑海中,以至于直到今天,我的眼前还能清晰地浮现当时的情景,鼻子中还能闻到当时的气味。

接下来我就忙着喷漆。我记得当时刷了十层漆,每刷一层,我都觉得离新的机遇和新的人生更近了一步。然后我给木地板铺上油布。我用上了在蒙哥马利—沃德公司的电工部学到的知识,在屋子外面安装了照明灯。我在场地四周每个边上放了四个电线杆,将灯泡接在一起。

我决定把鸡舍外墙漆成红白两色,这样能引起过路人的注意。标志上写上"贝林汽车"。鸡舍里,只有天花板上有一盏灯,但这是我的第一间办公室。这里没有看时间的钟表,没有职责分工,也没有销售员。周末和节假日我也不能休息。一切都由我自己来,我所有的心思都花在了这上面。

就这样,我开始了我的汽车生意。一开始,生意还不错。专卖店开张两天后,我卖掉了第一辆车——我以 100 美元的价格卖掉了一辆 1931 年的奥兹莫比尔。

不过,很快我就遇到了严峻的挑战。店铺开张后没几个月,雨季就开始了。雨水和填埋的泥土混在一起,使得车库的地面开始下陷。那些泥土是自视聪明的我让建筑商付钱填埋在这里的,那时我还没有铺上足够的石子。很快,车库跟泥坑差不多了。我走路膝盖都会陷进泥里,车也都陷进去了。电线杆东倒西歪,灯也垂了下来,这般光景谁还会驻足买我的车呢?我的同行们都没有遭遇这样的厄运。我不止一次地回忆起雪佛兰专卖店,想到那里"货真价实"的办公室带来的温暖和"货真价实"的生意带来的安全感。

这个泥泞的秋季成了我成功路上的绊脚石。但幸运的是，确实有一些顾客不在意店面的外表，以优惠的价格从我那里买到了很好的车，这也让我确保了收支平衡。最终，我让停车场回复了本来的面貌：我又填埋了更多的泥土，铺上了更多的石子，并给电线杆加装了水泥底座。银行开始与我合作购进更好的二手车，而且我也发现了一个其他代理商不愿涉足的市场——无信贷记录的顾客群体。于是我开始用自己的资金帮助客户购买车辆。顾客买一辆价值500美元的车只要首付75美元，接下来每个月还款25美元，直到付清。生意终于慢慢地好了起来……为了从公寓里搬出来住，帕特和我又开始建造我们的房子。

然后冬天到了。我知道为50辆车做防冻的工作是很重要的，但我刚刚重建了店面，耗费了大量资金。汽车防冻意味着要购买酒精或防冻液，将其放入水箱，并让其流经每一辆车的发动机。然而我手头正缺钱，而且我希望尽可能多地存下钱，于是我推迟了汽车防冻的工作。

倒霉事儿来了。

一天早上，我醒来后觉得天气冷极了。原来是来自北极的冷风突然降临门罗。收音机里说到了晚上温度会降到零度以下。我冲出门去，想买到足够的酒精为汽车做防冻。然而这不是个简单的任务——城里的人都在为他们的车子购买酒精，所以商店里库存不多了。我到处奔走，这才意识到酒精的宝贵之处。但最终还是白费力气，因为我找不到一个人能帮我在天黑之前把50辆车安顿好。贝林汽车的未来和我的梦想前景堪忧。

当我回到停车场时，天空是灰暗的。凛冽的风席卷了整个停车场，让人根本无法待在室外。我得爬到每一辆车下面，背部平倚着冰冷的石子，拧开那些冰凉、缺水、大部分已经生锈的放水阀。我没有修理车间，没有专业工具。我的手很快冻僵了，失去了知觉。因为难以用钳子拧开螺丝，我的关节都让钳子碰得流血了。车底下几乎没有活动的空间，当我终于成功打开一个防水槽时，冰冷的水浇在我的手上和脸上，浸湿了我的衣服。

我争分夺秒地干着，先从最贵的车下手，以防其他车还没弄好，好车倒先冻坏了。下午晚些时候，学校放学了。我开车到门罗高中，雇了两名少年来帮忙。当时温度低于零下 17 摄氏度，剩下的时间也不多了。我的手指僵硬，背部也感到疼痛。我回家待了 10 分钟，换了套衣服。但回到停车场，我还是不能戴手套，因为需要拧开的螺丝和排水阀都很小，我那冻僵的双手根本做不到那么灵巧。过了不到一个小时，我又一次浑身湿透了，因为水继续从排水口流出来，流到我的袖子上、脸上，顺着脖子淌了下来。但我们继续干，一个接一个地将水箱和发动机的水放掉。然后我们倒入酒精，发动汽车，让酒精在发动机里循环。

天黑之后，气温降到了－26.7℃。

我们已经处理了 25 辆车，还剩 25 辆车。每动一下，都极其痛苦。随着天气越来越冷，许多汽车无法发动，我们无法让酒精流经发动机，工作进展非常缓慢。我们不得不把车拖行几码，踩住离合，用借电瓶点火的方式发动汽车。

我绞尽脑汁，竭尽全力去挽救自己的生意。我的梦想不能在这里半途而废。一直以来，我都相信我会为实现梦想而坚持到底。

世上没有做不了的事情。你会遇到各种问题，但这些都是可以解决的。我认识到要想在生意中生存，就必须提前做好计划——我本应更努力地筹款用于汽车防冻，做好这一切。当你独立经营生意时，什么事都得靠自己解决。

不管你身处什么行业，你都会遇到问题，所以在问题出现时你最好能够独立解决它们，因为没有人会帮你。你需要积极主动，使尽浑身解数。

我爬到一辆又一辆汽车下面，挣扎着打开排水口。我的行动因为疼痛而愈加缓慢，但我仍然需要倒入酒精，启动发动机，接着再弄下一辆。这样艰苦的环境让人无法继续，雇来的两个帮手都回家了。我留下来继续干。天气非常寒冷，尽管我的身体是热的，但流到我脸上、手上和胸部的水还是结了冰。我的手冻得又红又肿，刺痛难忍，工具都快抓不住了。干活时溅出来的酒精洒到我手上的伤口上，阵阵刺痛，这是我仅有的感觉。到了半夜12点，我意识到根本无法及时把所有车都弄好，一部分汽车肯定得报废了。由于我的拖延，我没能及时把资金用在需要的地方，因此得到了这个教训，而且是个代价颇高的教训！我又干了五个小时，直到早上6点。这时，除了那些最便宜的车外，其他车的防冻工作都做好了。没来得及处理的汽车发动机和水箱都已经冻住了，我只能把它们当废品卖掉。

当我从最后一辆可以挽救的车下面爬出来后，四处看了看。我不知道自己能否从这次损失中恢复过来。我转身望着我的鸡舍，此时此刻，它只是一间鸡舍，不是办公室，更不是贝林汽车的未来，甚至算不上一笔好的投资。停车场上只有一束光线，来自那些我自己接好、自己悬挂起来的廉价灯泡，它们在铺满石子、摆满旧车的停车场上随风摆动。还有比这更糟糕的事吗？

然后，天下起了雪。

我们花了几天时间把报废的车子搬离场地，弄到废品站换了一点钱。我把另外几辆车卖给了能付得起现款的顾客，这为我提供了一个月的周转资金。稍事休息，我又开始工作了。我是不会放弃的，贝林汽车不仅仅是一家企业，而且它还是我对光明未来所下的赌注。

那年冬天，门罗遭遇了我有记忆以来的最大一次降雪。短短几天内，雪就下了3英尺厚，业务也几近瘫痪。我的汽车都困在停车场上，被雪埋住。扫雪机在高速公路两侧堆起了整整五六英尺高的雪，任何人都无法进出我的停车场，包括我自己在内。没有顾客光顾，我再一次陷入钱荒。我不知道如何进行下去，或者能否进行下去。

我只知道自己不能坐以待毙，我的场地需要清理，如果不能尽快卖出去一两辆车，我就会面临困境。而且，糟糕的天气还在持续。事实上，当时整个门罗仍然在运转的就只有扫雪机了。这个念头在我脑子里一闪，我立即想到了一个机遇。我不是唯一遭遇恶劣天气的商人，门罗所有的人都遭遇了坏天气。当时我们都需要同一样东西，而且只要能提供它就能从中获利。

我没有足够的钱雇人清理停车场，于是便和一个城里人做交换，用一辆卡车和轿车换得了他手头多余的一辆带雪铲的四驱吉普车。有了吉普车和雪铲，我就去清理场地，把库存的汽车打理干净。但还是没有顾客光顾。于是，贝林汽车发展了新业务。在接下来的几周，我开车走遍门罗的大街小巷，从早上6点到晚上11点，寻找为车道和商业停车场除雪的机会，一次能挣几美元。这并不在我最初的商业计划之内。事实上，这只是个偶然的机遇——是我在绝望之中想出的新点子。那时我还只有二十几岁，但那时我就意识到了一个人的生存乃至成功，必须依靠他超越现状的思考能力。

有许多人会囿于现状，如家庭压力、经营衰退或健康问题等，无法探索也许就在眼前的可能性。其他人或许太自以为是，甚至过于懒惰，以至于在看到四周那些破坏他们经营的积雪时，也没有想到这可能正是等待他们发掘的新机遇。

事实上，我发现每次挫折都伴随着机遇。人们要跳出思维定式才能看到它。这个道理在那时的门罗适用，在今天也是一样。不管你经营的是什么，你应该考虑："我如何从挫折中创造机遇？"因为总会有人从挫折中获益，要想经营成功，你就该努力成为那样的人。

持续了几个星期的降雪眼看就要把我逼到濒临破产的窘境。而在用一辆卡车和轿车换了一辆除雪车之后，这些降雪则变成了一份礼物。从一个除雪工作者的新视角来看，我发现自己实际上在期待着一场又一场雪的到来，同时深知到了春天我就可以再继续卖车。而在那之前，我已经有了一份有保证的工作。我不会自己一个人坐在鸡舍里，担心厄运会让我破产。

我开着除雪车的时候，从未失去对贝林汽车的梦想。相反，这次经历不但给予了我看问题的新角度，使我充满活力，而且还使我有机会认识了许多之前从未谋面的人。他们雇我除掉车道上的雪，一次次降雪使我们之间建立了联系。当春天到来的时候，他们中的许多人都来找我买车，然后把车开回除过雪的车道上。他们不仅成为我除雪业务的顾客,而且在不久之后需要买车的时候也来找我。

我能很快达成交易,因为人们都想尽快走出我那气味刺鼻的办公室。回顾过去,我只能想象人们当时经过我这小小停车场时的感想。那时,二十几岁的我和顾客一起站在没过脚踝的泥里,看着二手车。但对我而言,贝林汽车从来就不是一个二手车市场。它是我的第一个实现了的梦想,是一种自由,是一个目标,是一段旅程。我在为自己作决定,我要为自己的成功或失败负责。贝林汽车不仅是维持生计的手段,而且它还是一所学校,在那里我学到了许多有助于我建立企业的原则。

当然,我也犯过一些错误,大部分都是因为我的贪婪。有一个错误,我至今都为之懊悔不已。在哈德森做销售时,我抬高了一辆报废车的价格,卖给了一个很容易上当的小孩。实际上这辆车是我的一位朋友的,为了帮助他,我在专卖店老板的允许下在店里销售这辆车。车卖得很容易,实在太容易了。信贷公司很愿意提供贷款,因为有专卖店的担保。但当那个孩子没有按月付款时——他可能也没打算这么做——信贷公司收回了那辆车。车的状况很糟糕,半部车都损坏了。我本可以推卸给老板处理,但我没有,自己掏钱还给了信贷公司。(老板是个好人,一直想帮我,而且已经给我的朋友帮了忙。)还是门罗那句老话:"好吃懒做的猪会被宰杀,贪得无厌的人会自食其果。"我的贪婪使我付出了相应的代价。

我很快意识到成功的交易都是双赢的,强大的资金基础都是慢慢建立的,而一旦建立便可以持续下去。我学会了在销售中更加谨慎。我还得时不时地销售报废车,但我是以报废的价格卖掉,而不是抬高价格。我知道自己不能以高于对方可以承受的价格销售。如果一个人只会去算计别人,那他永远不会成功,这是真理。一笔交易必须对各方都公平,你不能因为别人知道的比你少就欺骗他们。这一原则最终是有益于经营的。因为我公平地对待他人,所以我所在的社区都说我这个人心地善良,值得交往。我的客户群也在增加。

天气暖和了之后,我卖掉了一部分车,并投资购进了更好的车。

我冬天所做的努力，以及我挽救业务的能力，都大大提高了我的声望和在银行的信誉度。我现在是个值得信赖的客户。不久，银行允许我用购进的状况良好的二手车作抵押，进行贷款。当时，消费者贷款利率很高，达到了两位数。但是我的银行经理——罗兰德·布拉哈愿意以 6%的利率贷款给我。他使我懂得融资的巨大潜力。

我和银行之间的良好关系使得我能进行贷款业务。我把汽车卖给客户，同时以市场利率向购车者提供贷款，然后以更低的“最优顾客”利率还款给银行。不久，我发现通过贷款获得的利润比卖车本身挣的钱还要多。这也使我的顾客受益，因为他们中的许多人要么根本买不起车，要么因为信用不佳而难以取得银行贷款。

罗兰德对我的信任使我一次次获益，因为他和银行对我的贷款总是有求必应。这种信任已经持续了数年，早在我 17 岁时他就允许我在车贷协议书上签字，而且无须提供什么可靠的理由，而大部分人只有到 21 岁才能申请汽车贷款。说不清是出于什么原因，罗兰德信任我，他愿意为我提出的任何业务提供资金，而我也常常扪心自问，如果他当初没有冒这些风险贷款给我，我还能否取得今天的成功。事实上，他还帮我出了好几次点子，比如几年后他曾说服我建造门罗的第一批公寓，并教我如何获得联邦政府的担保。

通过罗兰德的帮助，我逐渐明白，成功与否取决于你能给予顾客多少，而不是你能从顾客的付出中获取多少。贝林汽车发展的速度超过了所有人的预计。人们知道我做生意价格公道，而且还会主动为他们提供付得起的贷款。而这种贷款也从另一方面为我提供了全新的、对我来说大有裨益的东西——源源不断的收入。每个月都会有数百人到我的办公室给贝林汽车开支票。这种稳定的收入能让我采取下一步行动。

我想开一家分店。我邀请我的岳父 H. W. 巴德·里弗加入扩大经营的队伍。巴德为人风趣，性格温和，喜欢音乐和跳舞。他是个尽职的父亲，而且在我跟她女儿约会之前我们俩就是高尔夫球友。他在门罗当地一家报纸做广告经理，但和我一样，他也想自己当老板，开拓自己的未来。

贝林汽车建立后，我们在城市的另一头开了肯－巴德二手车销售店。巴德天生适合跟顾客打交道，同时也是个可靠的合伙人。与顾客的稳固关系使我们的生意不断发展，不久我们开始购进新车，还包括外国进口车。我们主张积极的销售策略，不断做广告，并加入所在社区的各种组织。

同时，通过购进更高级的车辆和提供贷款，我将贝林汽车从原先不太理想的露天场地搬到了市区一个带修理车间的场地。这个地方原来是一家斯图贝克轿车的经销店，现在已经倒闭了。

我按月租赁这个地方。我雇用了第一位销售员迪克·比勒玛，他是我高中时的朋友，当时刚从海岸警卫队回来。迪克和我一起努力工作，一周七天，从早上 8 点一直忙到晚上 11 点。我们的贷款业务也扩大到了汽车保险。

之后的几年销路很好，连福特汽车都跟我联系，在门罗开设了第一家林肯－水星专卖店。我们想把斯图贝克的大楼租下来，但房东不想长期租给我们。面对问题，我需要再次想出一个解决问题的新途径。我通过银行找到一位农场主，他愿意借给我足够的钱购买建造修理车间所需要的材料。我还幸运地发现城市边缘有一块合适的场地，并成功说服迪克·比勒玛和其他员工一起出力建造修理车间，而我从汽车销售中挣了足够的钱，能付得起他们的工资。我们还去了拍卖行，投标买下了建设用的设备。尽管这是个看起来有点雄心勃勃的庞大计划，但我们很快便成功地盖起了车间，而且不到一年就开业了。

1953 年，贝林汽车更名为“贝林林肯－水星公司”，我们的决策也有了回报。两年内，我们新车的销售量就超出预计整整八倍多。其中一个月，我们的销售总量比全县六家雪佛兰和四家福特经销商加起来还要多。我们采取了一切能想到的促销手段。我们宣布开展一场比赛：谁排队排的时间最长，就能赢得一辆 300 美元的二手车。当时是夏天，外面有很多苍蝇。排队的人可以看到我们所有的车，而在高速公路上开车路过的人都能看到人们排起的长队。这是个很棒的公关策略，上了当地的报纸。有个人为了赢得那辆车连续站了五天！

我们以“一群疯子”而著称。我们也经营马、摩托车、牛奶机甚至手表。我们的促销手段是，如果顾客以足够价值的物品作为首付款，那剩余的钱款我们可以赊给他们。当然，我们也接受现金做首付。

其他经销商不太喜欢我们的策略，因为在他们看来这不太循规蹈矩。而我们却觉得自己是在创新。那时经销商都是家族企业，儿子从父辈那里接管企业，完全执行原来的策略。我们出现后，立刻成了搅局者。我们大张旗鼓地进行宣传，我们开始提供折扣，其他商家最终也不得不效仿。我们一直经营到晚上 11 点，周日也开业，而其他经销商都是下午 6 点下班，周日歇业。对我们来说，这就是一周营业七天的生意。我们只在圣诞节歇业休息。最终，这再一次证明——工作越努力，你就会越幸运。

也大约在那时，我又逃过了一劫。我的第一次劫难是童年时遭遇的车祸。这一回，我则是因为对运动和速度的热爱而差点丧命。我和朋友喜欢制造小型快艇，并在当地的河里比赛。1954 年的一天，我正在售后车间摆弄一艘船，没有发觉汽油燃烧的黑烟正从盖子下面冒出来。当我爬到座椅上测试启动装置时，船“轰”的一声爆炸了。我完全记不清当时发生了什么。但我的朋友说爆炸将我变成一个火球，抛到 100 码远的地方。爆炸还炸毁了展厅的两大块玻璃窗户。我全身的烧伤面积达到 80%，这让我非常痛苦。但幸运的是，当时有一位医生就在附近。他马上让我喝盐水，保护了我烧伤的皮肤。我在医院里只待了两三天。当我回去工作时，我们的会计差点昏倒，因为我当时的样子难看极了。

我一直觉得有守护天使在保佑我。这已经是我第二次死里逃生。我相信，出于某种目的，上苍想把我留在人世间。

我的婴儿照，摄于 1928 年。

我的父亲埃尔默·贝林和母亲梅·贝林，摄于20 世纪 20 年代。他们表情严肃，具有瑞士及德国后裔的典型特征。

童子军贝林，隶属于威斯康星州门罗市第 114 队，摄于 1939 年前后。那时的我有点瘦，不太适合打橄榄球。

18 岁的我，是高中橄榄球队队长。下图是一张比赛门票，我曾常常把门票放在餐桌上，希望父母能去看我的比赛。

门罗高中“奶酪大师队”，摄于 1945 年。持球者是我。

我和帕特的高中毕业照，摄于 1946 年。

我和帕特在婚礼上切蛋糕，摄于 1949 年。

我第一批车中的一辆，1939 年的别克世纪。
拍这张照片时，我已经酷爱汽车了。

我创立了自己的二手车卖场后，便和岳父
巴德·里弗一起经营业务。

我在这幢房子里长大。

我的第一个汽车经销店，林肯—水星。

1957 年，我在佛罗里达入行当上了住宅建筑商。我的三个儿子：汤姆、大卫和迈克尔。

我们在佛罗里达的第一栋房子——我自己建造的。

我和帕特在位于塔玛拉克“沃兰兹”的房子前休息。

我和杰基·格里森在我位于沃兰兹的家中举行的记者招待会，摄于 1969 年。

我们位于塔玛拉克的可拼装活动式住宅工厂。

我花大量时间和塔玛拉克市民在一起。

我在塔玛拉克的一场棒球比赛中担任裁判。我戴着眼镜行使裁判员职责。

派对请柬——人生始于 40 岁，创作于 1968 年。

我在烧烤聚会上与塔玛拉克的居民见面。

孩子们在佛罗里达，摄于1962 年。左起：杰夫、抱着斯科特的汤姆、迈克尔和大卫。

长大后的孩子们——杰夫、大卫、斯科特、汤姆和迈克尔。

身穿 32 号球衣的大卫·贝林，代表潘凯斯特高中打橄榄球。

我在西雅图国王穹顶的海鹰队更衣室里。

一场海鹰队的比赛。我站在场边上。

我抱着橄榄球站在西雅图海鹰队总部。

黑鹰牧场，不久就变成了一个社区。

1976 年正在建设中的
的黑鹰社区。

和好友肯・霍夫曼打高尔夫球。

我在澳大利亚捕到的金枪鱼，重达 1000 多磅。

我在坦桑尼亚捕到的鳄鱼，21 英尺长，3500 磅重。

我在科罗拉多州捕到的一头十二杈角的麋鹿。

我的第一辆老爷车，1937 年款的考德运动者。

古董车爱好者杰·雷诺、我、帕特在我们汽车博物馆的开幕式上。

我最新的房地产项目是和我的中国合作伙伴一起开发的一个位于上海的高端项目，名叫“东滩花园”。这是该项目启动仪式的照片。

2012 年，帕特和我与孙辈们在一起。

我的朋友墨西哥亿万富翁卡洛斯·斯利姆和我一起在墨西哥发放免费轮椅。

我和好友西班牙国王
胡安·卡洛斯。

我和帕特与美国前总统布什
在一起。

我和美国前总统克林
顿在我的飞机上。

第二部

想要更好

Better

Better

第四章
阳光之州

> 看看海龟，你就会发现：伸出脖子，它才能举步向前。
>
> ——[美]詹姆斯·布莱恩·柯南特

经营贝林林肯—水星三年之后，我的年收入达到了 5 万美元，同时还拥有 100 万美元的资产，那一年我 27 岁。门罗对于我来说越来越小了。但我环顾四周，发现仍然有些人比我富有，因此我并不满足。卖了十年汽车，我已经有点厌倦这个行业了。

我岳父巴德三年前从我们的二手车销售公司退休了。他把退休后的生活过得有滋有味，让人羡慕。我和他之前就都是高尔夫迷，我也曾憧憬着停下忙碌，过一种安静的生活来完善我的球技——也许此时就是个机会。于是 1956 年，我决定把经销权卖给迪克·比勒玛和劳埃德·西德施拉克(另一个被我说服加入这一行的朋友)。我只保留了财务运作和房屋产权，当然我手里还有些出租公寓。投资和经销权转让所获得的收入，让我可以轻松地在佛罗里达过上退休的生活，当时我真的认为自己会这么做。20 世纪 40 年代末，我曾经在佛罗里达度假。从威斯康星那种冬天可以降到零下 30 多度的地方，跑到佛罗里达享受阳光和海滩，简直就像进了天堂。

我心里当然也知道，在阳光明媚的佛罗里达州，有机会正等着我。此前福特公司找过我，希望我能在迈阿密再开一家林肯一水星销售店。有个做汽车经销的老兄推荐了劳德代尔堡——迈阿密北部的一座新兴城市。为了弄清楚情况，我选派了最有魄力的雇员鲍伯·特拉许赛尔先去那里进行考察。我非常信任鲍伯，他勤劳且忠诚。和我团队中的大部分人一样，他也出身贫寒，刚成年就在加油站工作了。鲍伯比我小五岁，身材高瘦。他高中一毕业就来我这里工作了。最重要的是，他很可靠，我愿意听他的建议。考察一番之后，鲍伯认为劳德代尔堡可能真有好的商机。

不久我就发现鲍伯确实很有眼光。劳德代尔堡有一群为数不多的专业人才在打造着这个城市的未来。其中一位便是富有远见的土地开发商吉姆·亨特——卡罗尔·里奇房地产公司的主席。他开发了一系列的高档房地产项目，其中就包括他创建的高尔特海景项目(Galt Ocean Mile)。吉姆是第一个高端地产的大开发商，虽然我们几年后才成为朋友，但我却算是久仰其名了。我不仅对他在劳德代尔堡商业圈的杰出成就印象深刻，而且还知道他实力不凡，能够游刃有余地处理好他所遇到的各种状况。吉姆是个体格魁梧、个性鲜明的人。后来，当我在房地产领域进行第二次创业的时候，他也给我提供了一些宝贵的意见。他说："永远不要让双手都离开你安身立命的东西。作为企业家，你需要不断寻找机会，而寻找机会则会蕴含着风险。但只要有一只手放在赖以安身立命的东西上，就能将风险降到最低。"

但是，1956 年的那个夏天，当我举家搬到劳德代尔堡时，其实我并不知道自己接下来要做些什么。那时候，我们已经有了五个儿子中的前三个。

我们卖掉了在门罗的房子和所有家具，然后开着林肯车离开。帕特安静地坐在前排，靠在我旁边，把九个月大的大卫放在腿上。迈克尔和汤姆，一个 5 岁，一个 3 岁，在车后座上玩耍、打闹，做填色游戏。

帕特支持我们的新旅程，她沉默不是因为对搬家忧心忡忡；相反，我觉得这体现了她随遇而安的天性。这种天性不仅让她成为世界上最好的妻子，而且可能也是唯一能够忍受我的女人。她总是相信我的直觉。我们搬进了一套租来的双层公寓，让迈克尔在威尔顿庄园公立学校上1年级。我一边开始接触新环境中的商业人士，一边着手寻找建房子的合适地段。找到后，我便和建筑师一起设计了一个造价在3万美元左右的豪华住宅，这在当时是一笔很大的投资。但是还没等竣工，就有人给我出了近4万美元要买这套房子。

我此前习惯了一辆车挣200～300美元，所以这套新房子的开价着实吸引了我的注意力，卖一套房子就能挣1万美元的前景很是诱人。我卖掉了第一套房子，开始以同样的预算建造第二套。这次又有人给我出了高出投资额数千美元的价格来买这套房子，于是我又卖掉第二套，开始第三套，当然又挣了一大笔钱。最后我意识到这形成了一种模式，我意外地成了建筑商。

在鲍伯·特拉许赛尔的辅佐下，我成立了贝林建筑公司，然后把我父母也接到佛罗里达州居住。我父亲到公司来做木匠。我们开始在五个地段建房子，出售价位为1.8万～2.5万美元。房子卖得很快，于是我决定扩大投资。我找来合伙人，买下更大的项目。我的团队工作勤奋，气氛融洽，亲如一家。我父亲每天和工人们一起出去，敲钉子，砌墙板；我母亲则为大家做大份的甜甜圈面包。在不断扩大业务的过程中，我招来了更多威斯康星州的朋友，其中有丹·波夫——我在门罗的房子就是他帮我建造的。丹是一个诚实而努力的合伙人，而且愿意冒险。我和丹后来又一起说服迪克·比勒玛南下来加入我们。

这个团队棒极了。我们的第一个大型住宅项目有350套房子，我们在周围开凿水道，加固地面，把它打造成了滨湖住宅区。我从吉姆·亨特那里学到的另一招，甚至可以让P. T. 巴纳姆[①]都自愧不如，

---

① 费尼尔司·泰勒·巴纳姆(P. T. Barnum，全名 Phineas Taylor Barnum，1810～1891)，美国马戏团经纪人兼演员，以主办耸人听闻的游艺节目和奇人怪物展览而闻名。

我学会了大张旗鼓地宣传。我雇用了一家公关公司，举办大型媒体活动，以此为我们的住宅和地产打响名声。不仅房子的价格涨了，而且地价也涨了，这使我赚了一大笔钱。这就是眼光、劳动以及宣传的共同作用，其诀窍就在于让其他人看到你所看到的价值。但一开始并不容易，很多地是松软的沼泽湿地，需要挖掘和加固。我通过大力宣传吸引了投资者，并很快就有了一群靠得住的合伙人，收益五五分成。

我们当时也建造公寓住宅，算是全国的先例。但是我的一些顾客一直说他们真正喜欢的是——在自己的地盘上建造的独门独户的房子，同时又能享受到公寓式住房的便利——统一的物业管理、社区活动场所以及其他服务。

所以我们马上行动了起来。我们在劳德代尔堡西边买下了一块 13 英亩[①]的地，我把这个待建住宅项目叫作“塔玛拉克”(类似一个我参加的乡村俱乐部的名字)。我的律师比尔·莫斯很自信，而且人际关系很广。他和他的妻子都是本州的重要政客，他的事务所在本州首府塔拉哈西享有盛誉。我聘用他协助我解决土地规划问题，并推广公寓住宅与土地租赁的新概念。但是比尔很快把我拉进了政治，支持如巴德·迪金森这样的候选人。巴德后来协助成立了佛罗里达百人理事会——一个汇聚商业、社区和政治领袖的团体，我也成了其中一员。

比尔的事务所当时正在帮助一名候选人进行州参议员选举活动。在那时候的政治环境下，我同意支持这位候选人，条件是如果他赢得选举，就得在塔拉哈西助我一臂之力。他后来果真赢了选举，而且刚上任，就帮我在佛罗里达州的立法院拿到了塔玛拉克城市特许令。这是件有争议的事——我们获得了一份针对 13 英亩未开发土地的特许令，而那时特许令只能颁给已经建造好的社区。

这一年是 1962 年。第二年 3 月 3 日，我们为塔玛拉克市举行了隆重的成立仪式，这是全美国第一座提供公寓式社区服务的城市，服

---

① 1 英亩约为 6 亩。

务包括:割草、修整篱笆、外墙粉刷、屋顶清理,并由一名全职娱乐活动经理打点全年的娱乐活动。

这是一个前所未有的创意。我们迎合 55 岁以上人士的需求,把房子的价格定在 8990～12990 美元之间。这个创意很受欢迎,很快我们就需要到这座城市的西边买更多的地,最终将整个社区扩充到了 1 万英亩。我掌管着城市特许令,任命比尔·莫斯为市长。今天,塔玛拉克已经约有 6 万居民。

我们建造社区的一个基本理念是:退休人士从自己的家乡搬到佛罗里达来居住,在这里他们可以遇到和自己一样的退休人员,并且彼此成为朋友。每个小区有 250 家住户,小区里拥有俱乐部、游泳池、沙弧球馆和一些其他的娱乐设施。我们组织丰富的俱乐部活动,如宾果游戏[①]、跳舞、烧烤等,这使每个公共场所都成为受人欢迎的聚会地点。居民们不用再担心室外设施的维护,只要每个月往市里交 23 美元,就全都搞定了。

这是一次巨大的成功。我们的项目启动三年之后,当地媒体的头条是《退休人士休闲生活理念大受欢迎》。这也是我第一次隐约地意识到,人生还有更伟大的目标。塔玛拉克不仅是商业上的成功,而且还是对社会有益的事情。我们给人们带来了自由和友情——而且是以他们支付得起的价格。我们为他们创造了一种生活方式。现在,退休人士不再坐在房间里等待生命的终结,他们可以搬到佛罗里达州,拥有一个美好的家。在这里,他们不用担心房屋维护和保养,可以享受充满乐趣、活动丰富的退休生活。事实上,这个退休社区里的各个小区甚至开始相互比较,经常有居民来跟我说他们所在的小区是最好、最活跃的。对于这里的房子,我从来没大幅提价,因为我想让更多的人享受到这种生活。这不再是唯有富人才能享受的生活方式。

这个项目给了我很大的满足感,我是“城市之父”。我为小区之间

① Bingo,一种赌博游戏。

的垒球比赛当裁判，新年前夕，我会拜访每一家俱乐部，问候那里的居民。我走进去的时候，他们会播放《向统帅致敬》。

随着塔玛拉克的发展，这里逐渐有了银行、购物中心、医院、高尔夫球场，以及舒适生活所需要的一切。后来，这里原先盖的房子甚至卖到了17.5万美元。这个社区现在看起来仍然跟刚盖起来的时候一样好，这要归功于维护措施，也归功于居民们的社区荣誉感。

帕特和我最终决定把家安在沃兰兹，这是我在塔玛拉克建立的一个私人乡村俱乐部社区。这里有两个由罗伯特·凡·哈格设计的18洞锦标赛级标准的高尔夫球场，一个5.8万平方英尺的俱乐部会所。在这个640英亩的社区里，独栋住宅的价位在3万～5.5万美元。这里很快就被誉为“布劳沃德县的时尚西区”。

1968年我40岁时，帕特和我的朋友们为我举办了一个疯狂的派对。他们甚至疯狂到制作了一份《迈阿密先驱报》当邀请函。里面的图片是我穿着尿不湿坐在世界最顶端的样子。邀请函封面上写着“人生始于40岁”，翻到内页是后半句：“肯·贝林的朋友们希望向他证明这一点。”他们确实做到了。整个狂欢派对从中午开始，一直到第二天才结束。这个狂欢派对是在沃兰兹举行的，这里的每一户样板房都被装扮成不同主题的酒吧间开门迎客，家家都有烤全猪。同时，四个乐队不间断地为参加派对的三四千人演奏音乐。

我们在塔玛拉克取得的商业成就，主要归功于我们买下了大块土地供未来发展之用。我手下有能干之人负责从当地农民那里买来土地。我的营销经理迪克·安德森谈妥了一份收购1380英亩土地的协议，这为塔玛拉克的第一次大规模扩建铺平了道路。这块地上后来建起了购物中心、高尔夫球场、1750套养老住房以及绿地。这其中还包括两个配有高尔夫球场的高端住宅区，以及一些昂贵的别墅和住宅。迪克同时也负责销售所有商用土地和休闲租赁。前棒球运动员查克·朗斯顿协助我买下了一块5000英亩的土地，这块地用来建造了塔玛拉克的其余部分。查克还在棕榈海滩西边发现了一块3500英亩的地，我们在那里建了一个叫“西博卡”的养老住宅区。同时，查克还负责我们在佛罗里达西北部的圣彼得堡和塔彭温泉地区的土地收购工作。

由于这些收购项目以及我们手中地块的升值，公司于 1962 年上市，并最终在 1972 年被出售给塞罗公司。在继续建设塔玛拉克的同时，我们也在佛罗里达开发了一些最漂亮、最负盛名的社区，如皇家棕榈岛、樱桃溪庄园以及位于卡罗尔·里奇乡村俱乐部的格罗麦西公园。到 1972 年为止，我们还建造了几百座定制住宅，从而成为佛罗里达最大的建筑商，在全美排名第 10 位。

在塔玛拉克，帕特也展现出自己的魅力，她凭借自身的能力逐渐成为一名社区领袖。她加入了许多服务性组织，主持募捐活动，并且积极参与孩子学校的活动。她受邀加入“美好艺术”——一个为劳德代尔堡艺术博物馆募捐的组织，并且担任复活节百合舞会“巴黎四月”的主席。她还学会了开车。帕特在我们的社交关系中扮演着维护者和建立者的角色。她跟我的合伙人的妻子们成了好朋友，并且成了我与员工们之间的情感桥梁。我们周围的一切都在急速运转，而帕特就如同稳定的磐石，她使全家凝聚在一起，确保全家人都去参加孩子们的校园活动，并且尽我们所能支持社区活动和学术活动。

我们在佛罗里达州还有一个非常成功的项目。1973 年，我们在孩子们所就读的私立学校劳德代尔堡潘凯斯特中学设立了贝林杰出教师奖。这个项目要求教师、行政人员和学生们在每学年末投票选出三位最优秀的教师。我们向每位获奖教师颁发 5000 美元的奖金，为他们开表彰会并且在当地报纸上作专栏报道。每年学校揭晓获奖教师的时候，总让人兴奋不已。但让我觉得有意思的是，每一年，教师、行政人员和学生们的投票结果都是一致的，就像是每一年，总会有三位老师顺利地从所有人中脱颖而出，在匿名投票中被三个不同的投票团体一致认可。这些年来，帕特和很多获得过杰出教师奖的老师都保持着联系。我们为他们所取得的成就感到骄傲，也为那些曾被这些教育工作者和学校领导深深影响过的人感到骄傲。

我还发现了这个项目的意义：其目的就是要鼓励最优秀之人，而且我们自认为确实做到了。当然我们喜欢这个项目还有另外的原因，那就是在这个过程中，我们为学校所带来的不止是投入项目中的金钱，其价值远比那高得多。我们的贡献意义颇大。孩子们从潘凯斯特中学毕业后，贝林杰出教师奖就终止了，但是我和帕特在学校设立了一项捐赠基金，向接受继续教育的在校老师提供助学金。

潘凯斯特中学为孩子们提供了优秀的专业课程和绝佳的成长环境。我们的三儿子大卫不仅学习成绩优秀，而且擅长橄榄球。中学时他身高 1.78 米，体重 84 公斤，是布劳沃德县橄榄球历史上单赛季上场时间最长的球员。在常规赛中他带球 189 次，场上跑动累计 1396 码（约 1276 米），不仅打破了原有的 1246 码的纪录，而且还在他高三那年的九场比赛中，创下了多个单场比赛的跑阵纪录。第十场比赛中，他脚踝肿得很厉害，但仍然带伤上场，带领潘凯斯特美洲豹队以 6∶0击败达德基督徒队，而且取得了场上唯一一记触地得分，整场跑阵达 100 多码。潘凯斯特中学因此取得了第一个赛季不败的战绩，并且赢得了全区冠军。算上那一年的季后赛，大卫在场上共跑动 1487 码，带球 197 次，12 次触地得分，每次带球跑动距离平均为 7.5 码。

时隔这么多年，我仍然记得这些数据，足以证明我当时有多么为他骄傲，正如我一直为我所有的儿子都感到骄傲。我们的四儿子杰夫，作为校队成员曾经破纪录地佩戴过 12 个校名首字母标志。他学习优秀，做任何事情都敢于竞争，而且绝对是全家最有运动细胞的人，几乎对任何体育项目都能很快上手，我们都对此羡慕不已。

家庭活动时，我们喜欢一起去钓鱼。我们经常到北极圈去，到大奴湖和大熊湖里钓鲑鱼，在巴拿马近海寻找黑枪鱼和旗鱼。我们也曾多次去拜访一座名叫“科伊巴”的巴拿马监狱岛，在那里钓鱼简直棒极了。那片水域下有座海底小岛，生活着几十种不同的鱼类，非常适合垂钓。有一次，我们一天之内居然钓到了 28 种不同的鱼。晚上，我们和岛上的犯人还有当地的居民打排球，听他们讲在这里服刑的生活和各种企图越狱的故事。

有一天，我们在鲨鱼和逆戟鲸生活的水域垂钓。杰夫在甩鱼线的时候失手把整根鱼竿扔了出去，然后他本能地跳了下去，想要在这片鲨鱼和逆戟鲸出没的水里捡回鱼竿和线圈。大卫及时出手把他抓了回来。

“你干什么？”大卫朝着浑身湿透的弟弟大叫，“鲨鱼差点把你给吃了。”

“不是被鲨鱼吃了，就是被老爸吃了，”杰夫回答道，“而且我觉得跟鲨鱼斗我可能还有一拼。”

其实我并不是一个喜欢挑剔、难以相处的父亲，我只是对孩子们要求比较高，虽然也为他们感到骄傲。孩子们学习都很认真，努力练习棒球、橄榄球、网球和田径。随着他们一天天长大，每个人的独特才华和个性也逐渐显现出来。他们都很聪明。大儿子迈克是个充满才华的艺术家，很有创造力，对音乐也很感兴趣。二儿子汤姆酷爱读书，热爱心理学、哲学和棒球，我很欣赏他爱思考的天性。也许五个儿子中，汤姆最像他们的母亲帕特——帕特就像一只温柔的泰迪熊，语调轻柔，深受侄儿、侄女们的喜爱。我们的小儿子斯科特热衷于户外活动，从不满足于过寻常生活。他在潘凯斯特上学时曾参加橄榄球、曲棍球和摔跤等运动。他和汤姆一样，温和敏感，待人真诚，能很快和别人成为朋友。总之，孩子们的成长成才都要归功于帕特，她天生是个好母亲。而我则是个古板的父亲，一心忙着自己的事业，和孩子们都不亲。我对他们的爱，总是做的比说的多。对于我来说，将爱表达出来是一件困难的事，以前是这样，现在仍然如此。这也许是我从我父亲那里继承来的，而他则是从我爷爷身上继承的。我一天工作 15 个小时，一周工作 7 天，这就让我跟孩子们更亲不起来了。我很感激帕特，她总是在全心全意地照顾孩子们，给他们提供各种支持。

1969 年 1 月，《迈阿密先驱报》刊登了一篇对于帕特的专题报道，标题是《她拥有财富，但平易近人》。那篇文章引用了帕特的原话："能和一个声名卓著的男人共同生活，我很兴奋，也很享受这种兴奋。"文章接下来的内容是：

> 这句话可能会让帕特·贝林听起来像有点矫揉造作。毕竟她说自己是个内向的人。
>
> 但是，贝林夫人非常和蔼。她总是热情地给客人提供咖啡和她婆婆自制的水果蛋糕，她总能知道别人需要什么，并努力让客人们感到轻松自在。她成功地做到了。
>
> 她丈夫的公司——贝林房产，资产净值约为1500万～2000万美元，但是对于贝林夫人而言，重要的是人，而不是金钱。
>
> 谈到自己的生活，她说："你必须要体谅丈夫的忙碌，必须要愿意与他的事业分享这个人。"她还说："当我需要他时，他总是在我身边。"
>
> "虽然是我在管理家里的日常事务，但他是一家之主。我想我找不到比他更能令我倾心的男人了。"

帕特确实很亲切，她一直都是这样。也许在今天看来，《迈阿密先驱报》上的这篇文章写得很老套，但是毫无疑问，帕特的支持是我成就事业的根基。对我来说，事业与家庭并非格格不入，因为无论我选择做怎样的冒险，帕特总会毫不犹豫地协助我。我们在沃兰兹的家，经常被用来招待客人，举行欢庆会，甚至还举办过重大的新闻发布会。

其中最令人兴奋的一次新闻发布会是和传奇艺人杰基·格里森[①]一起举办的。我是通过一位朋友认识格里森的，鲍伯·凡·哈格当时正和格里森合作建设高尔夫球场。鲍伯建议我聘用格里森为我们在迈阿密的公关经理。于是很快我就和杰基碰面，并开始合作共事。

我们计划在一个大型的住宅开发项目中建造全世界最豪华的高尔夫球场以搭配豪宅。这个六个球场的综合体的中心部分由鲍伯设

---

① 杰奇·格里森(原名John Herbert Gleason,1916～1987),美国老牌谐星、演员、音乐家。

计,它将会是个7300码的锦标赛级标准球场,命名为"The Great One"——这也是格里森的绰号。我们计划在这里举办一场美国职业高尔夫协会赛事:"无与伦比"杯锦标赛——预算30万美元,它将会是巡回赛中奖金最高的赛事。我们还计划建造一座三层的体育场,并在球场边上留出足够容纳10万人的空间,在每个洞的上方都安装永久电视信号塔,确保每一场赛事都能进行全方位报道。

1969年,我们宣布启动这个项目,按照杰基的说法,它甚至得到了总统理查德·尼克松的祝福。来参加新闻发布会的人有:国家石膏公司的董事长兼总裁科林·布朗以及他的企业事务副总裁威廉·邓肯;我的好朋友,也是纽约州州长秘书、法官约翰·P·雷蒙佐;3M公司①的各位高管;还有鲍伯·凡·哈格和他的妻子格丽塔。格丽塔很漂亮,是泰勒舞蹈队的成员之一,她们每周为格里森秀跳开场舞,而背景音乐就是格里森的代表作《我们这就出发》。

格里森向媒体大声宣布:"我们绝不会被超越!"

"如果有人出了跟我们一样多或者更多的钱,我们会加大筹码,'无与伦比'杯绝对会是史上最奢华的锦标赛。我遇到过很多有想法、有胆量的人,但是我从来没有遇到过有想法、有胆量同时还有能力做大事的人。"格里森的话显然是在恭维我。

随后他向记者宣布第一场锦标赛已经在筹划之中了,3M公司是赞助商。他所在的CBS广播公司②将会在五天的比赛中进行实况直播。

格里森不仅是个"伟大的艺人",而且他还是个伟大的即兴演讲者。他在我们家掌控着发布会的全场,给记者们描绘了一幅生动的蓝图。我当时站在他旁边,心里紧张地计算着我们需要在这个风险项目中投入的

① 3M公司:全称Minnesota Mining and Manufacturing(明尼苏达矿业及制造业公司),创建于1902年,总部设在美国明尼苏达州。

② Columbia Broadcasting System,哥伦比亚广播公司,美国三大商业广播电视公司之一,成立于1927年。

时间和资金，当然还有与杰基·格里森合作的成本。格里森只有一种办事方式——就是按他说的办。这样一来，这个项目将要花费5亿多美元，将占用从劳德代尔堡到庞帕诺海滩之间的5000英亩土地。同时还意味着我们要进行分区、建筑设计、铺设新的道路，另外还要建起一座机动车无法进入的小岛——杰基计划在上面建造他的宫殿，可以俯瞰第9、16、17和18洞。这意味着我们要清理近140万立方米的土方。而他还说，要垄断这第一场锦标赛的所有电视播出权，还承诺说这个项目到明年年底就能完工！

就这样，我们开始运作了。

我和格里森一直按照各自的方式做事。结果后来，我们意识到自己根本无法完成这个项目，用演艺界的话来说，就是我们两人之间存在着“创造性差异”。杰基希望用这个项目来展示他的家、他的才华和他那过得无比富足的生活，而我只是想要挣钱。我们很快就意识到我们不可能同时实现两个人的想法，于是在新闻发布会召开六个月之后，我们悄无声息地放弃了整个项目。

和格里森不同，我对于土地开发和建筑业的想法都很务实。我经历过经济萧条和劳工短缺，也曾眼睁睁地看着自己的生意因建筑材料价格上涨而急转直下。我遭受过政客的攻击——他们曾经想在规划法规和土地租赁上找茬。经历了这一切之后，我已经证明了自己能够解决问题。我反对格里森的一些构想，否定了他想要建造一个成人迪斯尼乐园的想法。最终，我们友好地分手了。在这期间，我对工厂化生产的住房产生了兴趣，对这方面的研究占去了我越来越多的时间。

我们当时在建筑行业遇到了难题。1968年，木材价格，特别是胶合板和框架软木材的价格，上涨了33%。当年的全国住房建筑开工量预计是150万套，绝对是供不应求，而建筑业面临的一大难题就是缺少合格工匠。佛罗里达陷入了衰退。我当时认为，要想解决这些难题，就必须建造钢结构、工厂化生产的住房。我要建造的这种住房将会和传统房屋一样美观，但却可以实现在工厂生产，然后在工地上进行材料的组装。这将会大大降低成本，一套住房的整体组装时间将只需 1 小时。

一直到现在我还认为这是个很好的主意。它能使我们建造大量的住房，满足市场需求，同时也会解决我们的劳工短缺问题，稳定建筑成本。除了满足客户对颜色、外观设计、式样和基础设施的需求之外，我们将对所有的一切实现标准化作业。

我特地花时间研究了预制装配式住房的市场，了解到还没有人建造出合格的产品。于是我召集了一个团队来攻克这一极富挑战意味的难关：建造一个完美的住房，它必须能在可控的工厂环境中进行批量生产，能在地面上快速组装，且保持永久牢固，同时又能像传统建筑一样美观和实用。我邀请比尔·布兰格姆——贝林公司的高级副总裁，来领导这个团队。比尔擅长销售和市场营销，并且对消费者的心态具有敏锐的洞察力。

乔治·史密斯——贝林房地产公司的副总裁，负责监督工程设计和材料管理。乔治是我从通用电气挖过来的，和他一起过来的，还有通用电气的其他几位老员工。乔治与项目设计师约翰·伊凡斯、项目工程师伊万·莫顿一起绘制出了一个基础结构蓝图，我们把这个项目叫作"'可拼装活动式'住宅(Modiflex Homes)"。1969 年 5 月，此项目一经宣布正式启动，便引起了媒体关注。

我们首先在塔玛拉克的一处工地上建了一座样板房。它引起了人们极大的兴趣，以至于后来不得不在它周围拉起一座围墙，以阻止参观者进入。有些人甚至从别的国家赶来，想看看我们究竟在搞什么。顶级的建筑材料和钢结构框架使我们建的房子比传统木房子更坚固。为了使其更加美观，我们开发出了五种不同的模型。每一种模型最后出厂的时候都是三个模块，可以在预先灌铸的混凝土地基上进行组装，并配有水电连接管道。要把一个房子从工厂运到地基处，我们需要三台平板拖车。第一台车运送卧室，第二台运送客厅，第三台运送沾水房间，包括浴室、杂物间、厨房和餐厅。到达之后，我们会用一个巨大的起重机将每部分从平台上吊起来，然后通过钢铸接口将这个部分与地基卡合。全都安装好之后，先用钢制螺栓将各个部分相互固定，然后用起重机将房顶放到合适的位置，最后再由工人们连接水电管道。

除了提供五种不同的模型，我们同时还提供了 150 多种外观选择。组装完成之后，这种“可拼装活动式”住宅看起来和隔壁的传统房屋并无二致——但造价却更低，结构也更牢固。有了如此高效的装配线，我们就能把所开发的住房和土地的售价定在 12000～17000 美元，而且我们向客户承诺，保证他们下单一周之内就能住进新家。怀着这样的愿景，我们首先在塔玛拉克建造了工厂，它占地 7.6 万平方米，造价超过 400 万美元。

这个项目引起了全球轰动。政府官员、经济学家、实业家和建筑商纷纷从各地赶来参观。很多人参观之后表示愿同我们合作，在自己的国家建造“可拼装活动式”住宅。为了满足人们的好奇心，我们设立了科普中心，向大家展示图纸、彩色照片以及各种图表和模型。三个月之内，我们接待了超过 25 万名参观者，甚至有的参观者从大洋彼岸的日本远道而来，伊朗国王也派了一名代表来了解我们的项目。

这个项目提出的正是时候。当时，在华盛顿，国会正想尽办法解决住房短缺的问题。参议院住房委员会的议员哈里森·威廉姆斯发表了一篇演讲，号召美国人“拿出登月的精力和才华去建造房屋”。在由全国住宅建筑商协会的制造商成员组成的国家住房中心理事会上发表这篇讲话时，威廉姆斯说：“近几年出现了很多有关美国与其他国家导弹差距和太空差距的说辞，于是我们对军事和空间计划进行了巨大投资。现在该到我们把注意力集中到住房差距的时候了。”在此之前，商务部预测：几年之内，美国的住房供应将会远远落后于其他国家，而全世界居住条件最好的国家将会是苏联。

威廉姆斯议员引述了商务部的预测，并说：“如果五角大楼的某位将军也这么说我国的导弹项目，一定会有人大声叫嚷着要求国家实施几十亿美元的紧急计划。而美国现在在住房供应方面，正远远落后于其他国家，这是这个国家的耻辱。去年，美国为每 1000 户居民建造了 7.69 栋新住房。相比之下，瑞典为每 1000 户居民建造新住房 13.43 栋，日本 11.89 栋，苏联 9.80 栋，荷兰 9.63 栋，法国 8.32 栋。”

有一阵子，似乎我们面对的不仅是消费者的市场需求，而且还是一件对于国家公共政策至关重要的事情。我们为全国日益增长的住房需求提供了一个新颖、高效而且成本较低的解决方式。有一家流行杂志把“可拼装活动式”住宅作为杂志封面，标题是《流水装配住房：住房市场的重要新趋势》。而我的小公司从只有几个朋友发展到了拥有超过 700 个雇员。

另一家杂志报道，贝林集团的创意是“重大发展的源泉”。不管这家杂志是不是有意的，这里提到了自由派经济学家和哲学家安·兰德的书——《源泉》。而这本书是对“可拼装活动式”住宅最恰当的说明。兰德的《源泉》讲的是一位富有远见的建筑师，创造出了具有革新意义的建筑，解决了严重的社会问题。然而他的项目却被政府部门、工会、竞争对手和因循守旧者推翻了。这本书简直就是对我的新公司的完美诠释。随着“可拼装活动式”住宅越来越受欢迎，越来越有名气，反对者的声音也越来越大。

首先是木工联合会站出来反对我们。他们认为“可拼装活动式”住宅将会危害其联合会成员的工作保障，甚至摧毁他们的整个组织。这并没有吓到我们，我们工厂里雇用的都是技术高超的工人，能够经受住木工们的责难。但是很快，这个联合会得到了卡车司机工会(Teamsters union[①])的支持，而后者是我们不能得罪的。因为这样一来，就没有卡车司机愿意为我们将房屋从工厂运送到工地了。接下来，反对者开始在州立法机构和市政厅进行大规模游说活动。他们说我们公司所做的事情是危险的，我们的项目正在颠覆传统思维方式和

① Teamsters union，美国卡车司机、汽车司机、仓库工人和佣工国际工人兄弟会。

悠久的建房传统，也许还会损害国家经济。许多城市和乡镇迫于特殊利益集团的压力，开始推迟甚至拒绝为我们的房屋项目作行政规划。很快，我们要建造一座房子，就得花更长的时间才能获得政府许可。每天都有新的挑战等着我们。

在《源泉》一书中，主人公，也就是那位建筑师，最后不得不做出让步，亲手毁掉了自己的创造。而我却下定决心继续推进我的项目。

但事实证明我们想错了。最优秀的员工突然不来工厂上班了。他们到建筑工地上去工作，每小时可以多挣两美元，而当初我为了降低成本，说服工会让我们以较低的价格雇用工人。现在看来，这份工资太低了，毫无竞争力。我之前完全没有预料到会有这样的结果，而当我想要给工人加工资的时候，工会却说："不行，既然这是你定的工资标准，那就按你定的来好了。"工会这么做，就是想要保护那些在建筑工地上班的工人。这之后，我就再也招不到能够胜任工厂工作的优秀员工了。这件事给了我莫大的教训。

很显然，要解决我们所面临的问题，只能依靠外部力量。因为我们在房产建筑方面做得很成功，而且拥有土地租约和塔玛拉克的股份（包括购物中心、娱乐项目和物业合约、不断升值的地产以及一份城市特许令），几家大公司都想要收购贝林集团。而我也开始认真考虑他们的收购意向，因为这样一来，就意味着我可能在自己的人生中第一次不用再为资金或者管理项目而伤脑筋了，这让我有些动心。不用再纠结工资单和项目应付款，不用再绞尽脑汁打造凝聚人心的企业理念，也不用担心银行催款……如果我同意被收购，我就自由了。但同时我也在担心自己接下来该做些什么。

但我还是动心了，有些公司出的收购价比我想象的高得多，这对我是一种诱惑。我和我的团队创造了有价值的东西，我为此感到自豪。我看好伯利恒钢铁公司、杜邦、克莱斯勒和国家石膏等几家公司提出的收购协议。我差一点就把贝林集团卖给了国家石膏公司，我们签订了一份3000万美元股票转让的初步协议，但是国家石膏公司要求我留下来，协助管理将被收购的公司。而且，去了位于纽约州北部的石膏公司总部后，我也被我看到的和了解到的管理模式震惊了。这里有层级式的管理、慵懒的官僚和数不清的会议——所有这些都令我对这样的大公司心生畏惧。我当时就想取消收购协议了。

那时候，吉姆・亨特已经是我的好朋友了。他堪称劳德代尔堡土地开发和地产经营的教父，对我来说，他就像是一位导师，是他一开始就告诉我不能两只手都离开自己安身立命的东西，然后又以自身为例，教会我如何利用炒作来提升销量并抬高土地价值。

就在我对收购协议犹豫不决、不知如何作决定的时候，他跟我分享了自己的经历。他说自己对于两年前把心爱的卡罗尔・里奇地产公司卖给西屋公司（Westinghouse Corporation[①]）感到十分后悔。就在我跟国民石膏公司达成初步协议后不久，吉姆邀请我共进午餐。他坐在我对面，像伍迪・艾伦[②]一样忧郁，跟我诉说自己不愉快的经历。他说："他们给了我一大笔钱，而且我还有了一间办公室，但是感觉那里就像个禁锢的牢笼，似乎每隔一段时间，他们就会跑过来，用棍子捅我两下，看我会不会吼叫咆哮。"吉姆曾经是地产领域至高无上的掌控者，但这样的工作让他丧失了奋斗的动力。他让我明白，衡量事业的成功有时候绝不是看挣了多少钱。"那里每件事情都是由委员会来管理"，他说，"没有人承担风险，大家毫无激情。"西屋公司甚至让一个以前在卡罗尔・里奇地产公司给吉姆当副手的人来做吉姆的上司。

吉姆的话对我产生了很大触动。我告知国家石膏公司说我不愿意跟他们签订正式收购合同。事实上，我冒了一个更大的风险：让华尔街的欧本海默公司帮我上市。我和汤姆・苏华德、亨利・希尔弗曼

---

① 西屋公司（Westinghouse Corporation），1886 年 1 月 8 日由 G. 威斯汀豪斯在美国宾夕法尼亚州创立。总部设在宾夕法尼亚州匹兹堡市。

② 伍迪・艾伦（Woody Allen），美国电影导演、编剧、演员。1935 年出生，是 20 世纪后半期一位重要的美国电影导演和喜剧演员，其在影片中扮演的角色通常是一个自我关注的人，伴有神经衰弱，时常呓语连连。

等一群优秀的年轻顾问共同努力，把我名下 30 多家公司中的 6 家合并为一家公司，并在美国证券交易所上市，涉及“可拼装活动式”住宅、塔玛拉克城市特许令、地皮和所有的住宅建筑生意。我们以 16.50 美元每股的价格卖出了 100 万份股票，我手里持有约 500 万份股票。在上市交易的前几天，股票价格一路飙升到了 30 美元每股。这些巨额收入和突增的财富，按票面价值估计，让我身价高达 1.5 亿美元。这一切对于我来说简直难以置信。

还好，我母亲那时在我身边，使我不至于忘乎所以。我在公司股票公开发售之前给她预留了一部分。她问我：“我用它们做什么？”

我说：“你先留着，等公司上市之后，这些股票的价值就会上涨，到时候你可以拿去卖。”

“为什么要卖？”

“可以挣钱啊。”

“怎么挣钱？”

“卖掉股票就能挣钱。”

“那我需要做什么？”她满心怀疑。

我尽量回答得简单些，“你只要卖了股票就行。”

“我要参加公司的会议吗？”

“不需要。”

“我需要为别人做点什么吗？”

“不需要。你只需要拿着股票，到时候卖了它们。”

“然后他们就会给我钱，就这么简单？”

“是的，就这么简单。”

她把股票证书往桌上一放，唰地一下推还给我，说：“这有点儿不靠谱。”

尽管我一直给我的父母提供机会和金钱，但他们就是不愿意用我给他们的钱去享受生活。他们去世之后，我在他们的床垫底下发现了上万美元——还有从报纸上剪下来的我踢球时的报道。我真希望自己能在他们还在世的时候早点知道他们一直留着这些剪报。如果他们能早点拿给我看，我就能知道他们有多爱我。

至于我新开发的财富，确实使我的银行账户里多了不少钱。但是，没过多久，我又开始觉得不满足了。

Better

第五章 一个叫黑鹰的地方

> 要成大事、建功立业，就须果敢，即使遭受挫折，也比苟且偷安的懦夫强百倍；因为那些得过且过的人生活在浑浑噩噩之中，既不知何为胜利，也不知何为失败。
>
> ——［美］西奥多·罗斯福

如果说我的生活有什么模式的话，那就是每过十年我都会去尝试一些新事物。20 世纪 50 年代，我涉足汽车行业。60 年代，我在佛罗里达州搞土地开发。而到了 60 年代末，我又开始生产预制房屋了。

尽管某一时期的活动总会重叠，但却不尽相同。可以确定的是，这种尝试确实是有周期性的：大约每隔十年，我都会变得不安分，总会觉得自己的生活需要重大改变。我相信每个人的人生都像是一次探险，具有无限可能。只有不断追求新的东西才能让你保持思维敏捷、告别平庸，成就五彩人生。

有时候我顺着一个机会就找到了另一个机会。但更多的时候我更愿意去做彻头彻尾的改变——去面对新环境，确立新目标，发现新事物，结交新朋友。

1972 年就是这样的一个例子。

那年我把公司卖给了塞罗公司，那是一家经营铜矿的大公司，公司业务多元，旗下的领袖房产公司将接管贝林公司。交易完成后，我的净资产大约有 5000 万美元。我下定了决心，毕竟我也不怎么喜欢打理上市公司。我不喜欢公司“上市”所带来的种种限制，比如那没完没了的政府公文，还有随时都得向股东报备，等等。十年的时间又到了，这回我放弃的是在佛罗里达州的房产业务。卖了公司，我已经实现了“美国梦”。但下一步，我该何去何从呢？

我决定花上一个月去琢磨这个问题。我计划带着我的母亲和妻儿一起去欧洲度假，做一次必要的休整。我想回报他们，面对出售公司的压力，他们对我百般忍让。就连我的母亲也用她一贯的搞笑方式来为我减压。

我提前把妻儿送到瑞士，自己去纽约处理一些未竟业务。每次去纽约，我总是住在华尔道夫酒店（Waldorf Towers）。我的母亲会在那里与我会合。我的秘书会陪着我母亲到纽约，然后带她到我在酒店 30 层的套房。母亲从未坐过电梯，她不愿坐电梯，说宁愿爬 30 层楼上去。我乘电梯下到大厅，把她拉进了电梯。在电梯上升的过程中，母亲一直用手捂着眼睛。

当时已是傍晚，我和母亲计划第二天飞往瑞士。我第二天一早要出席一个会议，所以当晚我问母亲第二天早餐想吃什么，并告诉她会有人把早餐送到她房间去。她说她想要咖啡、鸡蛋、熏肉和烤面包片。

第二天，当我开完会回到宾馆的时候，服务员告诉我出了点状况。事情并不复杂，客房服务员将早餐送到我母亲房间时，她拒绝签单。母亲告诉服务员说：“我不会任由你们来搜刮我儿子的。”我对母亲说：“您只管签字就行，不用您来结账。”她回道：“太贵的东西，我吃不来。”

从欧洲回来后，我开始探索新的可能性。我前往亚洲考察，看到了一些环太平洋地区的强劲发展势头。我在东京的时候，有一天早晨，我住的酒店房间电话铃响了，是布鲁斯·德夫林打来的，他是一名高尔夫球场建筑师，我们曾在佛罗里达州有过合作，一起建过10个高尔夫球场。

他从美国打来电话，尽管话筒里的声音时大时小，断断续续，但我还是能听出他很兴奋。“你回佛罗里达的时候，一定要在加利福尼亚停一下”，布鲁斯说道，“我想这里有你感兴趣的东西”。

“是什么？”我问他。

“我不想在电话里告诉你，我想让你亲眼看一下。”

我相信布鲁斯，因为面对机遇他有着非凡的洞察力，而我也确实兴趣盎然。从日本回来的时候，我在旧金山做了停留。布鲁斯在机场接我，我们直接坐上了一架租来的直升机。飞机载着我们从旧金山向北，飞过奥克兰，越过雄伟的魔鬼山①。飞机下面的大地贫瘠却美丽。那里有起伏的丘陵、绵延的山谷、星星点点的农场、核桃林和荒漠中的灌木丛。

在直升机里，我对布鲁斯点了点头。他是对的，这里的地产非常有潜力。从空中可以清楚地看到，发展的趋势是朝着这边来的。这个区域附近的一个分区已经建设好了，其他地方也都已经铺好了路，正在迎接未来的发展。“这就是所谓的黑鹰牧场”，布鲁斯试图压过直升机翼发出的噪音大声喊道，“大约有5000英亩！”

“我真不敢相信有人要出售它”，我说。我低头下望，飞机正在飞过一个巨大的圆形谷仓和打理良好的养马场。

“这里是以一匹著名的赛马命名的”，布鲁斯再次喊道。

“我真的不敢相信有人要出售它”，我重复道。

“这也是最近的事。原本开发商已经买下了这块地，但是由于破产无法继续下去。后来，一个经营重型施工机械的经销商收购了这块地，建了一栋住房，把其余的地产都放到市场上销售了。”

---

① Mount Diablo，加州旧金山湾区的一座山。

当直升机继续在这片土地上盘旋时，我开始在脑海里勾勒这个地方可以做的开发设计图：两个精心修建的高尔夫球场，球场周围是住房、树木及零售店。我们可以在这里开发一些社区，就像在佛罗里达州沃兰兹所做的那样，并且未来还有进一步拓展的潜力。“我们可以在这里建中、高端社区”，我对布鲁斯说。“兴许我们可以在这里建5000栋独栋别墅”，我满怀热情但却又小心翼翼地说道。

“你动心了吗？”布鲁斯问。

“我想让鲍勃来看看，听听他怎么说”，我说。布鲁斯点点头。在这片土地上又飞了几个来回后，我们回到了机场。

鲍勃·卡洛是加利福尼亚州的一名住宅建筑商，在塞罗旗下的领袖房产工作。我们初次见面是在塞罗公司收购我的公司的时候，从那时起我就开始喜欢这家伙了。更重要的是，我相信他所作的决定，尤其是考虑到领袖房产在加州经营得很成功，而且最近已经把业务做到了佛罗里达州。我联系了鲍勃，并同他一起去现场进行了考察。他也看到了其中的商机。

“我要把这块地都买下来”，他说。

我告诉他，我对此并不是特别感冒，特别是因为业主最近在这块地皮上建了一个巨大的房子，并且索价离谱，而只有买主肯出这个价钱，他才肯卖。“不过，我或许对这4000英亩土地挺感兴趣”，我说，“我看到蕴藏着巨大商机的4000英亩土地。”鲍勃同意我的看法，他说：“我想你是不会失去这个机会的。”他说如果我和他合作，他愿意帮我开发这片土地和房产。

我当时仍然住在佛罗里达，并没考虑过要搬到加利福尼亚。我需要一个像鲍勃一样经验丰富的人到现场帮我盯着施工。他愿与我合作的提议坚定了我的信心。他愿意离开领袖房产，参与这项事业，也让我希望倍增。除此之外，我也清楚在加利福尼亚开发地产有多艰难。因为在那里，人们的环保意识很强。鲍勃参与这个项目对我来说是至关重要的。我十分欢迎他做我的合伙人，并接着买下了这块土地。我花了400万美元买下了4000英亩土地。我首先支付了40万美元，买到了能立即投入开发的最好的400英亩土地。经过协商，我签了一个十年的合同，计划把钱款分10次等额支付，利息是4%。一旦余款付清，其他的土地所有权就都归我了。

在我看来，这是一笔稳赚不赔的交易。并且我也很快就意识到，合同的条款对于一个项目的成功是多么的重要！尽管我们还没有详细讨论过，但鲍勃早就料到开发黑鹰社区肯定会遇到诸多麻烦，尤其是在环保方面。环保法和审批程序都赋予环保人士权力，他们可以反对任何一个重大的开发项目。他们的策略其实很简单——这种策略当时甚至还在加州大学伯克利分校被作为一门正式课程讲授，那就是威胁当地主管官员，迫使他们去限制或者叫停开发项目，并用官司拖住开发进程。一旦吃上官司，开发进程就会被拖慢。经过多次拖延，开发商肯定不能眼巴巴看着自己的钱砸在这里一无所获。延误开发的成本很高，最终开发商要么缴械投降，要么被拖得破产，或者两者兼而有之。

幸运的是，我与卖家达成的协议并没有占用大量现金，这就让我们的团队在与环保人士争斗的过程中处于强势地位。当对手的一个个小威胁逐渐演变成媒体口中的“黑鹰之争”时，我们就是这么做的。鲍勃从核桃溪请来一名年轻而强势的律师。这位名叫丹·范·沃里斯的律师对细节特别关注，专门代理涉及城市规划的案子。显而易见，他能出色应对激烈的政治环境。政治环境越激烈，他表现得就越好。没有人比他分析问题更透彻，没有人比他说话更有说服力。

我们的策略就是从一开始就尽可能地把目标定高——把开发项目规模一开始就规划得很大，这样就算我们跟对方达成一些妥协，到头来我们的开发项目规模依然不小。我们最初的规划是要建一个乡村俱乐部，这里有两个高尔夫球场，周围是5000栋独栋住宅。如果这个规划成行，将是北加利福尼亚州有史以来最大的开发项目。

“你搞得规模这么大，自然会吸引别人的注意”，有人提醒道，“换作是我，开始会把规模弄小一点”。

“不管我们怎么做都会招风的”，丹说，“我们这么做，就算对方迫使我们缩减开发规模，我们还是赢家”。

他们确实试图迫使我们缩减开发规模。一批当地居民还加入了塞拉俱乐部和一个名为“拯救恶魔山”的组织，他们让人们误以为我们要把住房建到魔鬼山山顶上去（我们不会也不愿往那儿建，因为整座山大部分都属于一个州立公园）。他们联合散发了一份请愿书，在短短一个月内就征集到了33000个签名来抵制我们的开发计划，而我们的开发项目事实上离山顶有好几英里远，并且跟魔鬼山州立公园挨不着边儿。当时，迪士尼公司计划在太浩湖附近建一个冬季度假胜地，结果引起了大规模的抗议活动。这也在某种程度上助长了我们对手的气焰。我们的开发项目每推进一步，都会面临官司。我们双方之间的对峙引起越来越多公众的关注，塞拉俱乐部甚至把它变成了一个筹款的好机会。

对我们的开发项目进行的抵制由两名环保人士带头。他们当时在伯克利分校学习，同时也通过这次抗议活动拿学分。他们的抗议工作甚至还成了《康特拉科斯塔时报》[①]的头版新闻。虽然我和丹都没被吓倒，不过他们的缓兵之计确实有效，我们的开发项目一拖再拖。几年后，我坚信这块地产的价格绝不会下跌，我最终肯定会将其开发出来。于是，我直接把这块地全部买下，并把其中一部分作为财产留给我的孩子们。鲍勃·卡洛觉得自己对这个项目已竭尽所能，希望能够有新的尝试。

我也赞同，我们确实需要一个新的团队来继续推进这一项目。在1974年的圣诞晚餐上，我遇见了史蒂夫·贝金和欧文·施瓦德罗，他俩都是我在佛罗里达团队的成员，工作勤奋且忠实可靠。史蒂夫20多岁，欧文30岁出头，他俩是我的团队里最年轻的两名成员。他们在

① Contra Costa Times，加州核桃溪（Walnut Creek）的一家日报。

众多项目中都表现突出，其中就包含将整体公寓转为分产权公寓的项目。此时两人都已娶妻生子，而且都渴望能够和我一起在加利福尼亚州打造出一片未来。他们愿意跟我去加州，和我以前在佛罗里达州的律师比尔·莫尔并肩作战。

1975 年伊始，我们的新团队就努力与县政府建立积极的关系。我们理解当地官员所面临的难题，他们得去处理民众的请愿——那些反对我们开发项目的请愿。我们决定以务实的方式来应对。我们的策略是给政治家们以胜利，让他们可以赢回自己的选民。我们给他们的其中一件礼物是把 2800 英亩的土地还给政府以扩大魔鬼山州立公园，并在我们的开发区与山之间形成一个缓冲区。我们在剩余的最适合建造住宅的 1200 亩土地上搞开发，另外还提出将开发的户数削减到 2500 家，这比我们最初规划的减少了一半。

这样，在买下这块土地五年后，我们的策略终于奏效。虽然我们所有的要求中只有部分得到满足，但这却足以让我们的开发项目通过审批。一开始我们打算建 5000 栋中高端住宅，现在我们决定减少数量。我们将把它们全部打造成高端住宅，专门面向那些收入不菲的职业人士。最终，我们的项目得以进行，环保人士达到了保护环境的目的，而州政府、县政府也得到了共赢的结果。事实上，可怜的是那些中产阶级消费者，他们本来可以从我们最初的开发计划中受益。1977 年 6 月，我们的项目破土动工。

今天，我相信是“黑鹰之争”让我们的开发项目成为全美最好的地产项目之一。我们的高端住宅建设启动之后，我又获批可以在这里建设几个中产阶级社区，主要是因为我们修整了通往黑鹰社区的乌峡路。在我们对这条道路进行修整时，我获准以每英亩 1 万美元这一前所未有的价格购买一块毗邻的地块，其后又获批可以在那儿建 5000 套住宅。雪佛龙公司和太平洋贝尔公司正把自己的雇员迁到该区域的两个大型写字楼里。我们为这两家公司的高管建了住宅，为它们的职员建了公寓。这个叫“峡谷湖”的房产项目最终包括 4500 套住宅和一个公共高尔夫球场。整个项目开发历时三年，收益比黑鹰社区还要高。不过，之前黑鹰项目的谈判经验，使得这一项目的整个过程简化不少。后来，我还在魔鬼山的另一边开发了两个像塔玛拉克那样的退休社区。

黑鹰社区成了我最具代表性的房产项目，最后我把家也安在了那里。我建了一栋占地 3 万平方英尺，可以俯瞰整个乡村俱乐部的住宅。根据不同人群的生活方式，开发建设不同的社区，在加州成为广受欢迎的社区理念，尤其受到那些住在旧金山和奥克兰的专业人士们的追捧。他们都想要更大的房子、更开阔的空间，他们想住在幽静而安全的地方，寻求一种归属感。

当年我坐在直升机上俯瞰这块土地时，脑海中勾勒着要建一个高尔夫球场，球场四周建上住宅。当年的那个愿景终于变成了现实，我们的团队确保让这个社区的每个细节都尽显优雅。我们把每座住宅的结构和颜色都把握得恰到好处，同时也认真考虑了住房周边的景致和两个高尔夫球场的管理。我深信广告和公关的效力，花钱在《旧金山观察家报》和《旧金山纪事报》地产板块的头版做了一整年的广告。我们邀请当地居民和宾朋来到乡村俱乐部，并尝试用各种方式打动他们——一位接待员为客人倾倒正在燃烧的甜品饮料，一时技惊四座。这种狂轰滥炸式的促销引发一阵轰动，黑鹰社区的住房很快被抢购一空。需求高得难以想象，一些我最初花 1000 美元/每英亩购买的地块儿，现如今价值超过了 200 万美元。这对我的儿子们来说无疑是福音，因为这些地产中有些就是他们的财产，他们也都跟着成了千万富翁了。

黑鹰社区早已声名远扬，就连远在中国的开发商也套用我们的名字来命名他们的社区，并向我求援，企盼能在中国复制“黑鹰”的成功。我最终答应了。在上海，我与一家中国房地产公司合作开发了一个世界一流的高档高尔夫社区。这个社区名为东滩花园，坐落在崇明岛上，这里有湿地和鸟类保护区，以其优美的自然景观而著称。

黑鹰社区里的大多数住宅市值都已经翻了不止一番，就连最初在“黑鹰之争”中反对我们的人，有的也搬进了这个社区。他们现在知道了如果土地能够得到合理开发，会得到什么样的结果。我们运了很多吨泥土来建高尔夫球场，除了球场、住宅和美丽的水景，我们还栽了40多万棵树。当年的小树现如今都已长成了大树，成了一道亮丽的风景。

黑鹰社区如今是一个美好的家庭社区。包括我的十个孙子、孙女在内的全家人都很喜欢这个社区。近年来，我和妻子也越来越多地与家人待在一起，享受美好的时光。我们祖孙三代会一起去做义工(后面的章节详述)。为了庆祝我80岁生日，我们全家一起去了中国旅行，即便是在那里，我们也没有忘记去做社区服务。

请容我花点时间跟你们说说我的孙子、孙女们，他们才华各异，不管是在学业上还是在事业上都成绩辉煌。尽管我们夫妻二人都没能完成大学的学业，但是教育对我们来说确实非常重要。我们所有的孙子、孙女都将完成大学学业，并且有的还要继续攻读硕士和博士，对此我们备感欣慰。

杰夫的女儿杰西卡，毕业于加州州立理工大学圣路易斯奥比斯波校区，主修生物学。毕业后，她从事生物研究工作。她的公司送她到波士顿大学医学院，攻读分子医学的博士学位。她现在做的是血管生物学领域的生物医药、生物化学研究。科林是杰夫的二儿子，也毕业于加州州立理工大学圣路易斯奥比斯波校区，他在那里获得商学位。他曾在中国为摩根士丹利公司效力，后来在上海接受了7个月的高强度汉语普通话培训，他开始协助我管理在中国的房地产项目。在过去七年中，他大部分时间都待在中国，现在可以讲一口流利的普通话。约翰是杰夫的长子，是我所有孙子、孙女中唯一一个已婚的(他的妻子叫“梅利莎”)。他毕业于加州州立理工大学波莫纳分校，现在在一家公司做信息技术方面的工作。杰夫的小儿子凯尔计划在2013年就读美国科罗拉多大学博尔德分校。

蕾妮是迈克的长女。目前,她在学乐公司[①]担任研究经理,负责项目研究与验证。蕾妮从哥伦比亚大学教师学院获得了两个硕士学位:学前教育课程与教学教育学硕士学位以及教育心理学、人类认知与学习硕士学位。迈克的大儿子布兰登,在数学和理科方面总是名列前茅,他顺利从纽约大学获得数学硕士学位,目前在为高中生和大学生进行数学辅导,同时也做高考和其他一些考试的考前辅导工作。迈克的二儿子帕特里克正在上大专。迈克的小女儿伊丽莎白也一直是一个优等生,将于2013年高中毕业。

大卫的女儿斯蒂芬妮也将在2013年高中毕业。她多年来热衷于网球、合唱以及选美。大卫的小儿子克里斯托弗上了高中,他是一个优秀的学生和网球选手,并计划在两年内成为鹰级童子军[②],这将是我们家族中的第一位获得此荣誉者。

黑鹰项目之所以能取得成功,是因为我们有一个优秀的团队。尽管我们曾经历过很长时间的挫折与质疑,但却从未失去自己的目标。对于工程的投资,我内心非常清楚。这些土地曾一度都归我所有,但如果黑鹰项目不能取得进展,我将无法去开发它。黑鹰之争让团队里的其他人都深受鼓舞,他们看到了黑鹰项目成功的可能性。他们目光远大,不只顾眼前,同时又十分专注于我们的目标。

如果县政府给机会,我们一定会让黑鹰社区独树一帜,事实会证明这一点。道格·道林是我们加利福尼亚团队里的要员。他是我所认识的最具天赋的建筑师之一。多亏了他,我当时在直升机上的想象才得以变为现实。他了解我的意愿,用自己的天赋,对社区、各个住宅风格以及住房内部的细节都进行了精彩的设计规划,从而使我的愿景得到完善。让团队内的每个成员都能人尽其才,这是成功的关键。我

① Scholastic,Inc.,全球著名的儿童图书出版商和发行商,也是儿童教育领域的技术领头人。

② The Boy Scouts of America,成立于1910年的美国最大的青年团体。鹰级童子军(Eagle Scout)是其最高荣誉。

是个粗枝大叶的人，没有耐心去关注细枝末节。但幸运的是，我的团队里有史蒂夫、欧文、丹和道格等人，他们刚好与我形成互补。即便是在黑鹰之争最艰难的时候，我们也能够相互鼓励，给对方打气。

后来，我曾问过史蒂夫·贝金在黑鹰之争中我们得到的最重要的教训是什么。他毫不犹豫地回答："必须要诚心诚意地融入社区，这样才能让人们了解我们、信任我们。"换句话说，就是当我们开始倾听别人的诉求，让他们知道我们理解他们的感受并且也愿意满足他们的诉求时，我们才开始赢得黑鹰之争。也就是当我们从当地社区以及地方领导人的角度看问题，考虑到他们作的每个决定都要对所有选民负责时，我们才开始走向胜利。

"什么也比不上直接与人打交道更重要"，史蒂夫说，"你不能仅仅只是聘个顾问，订个计划，然后就说，'就这么定了'。这根本不起作用，尤其是在像加利福尼亚州、佛罗里达州以及美国西北部这样一些敏感地区。开发商如果不融入社区中，不为当地人所了解和信任，不把当地社区的利益放在自己的利益之上的话，那么大型的开发项目在这些地区根本无法推行"。

史蒂夫是对的。"黑鹰"教给我们的，也正是多年来我在其他许多项目中所学到的，那就是没有什么能够取代信誉和善意，它们是作为领袖的重要财富。不管你做什么，它们都是你取得成功的前提。

第三部

想要与众不同

Different

Different

第六章
从黑鹰社区到海鹰橄榄球队

> 当一扇门关闭的时候，另一扇门会向你敞开。
>
> ——[美]亚历山大·格拉汉姆·贝尔

1988年，我做了一件许多美国男孩都梦寐以求的事：我买下了一支职业橄榄球队——西雅图海鹰队。毫无疑问，这是一件与众不同的事。这支球队一直在壮大，虽然成立的时间并不长，但却已经经历了许多赛事的锻炼。

在我之前，这支球队归诺德斯多姆家族所有。他们一家人是我的好朋友，尤其是已经去世的吉姆·诺德斯多姆，他是我见过的最令人尊敬的商人之一。西雅图是个很棒的城市，这里有很多海鹰队的铁杆球迷，有一个庞大而活跃的传媒公司对赛事进行跟踪报道，但是这支球队在更大的市场环境里却不如别的联盟队伍那样热门。我觉得我们在球队的发展方面可以做很多事，我能够应对挑战，而且最重要的是，这次收购从商业层面看对我来说是有利的。

吉姆·诺德斯多姆是世界上最优秀的推销员之一，这一点看看他们家族所拥有的百货连锁店就知道了。我原以为自己在销售界打拼了 30 年已经学到了不少销售的秘诀，但是跟吉姆·诺德斯多姆比，我需要学习的东西还有很多。他邀请我去华盛顿，讨论与橄榄球毫不相关的生意。我当时并不知道，诺德斯多姆家族已经决定要卖掉海鹰队了。他们家族中有些成员想要从橄榄球事业中脱身，专心做零售。在送我去机场乘飞机回北加州的路上，吉姆问我是否介意绕个道。现在想来，那可不是什么巧合。

最后，他把我带到了海鹰队的训练场上。短短几分钟内，我在高中时打橄榄球的记忆就全都浮现在脑海里。吉姆向我介绍了那些迅速成名的球员——包括球星史蒂夫·拉根特和布莱恩·博斯沃思，还有主教练查克·诺克斯以及他手下的几个教练。这经历让我终生难忘。我想当时我的眼神中一定闪耀着激情。吉姆抓住这一时机告诉我，他正在为球队寻找买家。我们简单地讨论了一下价格，等我到机场乘坐航班的时候，我们已经握手成交了。

我花 7900 万美元买下了海鹰队。我拥有球队的最大股份，我的朋友肯·霍夫曼拥有 25%的股份。他是加州的地产开发商，也是奥克兰运动家棒球队的拥有者之一。我公司的史蒂夫·贝金购买了 6%的股份，其他几位好友每人购买了 1%的股份。我的动机之一——也是我能迅速作出决定的原因，就是收购球队在税务上对我有利。我的日常收入是按高税率交税的，而把日常收入的一部分用来支付球员的薪水，就可以减少我的纳税额。当我回到加利福尼亚跟儿子大卫说起此次收购时，我抑制不住内心的激动。我知道如果有人能分享我的感受，那个人肯定是大卫。高中时他不仅是一名优秀的球员，而且是我所知道的人当中对职业橄榄球队最热衷的球迷之一。

诺德斯特姆对外宣布交易之后，我去西雅图开了一次新闻发布会。当时在报纸和电视上有大量报道，我一下子成了名人。这一切来得十分突然。我走在路上，人们就会对我指指点点或者盯着我看，这跟当地产开发商截然不同。每当有比赛，球迷们就会在去场馆的路上把我围住。最后，我不得不找来一名警卫护送我到场馆的老板包厢。

比赛的场馆名字叫“国王穹顶体育场”。我慢慢地喜欢上了这样的感觉。我的专用包厢里可以坐40个人，我很喜欢邀请朋友和明星来和我一起看球。我们总是坐在球馆的最佳位置边享受美食边看球赛。我酷爱看球赛，所以后来就直接跑到球场边上去跟球员们站在一起，这样能切身感受到比赛的紧张激烈。如果球队赢了，赛后，更衣室就会成为整个晚上最热闹的地方。如果输了，大家就会直接回家。球馆边上有一家著名的酒吧餐馆，叫“麦克罗里”，比赛结束后大家都会去那里坐坐。如果比赛赢了，那里就会聚集很多人，而我则是当晚的明星。

能拥有海鹰队其实是一件让我们全家都感到高兴的事情。我的两个儿子，大卫和斯科特都逐渐参与到与球队相关的活动中。我们去看比赛，经常一起乘坐我买的一架商务飞机DC－9飞往西雅图。球迷很欢迎我们，当时觉得未来一片光明。第一赛季我们的成绩是9胜7负，这是海鹰队历史上的最佳战绩。我们还在充满挑战的橄榄球大联盟西部赛区获得了冠军，但令人伤心的是在季后赛第一轮中输给了辛辛那提队。海鹰队此前从来没获得过赛区冠军。

有一阵子，我感觉自己无所不能。我与当地社区一起工作，和商业组织以及民间组织交谈，这一切都令我高兴。球迷们也对未来非常乐观。我很享受和他们在一起的感觉，也很高兴自己能够成为国家橄榄球联盟的一分子。国家橄榄球大联盟是一家高级俱乐部，在俱乐部的股东中，有些人的名字可以说是家喻户晓，正是他们创建了这个俱乐部。他们是一群来自优秀家庭的非凡人物，他们的动力在于想要将职业橄榄球发展成世界上最受欢迎的体育项目，而不是仅仅为追求个人利益。对于他们来讲，这既是职业，也是使命。跟他们在一起，同时又能跟世界上最伟大的球员接触，真像梦境一样美好。

我喜欢上了西雅图这座城市，于是决定搬过去。我们在一座小岛上买了房子，跟诺德斯多姆家做邻居，又在离球队办公室很近的地方买了套私人公寓，我经常待在那里，跟球迷们交流。建设“可拼装活动式”房屋项目时因为对行业不了解而盲目投资的冲动让我吃了很大苦头，所以我决定凡是跟球队有关的决策，都由专业人士（也就是球队总经理、教练和球探）来定夺，我有意采取了不插手的管理方式。我的参与仅限于和家人、朋友坐在国王穹顶体育场的专用包厢里看比赛，以及参加球队股东会议。

接下来的一个赛季，我们的成绩是 8 胜 8 负。这时，我觉得我的管理方式需要作出改变。从我的角度来看，球队存在许多问题。我们的许多选秀球员没有很好地发挥实力，我们的训练项目有待提升，我们的球队收益不丰，无法吸引到顶尖人才，我眼睁睁地看着顶级球员与那些拥有更大市场、收入更可观的球队签约，心里感到十分沮丧。我们有联盟中最优秀的前锋，但却缺少真正有领导力的四分卫，而且我们的跑卫不够强，无法平衡我们的主动攻击……

有一阵子，整个球队看起来就是在单线运作，完全依靠我们的明星接球员史蒂夫·拉根特带领整支队伍前进。这样下去我们根本就无法实现目标——我们要成为联盟中的劲旅，要赢得季后赛的胜利，并成为年度总冠军。

汤姆·弗洛里斯是位优秀的教练，也是我的朋友。他曾是球场上的赢家，1981 年带领奥克兰突袭者队赢得了世界冠军，1984 年又将洛杉矶突袭者队送上了冠军宝座。我邀请他来担任球队总经理，与查克·诺克斯携手缔造一支顶级球队，而且允诺给他完全的自主权。他同意了，接管了球队运营。这一次，我又没有介入，而是等着看他的成绩。这成绩在 1990 年的赛季结束后看得一清二楚——7 胜 8 负，实在令人失望。汤姆认为，如果要他来负责扭转球队的局面的话，那么他还必须兼任总教练。我们认真地讨论了他的想法。从我个人来说，我很喜欢查克·诺克斯，他是个受球员喜欢的教练，曾经有过联盟中的最好成绩。但是，平心而论，他并没有将球队打造成我理想中的冠军队伍。

海鹰橄榄球队与金县——也就是国王穹顶体育场的所有者，有个长期租赁协议。这一协议的内容阻碍球队的发展。问题出在财政上，其他球队都能平分电视播出收入，并且对门票收入进行四六分成(60%归主场球队，40%归客场球队)。更厉害的球队甚至可以跟球馆签署更优惠的协议，这些协议允许球队通过特许销售、豪华包厢、俱乐部座位、停车费和广告费等收入来增加运营资本。而这些我们在国王穹顶几乎都享受不到。体育场较小，只有几个豪华包厢供我们球队以及西雅图水手棒球队与国王穹顶棒球队使用。我们曾要求跟金县重新商谈租约的事情，但对方却不肯让步。我几乎别无选择，我相信查克已经尽心尽力了，但我需要给汤姆足够的权利让他去做为培养冠军队伍而必须做的事。鉴于此，我辞掉了查克，让汤姆做了球队的董事长、总经理兼总教练。他负责招募工作，我们签下了几个很有希望的球员。

不幸的是，我们的体能训练项目仍然很弱，球员们无法达到最佳状态。前两个赛季中，我们好几场比赛都是在最后几分钟输掉的，而且仅差几分而已——很显然，是体能训练出了问题。随后情况越来越糟，在接下来的赛季中，我们总共有 26 个球员因伤退赛，其中有 6 个是中后卫球员，情况糟得一塌糊涂。到了赛季末，我们不得不在比赛开始前几天之内签下新球员。这样下来，后果可想而知。整个赛季我们的成绩是 2 胜 14 负。媒体开始抨击我，其中包括很多对我的人身攻击:我被称为“乡下佬”、“白痴”，还被贴上了“有钱的加利福尼亚地产商”的标签，甚至有人说我在西雅图本来就不受欢迎……这下子招来了更多的憎恨。我试着不去想这些，但还是深受其扰，尤其是这些舆论报道让我的家人感到不安。

从我买下海鹰队的第一天起，大卫就成了我的得力助手。他仔细研究过球队和它所参加过的比赛。从一开始，他就非正式地参与了决策。他研究过球探报告，也参与了球员选秀。他既熟悉球队的管理，也花时间与当地球迷进行过沟通。他甚至还和我一起参加过球队股东会议，并且与其他股东的儿子们建立了友谊。那些股东们后来在联盟中占据了重要位置。我曾和汤姆谈过让他卸下董事长的职务，让给大卫来做。我跟汤姆说，我担心让他一个人身兼三个要职会分散他的注意力，也会让他无法充分发挥自己的优势。大多数联盟球队都有过类似的经历：主教练肩上责任过大，因而常常顾此失彼。

这可不是个容易下的决定。汤姆也意识到既当主教练又当董事长让他很矛盾，有时候无法与队员们恰当相处。比如说，教练要努力说服新招募的球员好好踢球，但是作为总经理他又要和球员协商薪水的事情，这会让他很难办。而这样的教练还得担心门票收入、社区推广和促销活动，实在操心太多了。

我们都意识到了该做些什么。1992 年 12 月，我任命大卫为海鹰橄榄球俱乐部的董事长。我为他和他的工作方式感到骄傲。他完全保留了原来的管理层，而且和汤姆相处融洽。他上任后做的第一件事就是和球队医生进行了详谈，试图搞清楚球员们到底为什么受伤，毕竟 26 个人受伤既不正常，也让人无法接受。很显然，我们需要对体能训练项目作出调整。大卫确实这么做了。他还与媒体和球迷互动，努力修复日益破损的关系。同时，他也跟其他国家橄榄球联盟的球队老板们进行了沟通，了解联盟的最新动向，包括工资上限——他任职第一年就实行了工资上限政策。

那一年(1993 年)，球队的最终成绩是 6 胜 10 负。和以前一样，我们其实可以拿个更好点的成绩，但有些因素是我们无法左右的。比如，大卫成功签下了两名优秀的自由球员——进攻内锋霍华德·豪斯·巴拉德和两次荣膺全明星的边卫内特·奥多姆斯，签下这两个球员是一次革命性的转变，提升这两个位置的实力对于整个球队的未来也十分重要。汤姆和大卫给他们制订了薪酬策略，四年 800 万美元。在很短的一段时间内，媒体似乎开始重新支持我们了，球迷们也很激动、兴奋。1994 赛季，我们的球队被寄予了很高的期望，我当时确信我们能够实现并超越 50%的胜率，甚至赢得赛区冠军。

然而，就在集训营开始前只有几周的时候，我们接到电话说内特·奥多姆斯在一次篮球赛中伤到了膝盖。他的韧带拉伤了,需要动手术,整个赛季将无法上场。这对于球队是个很大的打击,而且内特还坚持由他自己的骨科医生进行手术,这对球队同样是个沉重的打击。虽然我们投资巨大,却无法掌控这样的突发局面。1995 赛季内特回归,但结果却更令人揪心。训练第二周他就再次拉伤了韧带,而且伤的还是同一个地方。好在这一次他同意了由球队医生进行手术。就这样,他连续两个赛季缺席比赛,直到第三年才回归球场,但回归后却又无法融入球队。1994 赛季我们的成绩是 6 胜 10 负,与前一年相比毫无进步。

当然,我们还需要一名四分卫。前两次的首轮选秀中,我们选中了凯里·斯多福和丹·麦奎尔,但是他们都没能很快成长起来,最后只能被解聘。1993 年,我们终于找到了想要的人——刚从圣母大学(诺特丹大学)毕业的里克·米尔。当时,里克被看作是下一个乔·蒙塔纳[①],他和德鲁·布莱索都是当年选秀的热门人选。虽然我们很中意布莱索,但是球探还是在我们的选秀名单上把他的名字放在了里克的后面,而这一念之差使我们与德鲁擦肩而过。

里克在他的新秀赛季表现很棒,他展现了自己的实力和领导力,他还能够带球跑进,我们觉得这就是我们未来称霸球场所需要的。里克的挑战在于能否看懂防守,他总是倾向于将注意力集中在与他配合的第一个或者第二个接球手身上,这样一来,对方边卫就能轻松躲过他的视线。后来,里克的抢断能力持续提升,但是同时,他的触地得分和过人技巧能力却持续下降。

即使有了新的四分卫,我们的成绩也没有提升。我意识到或许该考虑换个总教练了,这个决定对我而言很艰难,就像我的许多商业抉择一样艰难。汤姆是我的老朋友,而且当初是在我的极力邀请下加盟

① Joe Montana,美国橄榄球运动员,职业橄榄球名人堂成员,司职四分卫,曾效力旧金山 49 人队以及堪萨斯城酋长队。

西雅图海鹰队的。他深受球员尊重，并且曾是球场上的赢家，但是，这一切对海鹰队都没有任何帮助。

我和汤姆的谈话时间并不长。他也意识到需要作出改变，只有改变才能为球队找到制胜良方。我们随后聘请了丹尼斯·埃里克森，他是位大学教练，曾经带领迈阿密大学两次赢得全国冠军。然而，即使有了他的加盟，接下来的赛季我们还是输了。我们的四分卫仍然存在问题，而且当时我们参加的是全联盟最难的联赛——西区联赛。20世纪90年代前五年，似乎只有堪萨斯城酋长队、圣地亚哥电光队和丹佛野马队能打进季后赛。

事情越来越糟糕。1993年，联赛委员会与运动员们达成了新的集体劳资谈判协议之后，有几家球队开始给球员提供巨额签约奖金，而且一签就是好几年。这一背景之下，我意识到如果我们想提高竞争力以引进新球员，就必须作出重大改变。而要获得足够的收入，我们必须签订新的租约或者找一家新的球场。现在的情况是，我们不仅要和水手棒球队平分豪华包厢的收入和广告费，而且还要忍受很多其他的不公平待遇。我们再度试图与金县沟通，讲明我们的想法，告诉他们我们需要资金来提升球场环境。最后，水手棒球队和海鹰橄榄球队联合起来，向州议会寻求资金支持，但是州议会拒绝了我们的请求。很显然，我们几乎不可能通过找到新的球场或者改善现有球场环境来提高俱乐部对球员的吸引力了。

我需要作出艰难的抉择，要么将球队迁出西雅图，要么把它卖给一个西雅图当地的买家，期待他能为球队找到新的球场。我在洛杉矶和阿纳海姆[①]寻找潜在买家，同时也在西雅图当地寻找可能的接手人。但是没人感兴趣，特别是知道了我们的球场租约之后，更没人想买了。

最后，我别无选择，只能让球队到阿纳海姆去进行季前赛训练，同时声明要为球队另找归属地。西雅图人对此勃然大怒，当时很多针对

① Anaheim，美国加州南部城市。

我的诉讼，都是试图阻止球队离开的。但同时，西雅图政府也开始认真帮我们寻找买家了。当地领导最终说服保罗·艾伦以2亿美元买下球队的特许权。艾伦是西雅图的当地居民，也是微软公司的创始人之一，华盛顿州和金县许诺将为他建造一个新的球场。

艾伦交了3000万美元作为押金。如果他最后不能如愿得到新的球场，我就得把钱还回去。他花了几百万美元做宣传，来说服投票者同意建造新球场。我们最初只提出需要1.2亿美元来改建国王穹顶，而现在，政府愿意出资3亿美元建造一个新的球场，并且公民投票也勉强通过了……1997年底，我们最终完成了整个交易。

现在，我又一次从头开始了。虽然没有了球队，但我却有了时间和金钱，去寻找人生的真正意义。

Different

第七章 找到人生的意义

> 当你尚未成为领导者，成功仅是自我成长；
>
> 当你成为一个领导者，成功便是帮助他人成长。
>
> ——[美]杰克·韦尔奇

我已经在汽车销售、房地产和体育赛事等商业领域打拼过了。

现在我想尝试涉足培养领导者的行业。

在走向培养领导者的旅途中，我经历了许多挫折。其中曲折，我将在下文详述。实际上，直到最近我才渐渐明白我该怎样去培养这个世界未来的领导者。我曾做过的那些慈善项目为我指明了人生的方向——那些项目一开始看起来各不相同，毫不相关，但是现在我能清晰地看出它们之间的联系。

如果说在近 70 年的商界打拼和十几年的慈善事业中我有什么领悟的话，那就是：这个世界需要领导者。我们置身其中的世界在未来将面临严重的社会、经济、政治挑战：全球资源减少、人类越来越依赖福利分配、环境污染、国际冲突、恐怖主义以及核战争的威胁……不一而足。要解决这些问题，我们就需要有强大、聪慧、乐于奉献的领导者，而且需要很多。

我相信每个人生来都具有一定的领导能力和相应品格。在家庭中，一个人可能因为年长或者经历丰富而成为家庭的领导者，成为一家之长，或是在家庭面临危机时脱颖而出，成为家里的主事者；在运动队里，那些运动能力超凡、了解比赛、聪明过人、资历高深而又勤奋刻苦的成员，通常会自然而然地成为队伍领袖；在宗教组织中，教区居民需要推选领导者来管理集会活动和财务；在社区中，某些居民会在预防犯罪的街区守护组织中担任领导者；在学校里，学生们也会推选同龄人担任社团和各类活动的领导者……很显然，人类会为群体活动选出领导者来维持秩序、提供指引、实现目标——动物世界中也是如此。

领导力不会因为所管理的组织规模较小而变得微不足道——所有的组织，不论大小，都需要有领导者，而且我们对那些担任领导角色的人总会心怀感激。但是，我关注的是最顶层的那些才智过人、能力突出的领导者——包括在商业、政府、教育、科学、医药、艺术以及其他各个领域中的领袖。我想要培养这样的领导者：他们能够直面这个世界的主要问题和严峻挑战，并且以自己的独特见解和创新思维来解决这些问题并应对这些挑战。我知道存在这样的人，虽然他们自己可能都还没意识到。我认为，找到并培养这些领导者，就是我的人生追求，也是我生命的意义之所在。经过多年的探索之后，我才认识到这一点。

就以妮娜·达马托为例来说吧，作为美国海军陆战队的一名少校，她在世界上最危险的地方——阿富汗赫尔曼德省服役，每天都冒着很大的危险。她的任务是协助阿富汗政府重建并维持学校。在阿富汗的其他地区，这项工作是由非政府组织和援助组织来做的。但是，当时赫尔曼德省一直是塔利班的据点，当地的塔利班分子总是把学校作为攻击目标——有时甚至会烧毁整个学校——以此来阻止政府重建权威和社会秩序。同时，他们还不断恐吓当地居民——自从美国在“9·11”之后进驻阿富汗，这些暴徒就一直威胁、恐吓当地人以守护自己的权力。

2010年，美国军队迅速进驻该省，击溃了最后一批塔利班分子，建立了安全秩序。之后，美国海军陆战队和阿富汗政府开始着手恢复该省的教育体系，修建校舍，并为孩子们搭建临时的“帐篷学校”，让他们得以复课——尤其是女孩们可以重新回来上课。塔利班分子曾经禁止女孩接受正规教育，而在妮娜·达马托少校的领导下，政府开放和开办了115所有正规校舍的学校和30所“帐篷学校”，使赫尔曼德省8.5万名学生得以重返校园，其中1/4是女生。

达马托少校在2011年接受《旧金山纪事报》采访时说：“社区只有在保证安全可靠的前提下，才能进行教育计划。而学校可以唤起人们内心的诸多希望。”

我同意她的说法。这就是我于2000年在加州大学伯克利分校设立了贝林校长领导力学院的原因。

达马托少校就曾在这个学院就读。

2007年，妮娜·达马托在旧金山的A. P.吉安尼尼中学工作。在这之前，她大学一毕业就加入了美国海军陆战队。服役期满后，她遵循自己的爱好，成为了一名教师。她热爱这份工作，但她渐渐发现，公立学校可以变得更好，而要想真正实现这种改变，就必须成为学校的领导者。于是，她报名就读加州大学伯克利分校的校长领导力学院。这个学院是我帮助建立启动的，其资金来源于我给加州大学伯克利分校750万美元捐款中的一部分。学院致力于培养加州城镇学校里高效率的领导者，这些学校急需改革和提升，但实施起来却非常困难。学院录取的大部分学员都是城区学校的老师。我所捐赠的资金能够为每名学员提供高达1万美元的奖学金，用来支付他们的学费。学员一共要完成15个月的高强度课程，包括晚间、周末和暑期学校，之后便能够获得教育学硕士学位和一份允许他们在学校中担任领导职务的国家行政认证书。学生毕业之后，还要在一所加州公立学校完成四年的领导工作。达马托少校毕业于2008年。

妮娜·达马托说:“贝林先生在加州大学伯克利分校资助的校长领导力学院,不仅治学严谨,而且让学生们认识到:数据和信息反馈是成功的关键。最根本的是高层领导者如何在复杂的环境中摄取信息,而且,一个组织中的所有领导者都有责任向每一位相关成员说明组织的愿景和使命,并与他们沟通。同等重要的是要确保自己愿意并且能够捍卫组织的战略。我很高兴有机会在加州大学伯克利分校的校长领导力学院获得了这些知识。因为在阿富汗,要想学到这些,风险实在是太大了。”

达马托少校因为在阿富汗的杰出工作被授予军功奖章。最近,加州大学校友会还授予她“马克·宾汉姆年轻校友杰出成就奖”,以表彰她对教育的奉献精神。我很高兴也很荣幸,我所捐助的学院能够帮助达马托少校提升她的领导能力,并因此为她本人和她在阿富汗的服役工作带来帮助。而她在阿富汗的工作成就,又为数千个阿富汗家庭带来了希望、机会与和平。

2000年那会儿,我压根没想到贝林校长领导力学院后来会对远在世界另一端的陌生国度里那些饱受战争蹂躏、苦苦挣扎的人们有所帮助,我也压根儿没想到学院会有这么大的影响力。我的初衷只是想要改善加州的学校。当时我对慈善事业知之甚少,接触就更少了。我那时的经济成功是大多数人难以企及的。我挣了数亿美元的资产,并且拥有一支职业橄榄球队,我乘坐的私人飞机满世界跑。我很喜欢那种生活方式,至今也是。但是到了人生中的某一时刻,你看看自己,再看看世界,你就会意识到,这个世界厚待你,你也应该去回馈这个世界。

帮助他人使我内心感到喜悦,这些我感觉很好;能够让别人收获喜悦并得到他们的认可,这让我干劲十足。所以我想要做得更多——把这个事业做大,就像我之前对待所有的其他事情一样。我决心利用我的余生去尽可能帮助更多的人——数百万人。当然,我也想与更多的人分享“给予”的喜悦,让更多的人学会奉献,即使他们所贡献的时间、才华和财富只能够帮助一个人。

犹太法典《塔木德》上说："拯救一个生命就是拯救全世界。"这可不是小事，小事积累起来就是大事。

学会回馈社会，是成为一个领导者的至关重要的一步。

在距离阿富汗赫尔曼德省 3000 英里之外的中国上海，殷海楠就体验到了"给予"的喜悦。而这种"给予"也使他成为一名真正的领导者。2012 年，殷海楠是 IBM 中国一个分部的质保经理，IBM 在录用他时跟他说，他的工作将包括公司的团队建设。殷海楠觉得，团队建设的一项内容可以是让公司和他的同事们一起行动起来，为上海的残疾人提供帮助。

他与上海当地的一个社区中心以及世界轮椅基金会合作，来实现自己的计划。我在环游世界的过程中遇到过很多身有残疾的人。2000 年，我决定以 1500 万美元的启动资金设立世界轮椅基金会，每年向数万名残疾人士免费发放轮椅。这些年来，基金会得到了爱心人士、企业和非营利机构的资金支持，一路壮大，正在向捐赠 100 万辆轮椅这个目标发起冲击。

殷海楠的公司与世界轮椅基金会中国区合作，在上海的一个公园里为残疾人举办了一次室外聚餐，这也是轮椅基金会的"红轮椅在行动"活动的一部分（活动中使用的轮椅全部都是红色）。活动中，IBM 员工筹集资金捐赠了 20 辆轮椅，同时他们还自愿为本次活动做服务工作。据殷海楠说，事后 IBM 的员工们认为这是他们做过的"最有意义的团队建设活动"。他们在此过程中不仅彼此更加熟悉，而且通过自己的贡献让残疾人享受到了从未有过的活动能力。这次室外聚餐活动非常成功。随后，殷海楠便成立了 IBM 上海志愿者协会，并且与轮椅基金会建立了正式合作关系。

殷海楠说："帮助他人会让人很开心，很有成就感。"

而格雷琴·莫尔成为领导者，则要归功于我所支持的另一项非营利性活动——美国"国家历史日"。"国家历史日"通过举办知识竞赛，让中学生投身到有深度的课外研究项目中，并在此过程中切身体会美国的历史。学生们最后会以论文、展览、纪录片、表演、网站等各种方式，在地区级、州级甚至全国性的竞赛中展示他们的发现。这要求他们拥有很强的研究和组织能力——这些正是成为领导者所需要的能力。

格雷琴来自爱荷华州长林市的一所高中，她从 7 年级开始参加“国家历史日”竞赛活动，每次都在纪录片小组。9 年级时，她拍摄了一个关于著名农业科学家诺曼·博洛格博士的短片。诺曼·博洛格曾获得诺贝尔和平奖，他在植物育种和遗传学方面的研究大大增加了全球的粮食产量，为消除饥饿作出了重要贡献。格雷琴深受博洛格博士的鼓舞。2012 年，她在爱荷华州和伊利诺伊州的周边社区中组织召开了第一届“博洛格博士一库德市青年饥饿峰会”，来自该地区 16 所高中的约 250 名学生参加了这次峰会。他们聆听了 32 名业界专家的讲座，这些孩子们为社区中的贫困家庭送去了 26200 多份餐点。

格雷琴说：“我希望通过这样的活动鼓励我的同龄人成为像博洛格博士那样致力于消除饥饿的‘斗士’。”

格雷琴在接受一家当地电视台新闻记者采访时说：“‘国家历史日’的活动鼓励参赛的学生们去创新和超越。我在参加竞赛活动中培养出来的组织能力，对后来策划研讨会有很大的帮助。高中生是社会的下一代，如果我们想在有生之年看到一个没有饥饿的世界，那我们这些下一代的孩子们就必须行动起来。”

这话完全正确。

在中国北京，洪宇晨正致力于带领人们拯救濒危鸟类。洪宇晨是北京国际学校初中 2 年级的学生，她曾参加过由我发起的一个名为“环球自然日”的科普活动。这个活动仿照“国家历史日”的方式进行，于 2012 年在中国推出。我相信自然历史，特别是动物世界，对人类意义重大。“环球自然日”就是让孩子们通过做科研项目来了解自然历史。

洪宇晨在2012年参加活动的时候，选择了去研究一种叫“雨燕”的鸟，这种鸟在城镇化发展过程中受到严重的生存威胁，现在已经濒临灭绝。宇晨是从她的父母那里知道了雨燕的生存状况。她父母告诉她，他们小时候能看到成群的雨燕飞过天空。宇晨的研究内容，就是要试图找到幸存的雨燕。她利用每周末的空余时间，走遍北京的大街小巷，寻找这种鸟的足迹和它们的栖息地。她还对中国科学院动物研究所的一名雨燕专家进行了一对一的采访。这个研究项目让宇晨最终在全球决赛中获得了一等奖。比赛结束之后，宇晨建立了自己的非营利性机构——雨燕行动基金会，来提高人们对雨燕生存困境的认识。

宇晨在她的作品推介中写道：“我想让更多的人关注雨燕。它们曾在人们的生活中随处可见，但现在却逐渐消失了。我还想通过这个项目让人们关注那些尚未濒危的鸟类，趁现在还来得及，尽力保护它们。”

戴夫·塔卡尔也想成为一名领导者。戴夫是加利福尼亚州弗里蒙特市的一名4年级小学生。他希望自己长大后能成为美国总统。如果能如愿，那他很可能会创造历史，因为他将会是出生在美国而父母为印度移民的第一位美国总统。

2012年，戴夫和他的父母在华盛顿特区参观了史密森学会美国国家历史博物馆。

戴夫的父母——吉格和赛亚尔，是1998年从印度移民到美国的。他们希望戴夫和他的姐姐蒂梵诗能够了解美国历史，特别是这个国家为所有公民提供的机会以及历代美国人为了保护本国公民而做出的牺牲。他们参观博物馆的时候，恰好有个“美国总统：光荣的重任”的展览在此展出。戴夫自豪地站在刻有美国总统印章的仿制总统讲台前面，让父母给他照了张相。

在史密森学会的博物馆，戴夫不仅了解了很多有关美国历史和历届总统的知识，而且还深受启发，立志要成为一名领袖。戴夫说他期待自己有一天能入住白宫:“我想帮助其他人。我想帮助这个国家。”

除了以上这些人,我本人也是很好的范例。我也想成为一名领导者,而这也是我给史密森学会提供资助的原因之所在。我先后给史密森学会的自然历史博物馆和美国国家历史博物馆捐赠过资金。十年之中,我一共捐赠了1亿美元。因为我越来越坚信,一家人周末下午一起参观博物馆,不仅有趣,而且可以很快地学到很多东西。博物馆是学习的殿堂、培养领袖的学校。我坚信博物馆在教育事业中的重要作用,所以我现在正打算对博物馆进行双倍资助,首先从中国的十几个博物馆开始。

资助这些博物馆仅仅是个开始。事实上,加州大学伯克利分校贝林校长领导力学院、世界轮椅基金会、美国国家历史博物馆、“环球自然日”、美国“国家历史日”以及我的其他慈善活动,都向我证明了通过这些方式来培养出一代又一代的未来领导者是完全有可能的。对实现这一目标,我有着远大的计划,也心存很高的期望。我相信这些看似各不相同的事业,最终会帮助我实现一个伟大的领导者培养项目。我计划为这个项目成立一个新的慈善组织——环球健康与教育基金会。你们在读完更多有关我们“给予”和“得到”的故事,看到我们如何努力地帮助他人获取知识、健康、活动能力、独立自主的能力后,我希望你们也会感到激动。我希望你们能与我携手一起实现我的梦想。我们已经开了一个非常好的头,培养出了像妮娜·达马托、格雷琴·摩尔、洪宇晨这样的领导者,他们正在努力让这个世界变得更美好。

我只顾兴高采烈地把一切都告诉你们,不知不觉已经讲到后面去了。现在,请与我一起回到这一切开始的地方,那是许多年前罗马尼亚的一个小村庄。

第四部

人生的意义

Purpose

Purpose

第八章 顿悟

> 没有希望的人生也就没有了意义。
>
> ——匿名

有些经历会让你从此改变，让你对世界以及世人有不同的认识，你的行动也因此会不由自主地跟着改变，至少对我来说是这样的。加州大学伯克利分校校长罗伯特·贝达曾经将我描述成“一个能洞察需求并能迅速采取行动的人”。我最早的时候是一名二手车推销员，后来又做了铲雪车操作员。从那时起我就总是能对有需求空白的情形迅速作出反应。

1999 年，在罗马尼亚的一个偏僻村庄里，有些人让我看到了一个全新的世界。在此之前，我从未意识到它的存在。他们希望能有活动能力的简单愿望让我很受触动，促使我要为他们做些什么。与他们以及成千上万和他们有着相似境遇的人们接触，彻底改变了我的生命轨迹。这些经历给我带来了真正的快乐，帮助我找到了人生的真正意义。

这个旅程始于非洲。20 世纪 90 年代，我经常去赞比亚、津巴布韦和纳米比亚狩猎。陪我们狩猎的有当地的寻猎手和专业猎人。他们带我去了他们的村落,参观当地的学校和诊所。尽管我生长在威斯康星州的贫苦农村,但是看到当地的情况时还是大吃一惊。那里的医院有的就只是一间被隔开的大房子,仅仅简单地将临产的孕妇与患有疟疾的孩子或者等候手术的病人隔离开来。病床都很小,有的甚至没有床单。那里的设备如此短缺,以至于有时候病人只能躺在地上,医生、护士也没有足够的医疗设备和用品。当地的状况让我十分震惊。

那里的学校同样缺乏基本的教学条件,通常情况下学校只不过是一个没门没窗的棚户。有的地方,学校甚至就是用几张床单挂在树枝上搭起来的。孩子们赤脚来上课,他们没有书和必要的学习用品。由于缺乏教学材料,老师想教他们读写都很难,更不用说其他技能了。因此,到了 2 年级或 3 年级,许多孩子便都对学习失去了兴趣。我就曾亲眼见过勤恳专注的老师因为无法留住学生而感到气馁。老师们觉得学生们因为无法获得良好的教育,他们最终会像祖辈一样难逃穷苦的农村生活,无法改善自己或他们的部落。老师们的一席话触动了我。

从非洲回来后,我便开始寻找医疗和学习用品,打算下次再去时带过去。在非洲,单就一个国家来说,就有很多不同的语言和方言,所以政府通常鼓励人民学习英语。在许多地方,英语成为统一的语言和商业用语。教人们学习英语最好的工具之一就是儿童读物,因为儿童英语读物中的用语都很简单。我联系到加利福尼亚州的一些学区,他们当时正在对 1、2、3 年级学生的课本进行更新换代,了解情况后,他们同意将这些旧课本捐给非洲的学校。我的法国比克家族的朋友甚至同意捐助 10 万支比克笔。我把这些物品和其他一些用品收集起来,装上飞机准备送往非洲。下一次的非洲之行中,我和我的团队都尽力确保这些物品被分发到需要的村庄。

每到非洲一趟,我都会带一批医疗、学习用品或者衣物送到我的访问地附近的村庄。到最后,由于运输量太大,我只能将它们分开装到不同的集装箱里运过去。我觉得这些物资让那些收到它们的社区发生了变化。

美国的慈善组织听说了我在做的事情后,开始给我打电话,并请我帮忙。1999 年,LDS 慈善基金会问我能否在我去往非洲的路途中顺路给它们运送物品。LDS 慈善基金会是耶稣基督末世圣徒教会(即摩门教会)的一个人道主义救援分支机构。它向全球范围内所有需要帮助的人提供援助,不分种族和信仰。20 世纪 90 年代,当许多家庭被迫逃离科索沃时,LDS 慈善基金会就曾迅速作出反应,向他们提供食物、衣物、毯子和个人卫生用品。这个组织想尽快向那里的难民提供 15 吨罐装肉食品,因此向我求助。

我同意了。当我们往飞机上装货物的时候,我们的行李舱还有一些剩余空间。一些志愿者便问我能不能在罗马尼亚停一下,因为他们想往当地的医院送一批轮椅。我们的剩余空间能容下六辆轮椅。当时没有想到,就是这六辆轮椅会改变我的人生航向。

把肉食品送到难民营以后,我飞往了罗马尼亚。尽管要去的这家医院比我之前去过的非洲医院好一些,但是所见的景况仍然让人心情黯淡。在美国,我们理所当然地认为医院应该是干净卫生的,并且具备我们所需要的医疗用品。但在世界的其他许多地方,情况却并非如此。卸下轮椅后,我见到了院长。他带我参观了那里的医疗设施,并介绍了残疾病人的生活情况。他说在贫穷的发展中国家,许多身患残疾的人基本上都被社会抛弃了,他们经常受到非人的待遇。由于疾病缠身、行动不便,他们让自身和家庭都因此蒙羞。在有些文化中,如果一个家庭生下了一个身体残疾的孩子,就会被大家认为是对这家人以往过错的报应。在世界上的一些地区,残疾人往往被诅咒为恶魔,或者被认为是恶魔附体。邻里不承认他们的存在,对他们视而不见。他们会被藏在小木屋后,每天只能吃上一顿饭。有时,他们的家人看到他们爬行或者被搬运会觉得丢人,所以就将他们锁起来。我见过一些残疾人被关在箱子里,藏在家里最里面的房间。

院长把我介绍给一位老人,他妻子刚去世,很快他又患了中风,再也不能走路了。他不会说英语，不过医护人员把他的故事翻译给我听。我告诉他，我给他带来了轮椅，这样他就又能自己活动了。当我帮着把他抬上轮椅时，他哭了。他一边哭，一边说等他回到家后，他就能够自由出门了。

“现在，我就能到院子里去，和我的邻居们一起抽烟了”，他说。

我能对他说的，也只有“很高兴我们能帮到你”。

我的心灵受到强烈震撼。这位长者以及许许多多像他一样的人就因为身患残疾而无法享受人生中最起码的快乐，这让人难以置信。在此之前，我从未和行动不便的人打过交道。没想到，就这么一辆简单的轮椅就真真切切地改变了这个人的生活，没想到一辆简单的轮椅对他如此重要！

那一刻我心存感恩，这种感觉从来没有那么强烈过。捐赠一辆轮椅其实很简单，但是意义却如此重大。我受宠若惊——我帮别人转送的礼物让人有了活动能力，让他们能够独立——这赋予了他们新的生命。我意识到我发现了让我兴趣盎然的事情，这些事情实实在在，却意义非凡。

从罗马尼亚回家后，我对那里发生的事情思索了好久。以前，我将轮椅视作一种禁锢。因为当时我并不理解自由，更不知道一个人能够给那些失去自由的人重新带来自由。这些轮椅能够给一个人的生活带来如此巨大的变化，我对此深感惊叹。所以我想寻求其他能够提供帮助的途径。

我和爱荷华州的一个慈善机构——灵实协会取得了联系。这个组织翻新轮椅，并已计划于 2000 年 3 月向越南捐助一批轮椅。该组织只需要一个赞助商来将这批轮椅运过去。我同意赞助，也表达了尽可能一同前往的愿望。当年 3 月底，我飞往越南并见到了受助人群。在等待轮椅通关的时候，我们受邀去了当地一家医院。医院的情况着实让人难以想象，每个房间里都挤满了患者，但却缺少足够的护士对患者进行基本的护理，卫生间和大厅也很脏。我们走进一个住着三个麻风病患者的房间，他们一个个都不成样子，手上脚上都是肿块，头上也开始出现类似的症状。尽管一开始有些犹豫，但我觉得我必须和他们交谈。当我伸手去碰他们时，他们笑得眼里全是泪……总算有人向他们表现出友好与和善了。

在医院一名医生的帮助下，我们说服当地政府在当天晚些时候从我们运来的轮椅中取了一批出来，并且将其中的一辆送给了一个小女孩。小女孩住在河内郊区的一个村子里，到她家的路走起来可不简单。我们先坐出租车，再换人力自行车，最后沿着一条尘土飞扬的小路徒步走过去。一路上有很多好奇的人开始尾随我们，等最后到达一间小屋时，后面差不多已经跟了 50 人。同行的有一名翻译，可以帮我们沟通。女孩的父母非常和善，给我倒了茶，并让我坐在一把小椅子上。我抬头往外看，看到一个敞开的下水道。此情此景，这茶很难喝得下去……

这个名叫裴诗萱的 6 岁女孩从来没有自己行动过。她坐在一堆破布上，吓得哇哇直哭。我给她棒棒糖，但似乎不管用，她还是哭。于是，我们把她放到屋外面的轮椅上。屋外聚集了一群跟过来的村民。我教她怎么把手放到轮子边缘来移动轮椅。她很害怕，眼里泪汪汪的。不过最后，她还是自己转动了轮椅。然后，她脸上突然露出了我见过的最灿烂的笑容（不信可以看这本书里的照片）……所有的邻居都鼓掌欢呼。只是那么一会儿工夫，我们就把一个坐在一堆破布上的女孩儿变成了一个可以自由行动的女孩儿，只是那么一辆简单的轮椅就赋予了她新生！她现在可以上学并能为自己打造出一片未来了，在轮椅上，一个新的世界正向她敞开。

我们花了好长时间才回到河内。在那里，我们继续分发轮椅。许多受助者都是地雷、农业事故、橙剂[①]或战争的受害者，还有一些是天生残疾。他们中既有儿童也有老人，都几乎一无所有，但却想出了很

① 一种除草剂，曾经用于越南战争。

多办法来应对残疾带给他们的种种不便。他们的故事和梦想深深打动了我。

一个女人来到了现场，身上背着一个块头跟她差不多的男孩儿。男孩儿患有脑瘫，没有行动能力。在那些受助者接收轮椅的时候，我们会给他们照相。当要给这个男孩儿照相时，他的母亲说，“请稍等一下”。然后，她开始给儿子梳理打扮，用一块破布给他擦脸，用梳子给他梳头，并给他整理衣衫，她想让儿子尽量看上去好看些……我立刻体会到了这位母亲是多么爱他的儿子！不管有多困难，她都会站在他身边。

一位老妇来到我跟前，为收到轮椅向我道谢。她的牙齿有黑斑并且残缺不全。她告诉我，她 78 岁了，因为无法行动，她想去死。接着她拉起我的手，跟我靠得更近，笑着对我说：“不过现在我想活下去了。”

我还看到一个 17 岁的年轻女孩，她无法走路，却是班上的尖子生。她梦想成为一名医生，但却担心由于不能自由行走而无法继续深造。此前，她去什么地方，都得由家人或者朋友抬着去。我永远都不会忘记她接过轮椅时脸上露出的那种纯粹的喜悦和感激。现在她能够实现自己的梦想，去读医校了。

轮椅帮助的不只是她，还有她的家人和朋友，他们再也不用抬着她行动了。轮椅不仅改善了受助者的生活，而且还改变了那些关爱他们的人们的生活。我们推算每捐出一辆轮椅就会改善至少十个人的生活质量，这其中包括受助者的父母、兄弟姐妹以及护理人员。

活动结束以后，我们还剩下 10 辆轮椅没发出去，于是决定将其交给医院的医生。是他帮我们解决了这批轮椅入关的问题，我们觉得他的一些病人会用到。我们到了医院以后，把轮椅捐赠了出去，并和拿到轮椅的病人合了影。当我们要离开时，有人过来跟我们说出了个问题：屋里面还有三个人，他们本以为自己能得到轮椅，但却没有。这几个人正在哭泣，伤心不已。

我走进屋子，发现他们正是早些时候跟我交谈过的麻风病患者。他们听说我们回到了医院，而且因为我之前就来看过他们，所以确信自己应该会拿到轮椅。这也许是他们一生中第一次希望得到点什么，可是现在希望破灭了。我跟他们交谈，并安抚他们的情绪，我说我肯定会帮他们的。我们眼下的确没有多余的轮椅了，不过我绝不做扼杀他们希望的人。

我们的车子穿梭整个城镇，竭力寻找更多的轮椅。几个小时后，我们终于找到了三个使用过的轮椅，我将它们买下并带回了医院。当我们把这几位麻风病患者抬到轮椅上时，我看到了这几位被遗忘之人脸上的那种感激之情，那种我从未见过的感激之情！他们此前挤在一个小房间里，没地儿去，只能彼此“对眼儿”，麻风病让他们失去了自由和尊严。现在他们终于能走出房门，坐在太阳底下了。就是这么简单的事情，但却足以让他们的世界跟以往大不相同。

回到美国后，我的内心充满了成就感。

在此之后，灵实协会又请求我在其他轮椅分发项目上帮忙。2000年4月，我们在危地马拉做了一个“大单子”。我同意为这批轮椅出资，并将它们运过去。

我们开车去一个偏远乡村的仓库分发部分轮椅。当我正要进仓库的时候，看到一个人被抬了进去。他看上去很痛苦，腿肿胀得很厉害。我带着一名翻译走过去，问他是怎么回事。他说他在田里干活时受了伤。我问他：“你看过医生吗？”他说：“看过了，他们请了一名医生看了我的腿，我得了坏疽病。医生说我必须在一个月内截肢，否则就没命了。”

这个男子问我们能否送给他一辆轮椅，这样他就可以去借钱来进行手术了。他说：“医生问我要100美元做截肢手术，另外还要交25美元的麻醉费用。如果我凑不够钱，我会让家人把轮椅还给你们。”

我顿时无语了。看到他那么痛苦，我当即掏出125美元交给他。他惊呆了，不敢相信会有人帮他。男子看着手里的钱，数了数，然后还给我25美元。他说手术过程中可以不用麻醉。我把钱又塞给他,告诉他我希望他在手术时接受麻醉以减少痛苦。四天后,他请一位修女打电话给我向我致谢,并告诉我手术很成功,他正用着轮椅呢。他的妻子找到了一份新工作,而他会料理家务,照顾孩子。修女告诉我这个家庭又会重新幸福起来。

我很难描述对于这次见面的感受。如果当时我不帮他,这个男子会经历什么?我不敢想。

这次危地马拉之行我们还遇到了一位美国护士,她的大半生时间都在帮助这个国家的穷人。她如此与众不同,令我感到不可思议。我很难想象一个人会像她那样完全改变自己的一生,放弃一切,专心致志地去帮助世界上那些不幸的人。对我来说,如果一直这样,会让我沮丧、让我崩溃。我很喜欢在危地马拉的经历,但我也知道我终将回归自己的生活,就像我之前一章所说的,我总觉得自己要使更广的范围产生变化,要帮助更多的人,而不是像这位护士一样,专注于某一群人。但是,她告诉我她现在感到前所未有的快乐,她找到了能给自己带来无限满足感的事情——这就是生命的意义。我很钦佩她,也深受启发。

这位护士带我们去了城里另外一个贫民区。在一个简陋的小棚屋里,我们遇到了一对夫妇,带着一个小女孩。小女孩六七岁的样子,一直坐在一个小箱子上。她妈妈告诉我们,他们夫妻俩白天都要工作,根本无暇照顾女儿,所以只能让她整天都坐在箱子上。这个小女孩根本不知道自由行动是什么感觉,她没法上学,不能出门,甚至从未感受过微风吹拂脸颊的惬意。我能想象的最痛苦的生活也莫过于此了。我们给了她一辆轮椅,她妈妈感激得不得了,告诉我们说,这是孩子长这么大以来,第一次可以在屋里四处活动。有了这辆轮椅,她还能去上学,去接受教育……她再也不是被困在箱子上的小女孩了,她会拥有自己的未来。

结束了危地马拉的捐赠之旅后,我们返回美国。但是,这一路上人们的悲惨故事给我的内心留下了深深的烙印。我意识到,世界上还有许多这样的不幸之人,而我们的举手之劳就能改变他们的命运。一辆轮椅就能让他们获得独立,使他们能自由行动,这是我亲眼所见。

这次经历也改变了我。我从来不是一个感性的人,但是一次简单的给予,就让我敞开了心扉。我一生中第一次真切感受到了自己被别人需要,这种感觉棒极了。从危地马拉回到家以后,我十分确定自己已经找到了一直以来所追寻的人生的意义。

我研究了全球的轮椅需求量,发现世界各国有几百万人需要轮椅,却无力负担。在美国,一辆普通轮椅大概 500 美元,高级一点的则还要贵上几百美元。在有些国家,这几乎等于一个家庭全年的收入。目前世界上还没有人专门捐赠轮椅,那我何不试一试呢?

这将会是个庞大的工程,但我从不畏惧挑战。我决定成立一个非营利性组织,向所有需要的人捐赠轮椅,不分种族、信仰、政治立场和国籍,我要尽可能地帮助更多的人。就这样,我成立了自己的团队并开始工作。

2000 年 6 月,我们召开了新闻发布会,宣布成立世界轮椅基金会。我们的目标是:免费捐赠一百万辆轮椅。我们预计整个项目需要超过 1.5亿美元的资金,我通过个人基金会率先投入了 1500 万美元,其他人只要捐赠 75 美元就能赞助一辆轮椅,由我们负责运送。(由于支出成本上涨,现在已经涨到了 150 美元,但就一辆轮椅而言,这个价格依然算是便宜的了。)我们的国际顾问委员会很快就有了西班牙国王胡安·卡洛斯、前苏联领导人米哈伊尔·戈尔巴乔夫、前南非总统纳尔逊·曼德拉等人的加盟,也逐渐有了包括 LDS 慈善协会和其他一些人道主义组织在内的新合作伙伴。这是一个事业的开始,它将会给我带来空前的满足感和成就感。

我开始积极关注轮椅能够给人的生活带来的改变。事实上,轮椅需求量巨大,世界上有超过 1 亿人需要轮椅,但大部分人都无力获得。我知道要想实现目标,我就必须募集一大笔钱,还要获得许多人的支持。但我很愿意接受挑战,我就像是西奥多·罗斯福笔下的“竞技场上的人”,为一份高尚的事业全心投入、充满热情。

我满心欢喜,因为找到了人生的意义。

现在,十多年过去了,世界轮椅基金会已经为几百万受助者、他们的家人以及捐赠者带去了喜悦,为他们找到了人生的意义,甚至使其中一些人成了领导者。他们的故事不胜枚举。

第一个要说的是乔什·劳斯和他的父亲唐·劳斯的故事。

2007 年,在尼加拉瓜的一次轮椅捐赠活动中,乔什用他的小货车给一个住在边远乡村的瘦弱男人送去了一辆崭新的红色轮椅。乔什还给他带去了一个专门定制的泡沫膝盖保护楔,让这个残疾人将楔子插在两膝中间,防止两只腿相互摩擦发炎。

就在轮椅捐赠小组要走的时候,一个小男孩敲了敲小货车的车门,他把手腕上的金镯子取下来,塞给乔什。小男孩是那位接受捐助的瘦弱男人的儿子,他想把自己身上最值钱的东西送给乔什,以表达内心的感激。最后,他们相互拥抱,泪流满面。乔什现在还会时不时地佩戴这个手镯,而且把它放在家里珍藏起来。那段回忆一直保留在乔什的心中。

事实上那个膝盖保护楔并不是轮椅捐赠小组带去的,而是乔什自己的,他本人也使用轮椅。乔什今年 33 岁,生来就患有脑瘫,4 岁就开始使用轮椅了。医生说他会四肢瘫痪,而且将永远无法正常讲话。但这些年来,乔什一直在坚持进行物理治疗,还接受了良好的教育。他逐渐成长,而且变强变壮——甚至在轮椅篮球赛和其他一些比赛中都有出色表现。轮椅已经融入了他的生活,他和家人甚至都几乎忘了他是坐在轮椅上的人。轮椅使乔什能够独立地尽情享受生活,他有了自己的房子、车子和工作。他在自己的家乡——加州圣拉蒙市一家名叫“诺布山食品”的杂货店工作,而且是店里最受欢迎的收银员。乔什的生活充满无限可能,丝毫没有受到身体残疾的困扰。

但是乔什的故事并没有到此结束。尽管乔什是个残疾人,但他和他的父亲是我们轮椅基金会里最热心的志愿者,他们一直致力于帮助那些身有残疾的人。从2006年开始到现在,他们参加过15次捐赠之旅,到过11个拉美国家,总共捐出了5000多辆轮椅。一开始,唐和乔什的资助来源只有加州普莱森顿北部的扶轮社,现在,他们正努力扩大募捐活动的范围,争取当地学校的资助。他们的"第三驾马车"是扶轮社成员比尔·惠勒,他是位成功的商人,自2001年起便成为一名轮椅捐赠志愿者。扶轮社美国分社的成员以及分布在全球各地的会员都是我们基金会的积极支持者。但说到对志愿活动的投入,乔什和他父亲绝对是无人能比的:尽管乔什行动不便,但他和父亲唐向轮椅捐献者承诺,他们一定会亲临捐赠现场,亲手将每一名受助者抱上轮椅。

乔什信守承诺专注志愿者工作到了什么程度呢?举个例子,2008年,在巴拿马,他们承诺即便是两辆轮椅,也要亲自将其送到当地一个约150人的土著部落。到达村庄的唯一办法是乘坐独木舟,顺着一条河流穿过丛林。他们去的时候正赶上一场暴风雨,于是乔什的轮椅需要用皮带捆在独木舟船头。村庄坐落在一片高出两条河流交汇处约150英尺的高地上,村民就住在搭在上面的高脚茅屋里。前来迎接他们的是几个腰缠布片的男人,四个赤脚男人连人带车把乔什从独木舟抬下来,沿着小山坡踏上一条被雨水冲刷得非常光滑、布满青苔的泥泞小路(见本书的照片)。他们在那儿待了几个小时,跟村民吃了一顿有鱼有香蕉的饭,部落的酋长还把自己的一把用骨头制成的佩刀送给了乔什。最后,乔什又被村民抬着下了山,冒雨往回赶。

每当乔什和唐谈起类似的经历,他们都会热泪盈眶。

唐说:"我们很幸运,生活在美国。乔什出生在这么好的环境中,他可以得到自己想要的一切,拥有一辆轮椅是从来都不需要考虑的事情——我们从来没担心过乔什是否能够拥有一辆轮椅。然而,你现在可以想一想,全世界有上亿人得不到轮椅,因为轮椅是他们无法负担的奢侈品!对于我们这些捐赠者来说,这就是事情的重要性之所在——我们想要赋予这些人尽可能多的机会,让他们过上正常的生活，能四处活动。一想到乔什因为出生在美国而拥有这所有的机会，我们心中就充满感激。所以我现在要回报这个世界，这种回报的感觉无与伦比。这就是我们所追求的——能够做点对社会有影响力的事情。”

乔什说：“帮助他人对我而言具有特别的意义，因为我知道坐在轮椅上的感觉。有了轮椅，我就拥有了自由和尊严。每当我能够帮助到一些像我一样身患残疾，但没有轮椅可以四处活动的人，我就感觉非常开心。我觉得自己很幸运，想与他人分享，让他们也能跟我一样。”

感谢乔什和唐，感谢你们的领导力！

服务他人不仅会让人感到高兴，而且还有治愈作用——有时候不仅对受助者而言有此功效，而且对捐赠者来说也是如此。

2006 年 11 月，加州岱伯洛谷的越战老兵组团到越南南部旅行，他们其中有些人 40 多年前曾在那里战斗过，但现在他们要带着传递和平与友善的使命回到那里，而不是为了战争和毁灭。在 13 天的捐赠行程中，这些老兵和志愿者们一共向越南的残疾人捐出了 560 辆轮椅。而此前，他们花了整整两年时间募集捐助轮椅所需的资金。他们能够回到越南，不仅是一次帮助他人的旅行，而且还是一次治愈自己的旅行——对过去做个了结，在此写下新的回忆，与越南人化敌为友。他们捐赠之行的第一站是胡志明市（以前的西贡市），在那里，短短一个小时的时间内，老兵们就送出了许多辆轮椅。

美国海军陆战队退役军人约翰·埃斯蒂斯说：“我想我们大部分人并没有想到会有这么多身患残疾、需要帮助的人，所以我们此行第一次流下了眼泪。”不过这仅仅是此行的开始。

第二天，他们去了归仁市。在这里，他们亲眼看到了自己的捐助是如何改变了那些需要轮椅的人们的生活。人们在捐助仪式上看着自己的爸爸、妈妈、丈夫、妻子、孩子领到了将彻底改变他们生活的轮椅，喜极而泣。老兵们也都被感动得热泪盈眶。最终，他们在一起高声欢笑。

在归仁市，他们还遇到了一个名叫阮娥(Nguyen Nga)的了不起的女人。她在一群残疾学生的帮助下，每天照顾近 200 名残疾孤儿，不仅给他们提供食宿，而且还教他们学习。阮娥为身边的孩子们感到骄傲，她给老兵们一一介绍协助她工作的学生。埃斯蒂斯说，在那里他深受震撼，他感受到了越南人民的巨大需求。当时他俯身想与一名办公室助理握手，却发现那女孩儿没有手，结果只好强颜微笑，说不出一句话。

几天之后，他们到东河市的“孩子至上”儿童村去捐赠轮椅以及 60 磅药品。当绰号“狂野比尔”的退役陆军拉维尼把一个漂亮的小女孩扶上轮椅，逗她露出了笑脸时，拉维尼和退休海军里奇·凡努希都再次流下了泪水。

最后一天是在首都河内，这群退役老兵参观了越南友谊村。这个村子里住着一些残疾儿童和老兵。就是在这里，在越南战争结束了 40 多年之后，这些美国老兵再一次与当年的对手——一群越南老兵面对面了。多年前，他们曾在战场上与对方剑拔弩张，现在，他们握手、拥抱，并在翻译的协助下，互相给对方讲述自己的故事，发现彼此有太多的相同之处。离开时，他们承诺一定会再回来。

埃斯蒂斯说：“我们来了，我们看到了。我们笑过也哭过，我们给予，但我们获得的要更多。我们每个人都因此而有所改变。”

在越南的最后一天，美军特种部队退役军人斯基普·乔治说：“这世上有两类人：付诸行动的人和光说不做的人。”在世界轮椅基金会志愿者的帮助下，他们这群美国老兵最终实现了“有所作为”。

这就是领导力。

对于有些人和有些产业而言，给予便是投资。瓦尔·努内斯是位商人，他总是努力让自己的每一次投资都能收获颇丰，包括他对轮椅捐赠活动的赞助。

瓦尔说：“我希望我捐给世界轮椅基金会的钱能够让我得到良好的回报。我想不出还有什么别的方式，可以让 150 美元的投资对一个人的生活产生如此巨大的影响。一辆轮椅就是一次改变他人人生的投资。”

瓦尔和他的妻子贝利娅来自加州奥克兰市。他们资助世界轮椅基金会已经有十多个年头了，曾经到过近 20 个国家去捐赠轮椅。许多年前，他们作为核心成员，曾带领一群志愿者成立了一个名为“世界轮椅基金会慈善酒会”(www.wineforwheels.org)的慈善机构。他们不仅积极支持这个组织的发展，而且还以此为榜样，号召更多的人加入他们的志愿活动。

瓦尔说：“轮椅捐赠活动让人们走到了一起，为共同的事业而努力，并作出积极的贡献。”瓦尔是加州奥克兰市的一家冷冻水产品供应公司德莱斯巴赫公司的销售副总裁，他鼓励公司员工和商业伙伴们加入到世界轮椅基金会的活动中来。这最终促成了都乐食品公司、德赖斯巴赫公司和轮椅基金会慈善酒会的合作，并在 2008 年为菲律宾的残疾人捐赠了数百辆崭新的轮椅。

这就是领导力。

在菲律宾的捐赠活动中，有一个受助者躺在带轮子的木板上来到现场。他跟在场的人说，他今年 45 岁，已经在这个带轮子的木板上躺了 30 年。有了轮椅，他生平第一次“像个人一样坐了起来”。他跟捐赠小组的工作人员说，有很多地方他躺在那个带轮子的木板上是去不了的。而现在有了轮椅，一切就都不一样了。瓦尔对他说，让他等了三十年才有人来帮助他，这真是让人羞愧的事情！因此他决定要为菲律宾人捐赠更多的轮椅。都乐食品公司的高管们参加并主持了捐赠会，他们后来说这是他们“能为社区人民所做的最棒的一件事情”。

瓦尔说：“经历的这些事情让我们获益良多。当你伸出援手去帮助他人时，你内心知晓：帮助他人不仅是在做好事——而且也是在奉献自我，因为你在帮助他人的过程中需要作出一定的自我牺牲。我从肯尼斯·贝林先生那里学到的最宝贵的一课就是他所说的‘奉献，并参与其中。你所有的努力会因为别人的一个微笑就让你感到劳有所值。况且,给予本身就是一份自己给自己的礼物。'他说得对极了,而我们也总是时刻在想着如何作出更多的贡献。"

下面,我将要说一说分布在世界各地的捐赠者、志愿者和受助人——还有这些人当中的领导者——的故事。

Purpose

第九章 轮椅遍世界

> 永远不要怀疑少数有思想、意志坚定的公民可以改变世界。事实上，只有他们才可以改变世界。
>
> ——[美]玛格丽特·米德

从我建立轮椅基金会开始，我已经参与了上百次的轮椅捐赠活动，并有了数不清的令人感动的经历。我遇见过一些很了不起的人，尽管世界几乎没有给过他们生活的希望和意义，但他们却想尽办法忍受着。我看到他们的生活在瞬间发生了巨大的变化，而引起这种变化的只是一个能帮助他们获取独立与活动能力的简单礼物。

2000年，我们在华盛顿召开了新闻发布会。之后的两周里，我们收到了来自世界各地从事慈善活动的非政府机构的16万辆轮椅需求申请。从一开始，我们就在很大程度上依靠我们的合作伙伴来满足这一需求。我们的第一个合作伙伴是耶稣基督末世圣徒教会。建立了基金会之后，我们与该教会的人道主义机构——LDS慈善机构紧密合作，在世界范围内捐赠了数万辆轮椅。

2001年，我们和扶轮社建立了全球性的合作关系，在世界范围内共同出资发放轮椅。这种合作方式可以让我们花费42000美元就可以把一个装有 280 辆轮椅的集装箱(一个集装箱相当于一辆 18 轮卡车那么大)运送到世界各处——也就是 150 美元一辆。我们很快把这个项目定为正式合作方式,以整合资源来帮助更多有需要的人。

接下来,我会向你介绍我们到过的一些地方、我们见过的一些人以及通过帮助他们我们所收获的快乐。我们的帮助改变了他们的生活,同样,我们这些捐助者和志愿者们认为这同时也改变了我们的生活。

2009 年,在墨西哥的一次捐赠活动结束后,迈克·霍夫曼医生说:“把他们从地上扶起来,给他们提供一种新的生活,而你改变的则很可能是你自己的生活。”

2011 年,在赴塞尔维亚进行的一次轮椅捐赠活动结束后,史蒂文·劳埃德说:“这种情感上的触动是我没有想到的,当你亲自帮助人们坐上崭新的轮椅后,会立刻有一种满足感,这种感受会让你想给予更多。”

同样是 2011 年,在危地马拉的一次捐赠活动后,珍妮弗·戴维斯说:“这种亲身参与和直接帮助他人的经历使我变得跟以前不同了。在这么伟大的层面上去感动另一个人,这种感觉简直太好了! 再次参加捐赠轮椅对我而言将是一种荣耀。”

非洲

在我获得事业上的成功之后,我决定要去环游世界。在非洲,我遇到了许多因身有残疾且无钱治疗而失去希望、自由以及尊严的人。非洲是我提供人道主义物资援助的第一站,也是我第一次寻找到人生意义的地方。

津巴布韦

在这个非洲南部国家的一次轮椅捐赠活动中,有一名受助的男子是用手肘支撑着爬了 12 英里来到捐赠现场的。坐到轮椅上后,他自己操纵着轮椅转来转去。大约一个小时之后，他从轮椅上下来坐到地上。

我通过一个翻译问他："你为什么下来了呢？"

他说："我体验完了。20年前，我也曾体验过使用轮椅。所以我今天又来了——我想再次体验能自由行动的感觉。"

听了他的话，我很震惊。我告诉他："这次不是体验，这是送给你的轮椅。"

他说："我没有钱，这不可能成为我的轮椅，我没钱买它。"

我对他说："你不需要付钱，我们带来这辆轮椅就是要送给你，它是个礼物。"他惊喜不已，非常感激。

一年之后，我们回到同一个地区，再次进行轮椅捐赠。我们看到他坐在轮椅上，周围围着几个小孩子。他说："我走了12英里到这里，就是想让你们知道我把轮椅爱护得像新的一样。还有，我的孩子们来到这里是想向你们说一声谢谢，感谢你们为我所做的这一切。"

在那次捐赠活动上，工作人员让我去和一个男人聊聊，这个男人为了一个女人能得到一辆轮椅而背着她走了两天两夜。我通过翻译问他："她是你的母亲吗？"

他说："不是。"

"那她是你的亲戚吗？"

"不是。"

"她是你很好的朋友吗？"

"不，不是。"

"那你为什么还要为了一辆轮椅背着她走这么远呢？"

"是她请求我这么做的。现在你看看她多高兴！所以，这一切都是值得的。"他简单地解释了一切。

南非

我们已经在南非捐赠了超过22000辆轮椅。我们曾经让一位年轻的女士在一个特殊的日子感受到幸福。

“两年前,你们就来过这儿了。你们当时就在捐赠轮椅,但很可惜,我没能得到一辆。”她补充说:“这两年的每个日夜,我都向上帝祈祷,希望他能把你们带回来,送给我一辆轮椅。”她告诉我们:“今天是我的生日。”

2011 年 8 月,我们与纳尔逊・曼德拉先生[①]在约翰内斯堡相见。曼德拉先生是我们国际顾问委员会的顾问,他的身体状况不大好,而且将在那天下午接受化疗。我们与他一起度过了上午的时光,一起探讨了一些世界大事和他的生活经历。考虑到他的身体状况,我们把轮椅捐赠安排在了他的家里。当受助人来到纳尔逊・曼德拉先生家的时候,曼德拉先生与他们一一相见并亲吻了每一个到来的儿童。我亲眼看到了他是一个多么伟大的人以及他对南非人民是多么的关怀。

在捐赠会之后的记者招待会上,曼德拉先生说:“我非常高兴贝林先生如此慷慨地为我们带来了这些轮椅。”之后,他看着我说:“寻求帮助是一回事,但当有人主动找到你并且不计回报地来帮助你的时候,这表达出的是对南非人民的真正友谊。”

2003 年 7 月,我有幸参加了曼德拉先生 85 岁的生日聚会。一同参加聚会的有美国前总统比尔・克林顿先生以及总统夫人——美国前任参议员、现任国务卿希拉里・克林顿和其他知名人士。

博茨瓦纳

在许多非洲国家中,手工工艺和手工服装对当地的经济起着至关重要的作用。在博茨瓦纳的一次捐赠活动中,我见到了一位 20 岁左右的年轻女人。她用皮革缠住膝盖和贴近地面的身体部位,爬向我们。皮革围绕着她纤细却结实的腿——因为水质差,她出生时就存在生理缺陷,她的腿没能正常发育。我们送给她一辆轮椅。我永远不会

① 前南非总统。

忘记她的眼睛——那是一双毫无生气的眼睛。

捐赠会之后，当地人把我带到了一个缝纫店。在屋子另一边，我看到有人在朝我招手。原来是那个年轻女人。她自己摇动轮椅来到我身边，脸上充满了喜悦。她告诉我，她现在可以学着做衣服了！她现在可以自己谋生了！我简直不敢相信眼前的情景——就在这个女人收到轮椅的同一天，她也获得了一种全新的生活。对我来说，没有什么比这更好的回报了。

安哥拉

2002 年，一个轮椅发放团队来到了安哥拉。

发放团队在安哥拉首都罗安达遇到了一队来此参加轮椅篮球锦标赛的残疾人。他们准备用借来的轮椅参加比赛。这些人当中每人都有一段独特的腿变残疾的故事：一个是因为农场上的事故，一个是因为摩托车事故，还有一个是因为地雷导致残疾。轮椅发放团队安排把轮椅送到了他们的村庄里，这样他们就不用爬着往返于学校、教堂和家之间了。

其中一个年轻人说："非常感谢你们送给我轮椅。我爸爸不愿理我，因为我的残疾让他在村里人面前抬不起头来。但他唯一一次为我骄傲就是我参加了轮椅篮球赛……"他停下来，再也无法控制自己的情绪，眼里充满了泪水。他坐直了身体对我说道："现在我爸爸可以永远为我骄傲了，这让我感觉特别特别的幸福！"

加纳

2011 年，在加纳的阿克拉市，我们团队与一群残疾年轻人进行了交流，讨论在他们国家残疾人没有轮椅的生活。其中一个年轻的残疾人轻轻问我们："什么是轮椅？……"是的，在这个世界的某些地方，即使到了 21 世纪，贫穷的人们也可能根本就没听说过或看到过轮椅。

我们最有爱心的捐助者和志愿者之一戈登·霍尔姆斯帮忙回答

了这个问题。他是加利福尼亚建伍镇望风岭酿酒厂的老板。在他成立酿酒厂的时候,他的妻子卡里被诊断出患有多发性硬化症。最终,她需要依靠轮椅才能四处活动。我和戈登在一次酒会上认识之后,他加入了我们的慈善活动,并最终帮助我建立了轮椅－葡萄酒协会,一个以社交形式来支持我们项目的组织。消费者在戈登这里每购买一瓶望风岭酿酒厂新出产的葡萄酒或者一箱窖藏葡萄酒,望风岭酿酒厂就会以消费者的名义捐赠一辆轮椅。戈登说:“我们相信你可以通过买一瓶酒而改变某个人的生活。”是的,他改变了阿克拉那个年轻人的生活。

中国

我于 20 世纪 60 年代第一次到远东,在中国台湾、中国香港和韩国待了一段时间。那时的中国并不对像我这样的人开放,但我很想去那里。我对中国感到着迷,而且我觉得我可以走近并了解那里的文化。

从地理面积上说,中国是世界上第四大国家。但是它的人口数量排世界第一,有 13 亿公民。作为世界上最古老的文明之一,中国有记载的历史可以追溯到 4000 多年前。从帝王宫殿到洞穴雕塑、从武术到书法、从面条到京剧,中国值得探索的东西数不胜数。当你走近并试图去理解那里的文化时,你会发现其中的特定关联,它体现了世界各地所共有的人文精神。中国依然是一个存在着巨大的地区差异的国度:乡下的稻田、上海的摩天大楼,星巴克和麦当劳在北京的历史古迹开设分店,人力车和出租车在小城镇中抢着拉客……

我第一次到中国是 1978 年,目的是寻找商业机遇。那时,中国人只穿黑色、灰色或深蓝色的衣服。灾难性的文化大革命刚刚结束,建筑物的墙上还贴满横幅和“大字报”。人们看上去都很麻木和困惑。他们收入微薄,商店里也很少有他们能买的东西。在街上几乎看不到外国人,然而一旦有外国人,他们总能受到极大的关注和热情的招待。

事实上，那一年发生了许多巨变。作为一名游客，我仅仅能看到社会表层的一些东西。但接下来发生的事情却超乎所有人的想象。那一年，中国政府开始了对外贸易并开始接受外国投资，中国开始由计划经济向市场经济过渡。这次改革使中国的国内生产总值增长了三十多倍，也使中国成了世界上第二经济大国，成了我们今天所看到的这样一个令人兴奋而又充满活力的国家。

现在我平均每年大约到中国四次。通常，我先到北京或上海，然后再去其他城市和乡镇。无论我去哪儿，我都能看到建筑工地：旧的楼房被拆除，以便腾出空间建设新的楼房、道路以及花园。城市里有越来越多的新汽车、公交车和农民工，这一切使得城市变得越来越拥挤。另外还有一个在不断壮大的中产阶级群体，他们拥有新款的电视和手机等电子产品。

这些新兴的消费者不必跑到遥远的巴黎去寻找时尚潮流，也不必跑到日本去购买最新的电子产品。在他们面积不大的办公室里，他们就像美国投资者关注谷歌和苹果一样关注新浪、搜狐等中国公司的股票。

中国幅员辽阔，有着960万平方千米的面积，因此，中国不同地区的城市和乡镇在风俗习惯、生活方式上都有着很大的区别。上海可能是世界上最具活力的城市，它有着由黄浦江东西两岸许多摩天大楼勾勒出来的迷人的城市轮廓，充满了活力与机遇。像纽约一样，上海也是一个大熔炉，这里既有外国人以及来自中国台湾和香港地区的商人，也有上海当地人和来自西部农村的民工。由于时刻关注新的投资机会并且看到了中国日益增长的财富，我在上海郊区崇明岛投资建设了带有高尔夫球场的高端定制豪宅和别墅。它被称为“东滩花园”，坐落在岛上自然风景绝佳的位置。

与上海相比，中国的首都北京则更具政治色彩。这里有许多国内外政府的官员，而且也是许多在中国的外国企业的总部所在地。北京有许多名胜古迹，因而成为游客们的首选目的地。

每个地方都有其各自的魅力，但它们有一个共同之处，那就是人。我喜欢中国人，他们中的一些人是我见过的最友好、最聪明和最勤劳的人。

从我们开始在中国发放轮椅时起，我就已经在这里结交了许多朋友。他们的热情好客以及他们表达感激的方式令我印象深刻。在中国，无论你去哪里，当地人都会与你分享他们最棒的东西——他们的食物、居所以及设施。他们花费时间和精力与你沟通交流，并且尝试着去理解你的文化。事实上，英语作为国际商业交流语言，现在在许多学校都已经成为必修课程。同时，中国人民也勤奋并富有才华。许多时候，我在中国见到的残疾人士是优秀的歌手、画家或者手工艺者。而那些为了残疾人士的利益而工作的人也证明了他们自身的价值与能力。总的来说，人是这个国家的活力所在，是他们推动着中国如此成功地发展。

由于人口众多，中国很可能也是世界上残疾人数量最多的国家。中国残疾人联合会估计中国有 880 万身有残疾的人。而按照其他估计，该数字则高达 3500 万。中国政府对他们面临的挑战有着清楚的认识——在 1991 年，中国宣布："每年 5 月的第三个星期日，为全国助残日。"不管残疾人的数量到底是多少，绝大多数中国残疾人是没有钱购买轮椅的。因此，我们作出了在中国发放轮椅的重大承诺。

开始时，我们从中国的四个厂家购买轮椅。这使我对中国人民的感情变得更加强烈，也使我对他们的能力有了更好的认识。

我们开始与当地的行政领导进行会晤。2001 年，我们与中国残疾人联合会（中国残联）建立了合作关系。我们的合作是重要且高效的，因为中国残联以最高的效率把轮椅发放到了最需要的贫困残疾人手里。在中国，几乎所有残疾人都在残联登记注册，残联存有他们详细的健康和生活状况记录。通过中国残联，我们可以更好地了解到谁需要帮助。我们同中国残联一起逐个城市、逐个城镇地发放轮椅。

中国残疾人联合会是由已故中国领导人邓小平先生的儿子邓朴

方创立的。他特殊的背景,加上他对中国数百万残疾人之事业所作出的努力,使他在中国得到了广泛的认可。1968 年,文化大革命开始两年后,朴方被从阳台上推下导致脊背受伤。从那时起,他就开始使用轮椅。他告诉我他生命中的起起落落使得他致力于中国的人道主义工作。他在中国的每一个主要城市都建立了中国残疾人联合会的分会。因为他的工作,他获得了包括国际狮子会奖在内的无数奖项。扶轮社曾授予他“保罗·哈里斯捐赠者”荣誉称号,联合国也曾提名他为联合国和平大使之一。他的经历使他成为一名真正的领袖。

2003 年,我们与中国民政局建立合作关系,并向贫困地区发放了 5.2 万辆轮椅。2004 年,我们与中华慈善总会共同创立了一个名为“行走·渴望”的项目。它向在中国经营业务的公司征募善款,而这些公司则可以通过捐赠轮椅享受税收减免。迄今为止,该项目已经资助了超过 5.5 万辆免费轮椅。

自 2001 年开始在中国发放轮椅,我们已经向超过 40 个城镇的残疾人发放了超过 32.5 万辆轮椅,这其中包括向 1976 年河北省唐山大地震的受害者发放的 500 辆轮椅。唐山大地震使成千上万人遇难,也使数万人残疾。我们发放轮椅的时间是唐山大地震 25 周年纪念日。那天,我们同当地领导一起发放了轮椅,所有的受助人都是已经在床上躺了 25 年的残疾人。我与受助人一一握手,所有人都感慨万千。

在中国,我们的每一次捐助仪式都秩序井然,并且都会有政府官员、志愿者以及媒体代表出席。不管有多少受助者参加,我都尝试着与他们一一握手。通常,他们收到轮椅后都特别高兴,他们紧紧握住我的手,眼里满含泪水,但脸上微笑着——因为我告诉他们我希望得到的回报就是他们的微笑。

2004 年春天,我们到沈阳发放 1000 辆轮椅。那天天气很好,当我到达城市广场的时候,我都不敢相信自己的眼睛:在我眼前是 1000 个残疾人,他们穿着红色 T 恤、戴着白色帽子坐在 1000 辆轮椅上。孩子们的乐队开始演奏进行曲,志愿者们穿着同样的 T 恤、戴着同样的帽子排着队等待帮助别人，许多幸福的家庭成员和路人都在一旁观看。我和两位当地的官员作了简短的演讲。然后，我们下台与每一位受助者握手。这是我的惯例：我给他们一辆轮椅、一次握手以及一个微笑来表达美国人民对他们的爱和情意。

在捐赠会上，我见到了吴丽。她在出生后刚九个月的时候就已经身体残疾（患有小儿麻痹症），因而无法上学。但她从来没有放弃过，她自学课程并通过看电视、听广播自学英语。当她得到了轮椅时，她说："我可以去书店、超市和任何我想去的地方了。我也可以上学或者参与训练课程了。"

她继续说："我太感谢贝林先生了。他知道我们最需要什么，他给了我们行动的自由。现在我们可以学习、生活、工作、交朋友并回报社会了。"

然后，她意味深长地说："一个残疾人加上一辆轮椅等于一个正常人。"这是一个我永远无法忘记的方程式。一句简单的话，但含义却如此深刻。

在另一次捐赠会上，我听到了一个出生时身体重度残疾的婴儿在1993年被遗弃在购物中心的故事。警方进行了调查，但却没有找到孩子的父母，于是他们把他送到了昆山福利院。那里的工作人员给他取名为昆厦。到2岁时，他的情况有了些许好转，但依然无法独自站立。香港的爱德基金会了解到他的情况后，在1995年和1997年分别出资为他做了两次手指、脚踝、肘部以及膝盖手术，而孤儿院也设立了一个特殊的训练项目来帮助昆厦从数次手术中恢复过来。

两年过去了，期间昆厦一直在坚持练习伸展肌肉和韧带，他下决心要学会走路。1999年，他借助拐杖，终于能行走了。2000年，他开始上学。渴望成功的强烈愿望帮助他实现了身体康复上的进步，而上学后，同样强烈的愿望又促使他取得了优异的成绩并尽可能生活得像一个正常人。2002年，轮椅基金会的一个团队给昆厦送来了一辆轮椅，这让他的生活更加多彩。在轮椅发放仪式上，他演唱了一首名叫

《小男孩找爸爸》的歌曲，这使我对他的印象尤为深刻。歌是这样唱的：

不怕下雨，不怕下雪。
我只是想找到他，即便寒冷、刮风、下雪。
我天天都想见到我的爸爸。
我要找到我的爸爸，
外面的世界多可怕。
我要找到我的爸爸，
无论他在哪儿，我都要找到他。
我找不到我最亲爱的爸爸，
如果你能找到他，请你让他快回家。

他用动听的声音演唱了这首歌。这首歌使我清晰地感受到了他不仅有残疾之伤，而且还有遭遗弃之痛。当他坐在我身边时，他看着我的眼睛问我："你是我爷爷吗？"我多么希望我可以回答："是的。"我很高兴我们可以送给昆厦一辆新轮椅并使他的生活变得更加轻松愉快。我还给了孤儿院 1000 美元作为昆厦的学费。近几年昆厦又接受了几次手术，现在他已经可以自己走路了！他不再需要轮椅或拐杖了。2012 年，他初中毕业并考入了一个五年制高中，毕业后可获大专学位，他对此高兴不已。

这就是如何用 150 美元（买一辆轮椅）拯救一个人的故事。

还有其他轮椅受助者也令我惊叹。我们在 2003 年捐赠给来自大连的谢延红一辆轮椅。他先天性双腿残疾，但他用轮椅来加速完成自己雄心勃勃的锻炼项目。他每天坚持游泳而且游很远的距离，以此来增强上肢的力量。当我于 2004 年再次回到中国时，他告诉我他坐着轮椅去过英国，而且他成为了第一个游过英吉利海峡的残疾人！他用时 16 小时 44 分钟游过 21 英里，从英国游到了法国。

他后来给我写了下面这封信：

尊敬的贝林先生：

这是我第二次见您。去年我们在轮椅发放会上第一次见面时，我没有意识到您给了我多么棒的一个礼物。直到今天，我才知道您带给我的不仅是一辆轮椅，更是一种祝福，是我极大的幸运。

坐在您送给我的轮椅上，我去了英吉利海峡并且成功地横渡了它。这是一个巨大的挑战，但是有亲爱的贝林先生对我的激励，有我的残疾伙伴、中国残疾人联合会以及大连市政府夏先生巨大的帮助和支持，我成为了第一个横渡英吉利海峡的残疾人，我成功了！

是您的爱给我带来了成功。如果我可以，我希望有一天我能有机会挑战横渡美国的运河，我希望告诉世界，我可以！

谢谢您的爱！我会珍惜您的爱并永远铭记在心。

谢延红

这就是一辆轮椅以及捐赠轮椅这个简单的行为可以为他人所做的事情。

在另一次捐赠会上，有一位受助者叫林玉良。林先生也患有小儿麻痹症(脊髓灰质炎)。童年时，他的父母背着他去上学。他们给了他一个小木凳，他通过左右摇晃凳子来使身体移动，但绝大多数时间他都只能待在家里，憧憬一个正常人的生活。我们送给了林先生一辆轮椅，后来得知他回到自己的村子里开了一家小牛奶店。不仅如此，他还结婚了！他为自己是村子里唯一的残疾商人而感到自豪。他的轮椅协助他成为了领导者！他还留着他的小木凳，不过他不无得意地说："我已经忘了这个怎么用了。"

在上海的一次捐赠会上，我遇见了一位颈部以下完全瘫痪的年轻人。但他是一位非常优秀的画家，他用嘴叼着笔完成他的画作。为了表达收到轮椅的感谢，他为我画了一幅美丽的孔雀图。我想这是我见到的最不可思议的事情了！我对他能够在那么小的纸面上画出的绚烂色彩感到惊讶。这件宝贝现在正在加利福尼亚州丹维尔市我们轮椅基金会的展厅中展示。

即便是在“非典”期间，我也坚持到中国和那些自强不息的人在一起。“非典”是2000年后起源于远东地区的一种严重的呼吸系统疾病，传染性很强，导致了数百人死亡。但就在西方人都在躲避中国时，我却去了那里。残疾人需要我，而我不能令他们失望。我的这次出行被记录在报纸上。这样的志愿服务对于中国人来说是一种陌生的概念，但他们尝试着去理解我这样做的动机。我告诉他们其实很简单：当我和你们在一起时，我比你们得到的更多。我还告诉他们轮椅不只是我送给他们的礼物，更是成千上万心地善良的美国人送给他们的礼物。

他们渐渐开始理解了。

2012年在上海，大约20位来自高通移动技术公司的员工与10位残疾人在共青森林公园相见。这些员工都是这家公司的“高通关爱”志愿团队的成员。他们把10辆轮椅带到公园送给了这些残疾人，还同他们一起做游戏并共进午餐。

这项活动对高通公司的行政经理秦志芳而言是全新的，她不知道结果会怎样。基金会的员工事先为秦志芳和她的同事做了一些训练，但她之前没有与残疾人接触的经历。她和一名50岁的伯伯分到了一组。在游戏中，有一刻，这位伯伯转过他坐的崭新的红色轮椅，两眼看着有些紧张的秦志芳，给予她支持。

“分数不重要，只要咱们开心就行。”她回忆那位伯伯说的话，这句话让她感到宽慰。

秦志芳之前以为那个男人可能会因为身体残疾而感到沮丧。但在那一刻，她知道了他是快乐的——还有其他的那些残疾人，无论是孤身之人，还是有着家人、朋友以及社会支持的人，都可以感到快乐。“我学到了与他人分享快乐”，她补充道，“我重新审视了我的价值观并思考怎样才能使我自己更快乐，我希望参与到更多的这种活动中去”。

秦志芳响应了她的同事——高通公司上海办事处资深人力资源

总监杨婕的号召。杨婕的部分工作是负责公司的社区外展活动和办事处工作的改进。当她从网上了解到我们基金会后，她说服公司用一部分宣传预算经费赞助了300辆轮椅。然后她帮助召集公司的员工志愿者，在全市范围内发放轮椅。秦志芳就是这样一名志愿者，她和她的志愿者同事们一起设立了高通公司上海办事处轮椅日。

杨婕和秦志芳都需要对轮椅基金会进行独立评估。在做完调查之后，两位女士都感觉可以全力推荐高通公司与轮椅基金会这个声誉良好的非营利性组织进行合作。她们说我们的基金会在中国"记录良好"，我们的员工做了"出色"的工作并且"非常专业"。杨婕说，轮椅日是"回报社会的一个很好的方式"，也有助于公司的团队建设。

"绝大多数人都想做好事，作为管理者，我们也想给员工这样的机会。我意识到我们团队的每个成员都在这次活动中真正地感到了开心。"杨婕说，"作为组织者，我看到这样的结果非常高兴，我本人也因为帮助了别人而感到高兴。同时，我还有机会和整个团队，包括其他部门，都建立起更紧密的关系。"

这样的活动需要领导者。

我们的工作在中国大受欢迎。在2001年的一次晚宴上，上海市市长告诉我："我们并没有要求你们来这里。你们来到这里，是因为你们希望帮助我们的人民，并没有任何附加条件。这才是真正的友谊。"

在中国，残疾人的需求会随着人口的老龄化而逐渐增多。北京大学的一位教授告诉我，到2050年，80岁以上的中国人将超过8000万，并且其中可能会有很多人行动不便。

我们在中国的慈善事业不断发展，并且已经不仅限于捐赠轮椅。目前我们正在从事另外一项令人激动的事业，那就是安全饮水工程。通过环球健康与教育基金会安全饮水工程，我们正与中国的大学合作，研究在世界范围内以小成本生产纯净水的技术。在20世纪，世界人口是原来的三倍，但水的使用量却达到了原来的六倍。联合国数据表明，几乎11亿人无法获得足够的清洁水，26亿人没有相应的卫生条件。由此带来的后果是，每年有大约1800万人死于腹泻病，并且令人震惊的是，这其中的90%都是5岁以下的儿童。我们必须找到一个全新的方法来为现在的儿童提供安全饮用水，以保证他们不仅有生存的机会，而且理解并意识到公共卫生以及可持续性健康与经济发展的重要性。当然，最重要的是，理解人类生存的尊严。

在这项安全饮水工程中，我们与当地政府部门一起选择合适的区域，开展可行性研究，购买水净化系统，监督水站建设，进行卫生质量控制并在农村地区开展公共健康和卫生教育来帮助消除由水带来的疾病，摆脱不洁环境。

我们在中国山西省山阴县启动了一个试点项目，这里的水含有高浓度的氟和砷。（在我前往非洲的旅途中，我曾看见一些肯尼亚和坦桑尼亚的部落人——马塞人，因为当地的饮用水中氟和砷的含量太高而致残，甚至死亡。）我们选择了一个有合适水源的村子建立了设有水净化系统的水站。这个水站于2007年开业，为杨庄村215个家庭的830口人供水。我们收取了村民一小笔水费：收费售水是为了保证可持续操作。在杨庄村水站成功建立后，我们计划再在其他五个村子建设水站，并且希望由残疾人来经营、管理这些水站。

亚洲

在过去30年中，我到过亚洲许多国家并领略了他们的文化。在泰国，我与国王普密蓬·阿杜德和他的女儿诗琳通公主一起发放轮椅。在韩国，我得到了电子产品巨头——三星公司总裁李健熙的帮助，他对我们的轮椅基金会一直很大方。现代汽车公司和起亚汽车公司董事长兼首席执行官郑梦九先生对我们也一直很慷慨。我到他公司拜访时，惊喜地得知他给我们的轮椅基金会开具了一张数额超过15万美元的支票。

我也永远不会忘记在蒙古的一次旅行：我乘坐一架巨大的由俄罗斯制造的直升机飞到了一个偏远地区，在回来的路上，燃料用完了，只好在距机场不到1英里的地方迫降。我们都没事,不过如果以后没有这些冒险的经历,我们的慈善工作可以做得更好!

当然,我在亚洲最难忘的记忆是关于在那里的轮椅发放。我们很荣幸和那里的许多优秀的组织合作,其中包括越南河内妇女联盟、柬埔寨红十字会、泰国残疾人福利基金会以及老挝国家康复中心。

菲律宾

一个轮椅发放团队于2003年来到了菲律宾,并被介绍给了一对父女。父亲告诉我们,他的女儿8岁了,但因为没有轮椅,所以从来没有上过学。而现在既然我们给了她轮椅,她马上就可以去上学了。

最初,她不会使用新轮椅,并且因为我们的团队给她照相,还谈论她,这让她有些不知所措。随着周围的气氛变得轻松,人们不再谈论她,她便开始集中精力来研究轮椅。我们的团队在屋子的另一边看着她慢慢地、小心翼翼地把一只手放到轮子上,然后又把另一只手放上。当她成功地移动了大约一步的距离后,她脸上露出了坚毅的表情。大约十分钟过去了,她一直在慢慢地向前移动,同时小心自己不被注意到。

过了不久,大家都意识到她已经自己移动到了屋子的另一端。这时,她停了下来,表现得似乎什么事都没发生,然后抬起头看着我们的团队,满脸带着灿烂的微笑。她的父亲说:"从她出生我就开始抱着她,一直到今天她才看见轮椅。她是一个聪明的孩子,这也是为什么这个轮椅对她如此重要,因为她可以去上学了。"

越南

我们在越南的工作会有更多的故事可讲。在2003年河内的一次捐赠会上,我们的团队见到了一个依靠木块来移动身体的小男孩。平时,他只能在街上拖着双腿往前爬。他的爸爸带着他来到了我们的捐赠现场,他们安静地等在屋子的角落里。每当有一个受助者收到轮椅时，这个男孩就努力挺直身体看受助者学习如何使用轮椅。当终于轮到他的时候，这个孩子爬到团队人员的跟前，小心翼翼地把木块放在地上，然后凭自己的力气爬起来坐进轮椅。不等别人教，他就弯下身子来调节刹车。然后，他抬起头，脸上的表情没有变化，同时把手放在轮子上开始在房间里来回移动。在整个过程中他都非常认真，但我们知道他之前一直在屋子的后面看着其他受助者如何使用轮椅。他移动到他的父亲跟前，立马朝父亲微笑并表达他得到轮椅的激动之情。父子俩互相说着悄悄话。我们团队中的一个人问道："一切都还好吧？"

这位父亲回答道："我为我的儿子感到骄傲，因为他已经成功通过了测试并获得了一辆轮椅。"原来，之前这个男孩之所以一直目不转睛地盯着其他受助者，是因为他以为如果不会正确使用，自己就得不到轮椅。我们的团队问这个父亲他将如何处置儿子原来用来移动的木块。他说："今天我和儿子要在我们的屋子前点起篝火，把这些木块统统烧掉。"

印度

印度拥有超过10亿的人口，是世界上第二人口大国。同样，它也拥有大量需要轮椅的人。印度前任总理告诉我，他们国家大约有1.14亿无法自由行动的人。

轮椅基金会的团队成员乔尔·霍奇给我们讲了2002年他在孟买的轮椅捐赠会上遇到的一个家庭的故事。孟买的生活环境很恶劣，街上到处是污水和垃圾。这个家庭住在一个搭在泥土地上的锡窝棚里。在窝棚的后部，窗帘盖住了一块区域。有一天，乔尔听到窗帘后面有不少响动。当一位母亲和她的儿子从窗帘后抱出另一个儿子时，他惊呆了：这个儿子被电线固定在一块三合板上！电线松松地缠在他的手腕和脚踝上。乔尔非常震惊。他走出窝棚，从外面的货车上拿下一辆轮椅。

回到窝棚里后，乔尔和其他团队成员把这个残疾男孩放在了轮椅上。他很兴奋，浑身充满活力。因为他的一些极端的动作，乔尔原以为这个轮椅对他没有什么好处。但随后这个年轻人便平静下来并且笑了。乔尔问他的家人为什么要把他绑在板子上。他的父母回答说，这个孩子患有轻度的神经系统疾病，如果没有其他人的帮助，他坐不起来，但他又很想在我们出去的时候能够跟着一块外出。这样，他想起身时经常会从床上掉下来。我们外出回来时经常发现他脸朝下摔在地上……

在乔尔教会这个男孩如何使用轮椅之后，男孩抬起头冲着乔尔笑了。他弄明白是怎么回事了。他的姐姐说他很开心，她从来没看见他这样开心过。乔尔用轮椅把他推到屋子外面。男孩坐在轮椅上，笑着看着一切。乔尔问男孩的姐姐男孩是否有机会经常到外面坐一坐，她说："没有，至少从我很小时就是这样。他一直是我'里屋里的弟弟'。"

以后，他就不再是她"里屋里的弟弟"了。

阿富汗

阿富汗已经遭受了数十年武装冲突和压迫统治的蹂躏。之前的战争和外国入侵留下的地雷以及未爆弹药，每年都致残甚至杀死成百上千的阿富汗人。另外，疾病和意外事故也会使人致残。据新闻报道，阿富汗有超过 100 万的残疾公民，这使得阿富汗成为世界上残疾率最高的国家之一。据估计，大约 8 万阿富汗人失去了四肢，而这主要是地雷造成的。

由扶轮社赞助的一个团队于 2003 年 7 月到喀布尔来捐赠 240 辆轮椅。其中一名受助者是一个叫纳吉的 19 岁男孩。因为一次意外事故，他已经在床上躺了 18 个月了。他收到轮椅后的第二天，我们的一个志愿者恰巧从办公室窗户向外看，结果就看到了这样一幕："我们看到外面有一大群人，而纳吉正是大家关注的焦点。他就像一个英雄，正在自豪地向孩子们讲述如何操作新轮椅。几十个充满好奇的孩子围住他，问他感觉如何并触摸他的轮椅。他说：‘我不想回家，我想沿着这条街去商店、去学校，在外面玩，我想感受外面的空气！’”

2003 年 9 月，我到喀布尔发放由我们与美国国务院、国防部、美国 LDS 慈善协会和哥伦布骑士会联合捐赠的 5000 辆轮椅中的第一批。近几年，美国国务院为我们提供资金来赞助轮椅，美国国防部则为我们提供运输条件，帮我们把装有轮椅的集装箱运往被地雷和内乱折磨得痛苦不堪的国家。在机场，我们看到 5 辆车顶装有机枪的美国装甲车。这让我们很清楚地意识到我们正身处战区。士兵护送我们到了喀布尔城外一个配有武装、四周有围墙的地方，我们在阿富汗逗留期间就住在这里。美军军官建议我们为安全起见，只在这里捐赠轮椅。

捐赠会那天，第一批巴士在早上 9 点半到达。来自美国国务院和美国国际开发署的官员们已经提前几天调查好了这些受助者的背景，他们已经知道来者何人。受助者的家人和美国士兵一起帮助受助者下了车。许多受助者是被背着的，另外有一些爬着，还有一些使用简单的手工制作的拐杖。所有人都坐在雨篷下，每个受助者都耐心地等待着轮到自己来接收全新的、亮红色的轮椅。第一批受助者中有一个年轻的小伙子，他兴奋地向其他受助者展示新轮椅的灵活性。他借助轮椅来转圈，并翘起轮椅后轮展示平衡技巧。另一个年轻人爬向捐助给他的轮椅，但他却无法依靠自己的力量爬上去——他在一次地雷爆炸中失去了下半身。几个士兵赶紧跑过去把他抬上了轮椅。

大家都坐定后，我们为每一位受助者拍了照。几乎每个人都看起来比自己的实际年龄大很多，少有例外。这并不稀奇——现在阿富汗人的平均预期寿命只有 47 岁。在那里，生活真的很艰难。

在捐赠会结束时，我们看到一个人用手支撑着身体沿着地面向前爬。地雷炸掉了他的整个下半身，唯一保护他避开岩石和灰尘的是绑在躯干下的一块硬纸板。他告诉我们他错过了巴士，但是希望这儿能有一辆额外属于他的轮椅。他有一个妻子和六个孩子，他希望得到一辆轮椅，这样他就能重新工作来维持家庭的生计。几个士兵迅速给他拿来了一辆轮椅。当他们把他抬起来放到轮椅上时，他把右手放在胸口上微笑着。这是他感谢我们的方式，不仅因为我们送给他一辆轮椅，更因为他和他的家庭由此可以获得新生。

在这次活动中，我看见许多美国士兵感动得落泪。他们感谢我们以及 LDS 慈善协会和哥伦布骑士会的代表们（他们在其他国家也给了我们支持）对阿富汗残疾人的大度和同情。这些士兵很感恩有机会参加这样一个活动，这个活动改变了残疾人的生活，并且传递了无私给予的欢乐。

东欧

我很高兴这些年来能够频繁地访问东欧，那里是我祖先曾经生活的地方。2001 年和 2002 年，我有幸在那里与时任北约盟军最高司令的罗尔斯顿将军一起举办了捐赠会。他当时的责任之一就是在该区域开展人道主义援助。在轮椅捐赠会上，我们与拉脱维亚、爱沙尼亚、罗马尼亚、捷克共和国、波黑以及匈牙利的领导进行了会谈。我了解到我们正在与这些前苏联卫星国建立新的友谊。因为我第一次捐赠轮椅是在东欧（罗马尼亚），所以我后来多次回到那里帮助那里的残疾人。下面是一些关于他们的故事：

波黑

我们在前南斯拉夫时曾经遇见过一个波斯尼亚人，当他说起他那已经十几岁而且身材高大的儿子时，忍不住开始哭泣。他说有一天他们父子在路上走着，儿子不小心踩上了一个集束地雷，被炸到了空中，接着又落到另一个集束地雷上，又被炸到空中，接着又落到第三个地雷上……“当我到他身边时，他浑身都是血。”这个男人说道，“我当时觉得儿子已经死了。”他抱着儿子来到急救站。那里的人告诉他站里没有血液，没法帮他。后来司机带他到了有血液供给的医院。他说在去往医院的路上，他能清晰地感觉到儿子的气息在慢慢断绝。“但我们及时赶到了医院，上帝保佑我们。”他说。他的儿子经过抢救后活了下来，在医院待了 11 个月后出院了，但他失去了臀部以下的双腿和一只胳膊；另外，还有一只眼睛失去了视力，一只耳朵失去了听力。但是，他活了下来。

这个父亲说他儿子唯一的愿望就是能够坐在阳光下，但是他太沉了，自己抱不动他。不过，如果有一辆轮椅，那就可以帮助儿子实现他的愿望了。我们给了他儿子一辆轮椅。那天，我明白了像坐在太阳底下这样一件简单的事情对一个人来说可以是多么重要。每个人至少都应该拥有这样的权利。

土耳其

我有机会在三个场合见到了希腊东正教的精神领袖——普世牧首巴塞洛缪。在伊斯坦布尔（希腊人所说的君士坦丁堡）的一次捐赠会上，我们在教会总部以及城外的康复中心捐赠轮椅。我很高兴了解希腊东正教的信仰，就像我很高兴了解世界上的其他宗教一样。我也与普世牧首一起去了古巴参加自菲德尔·卡斯特罗上台以来古巴建造的第一座教堂的奠基仪式。在古巴，我们举办了轮椅捐赠会并连续两晚与牧首、卡斯特罗以及希腊前任国王和王后共进晚餐。

中东

我们从 2000 年开始就在这个世界重要地区捐赠轮椅。我们往以色列捐赠、发送了许多轮椅，也为巴勒斯坦、埃及、伊朗、伊拉克、约旦、叙利亚、黎巴嫩以及其他地区捐赠了轮椅。许多捐赠给中东地区的轮椅上都贴有写着“美国人民友情捐助”的标签。几年来，我们与美国国务院和国防部合作，在中东地区的一个项目框架下来完成向这个地区发放轮椅的重要任务。

约旦

为了把安慰和希望带给那些身有残疾的安曼市民，轮椅基金会与侯赛因协会合作在2001年发放了240辆轮椅。这些轮椅捐给了由已故国王侯赛因和努尔王后为残疾人建立的康复中心。这个康复中心里有许多儿童。其中的一个受助者——一个小男孩，谈起他多么喜欢他的“自行车”的时候，笑得合不拢嘴。尽管不是传统意义上的自行车，但这个男孩的新轮椅的确使他有能力出门了，他可以去和其他男孩赛跑、去探索以及去上学。有一个被称为“第七环人”的40岁男人也得到了一辆轮椅。这个男人多年来一直在安曼的一个繁忙的路口“第七环”周围爬行，因而得名。从此以后，家人和朋友再也不必担心他会在爬行过马路时被汽车碾压了。受助者中还有一个双臂和一条腿都残疾的20岁小伙子，他用一只脚的脚趾为两个给他发放轮椅的美国人画了素描像。

“我特别感激轮椅基金会，因为他们给了孩子们机会。”负责侯赛因协会的约旦公主迈达拉德说，“送给孩子们的这些新轮椅让他们拥有了一个新的视角并且能感受和探索周围的世界……”能在安曼发放轮椅，归功于加利福尼亚州伍德赛德扶轮社的努力。

2004年，我们又先后两次回到约旦。其中一次，我们回到安曼为康复中心捐赠更多轮椅。约旦扶轮社员组成代表团来到机场迎接我们，他们致力于在整个国家中发放轮椅。由于我去了康复中心许多次，因此那里的孩子们都认识我。拉尼娅王后参加了我们其中的一次捐赠会。

拉丁美洲和南美洲

我们发现墨西哥、中美洲、南美洲以及加勒比岛屿这些地区，对轮椅都有极大的需求。下面是我们在那里发放轮椅时发生的一些故事：

巴哈马

2000 年,我联系了佛罗里达州的好友杰克·德鲁(我曾经是他的客户),并且聘请他帮我一起建立轮椅基金会。那时他刚过 70 岁,他的作为公共关系顾问的事业也已经接近尾声,他向往着半退休的生活并希望有更多时间在佛罗里达的劳德代尔堡打高尔夫球。经过交流,他同意为我们在佛罗里达开设一个办事处。我给他的第一批任务中就有去巴哈马的拿骚捐赠轮椅。一直以来,拿骚对他来说只是个度假胜地。这次他去了一个残疾儿童所待的建筑物里,那些儿童的父母白天上班时就把残疾孩子放到那里。孩子们没有轮椅,都在地上玩耍。

“当我抱起第一个小男孩把他放上轮椅时,我心里充满了喜悦之情,因为我知道自己在做有意义的事——不是担心小高尔夫球是否会落进洞中这样的事。”杰克说,“我知道我这些年的努力没有白费。”

玻利维亚

2002 年,我们与 LDS 慈善协会的合作伙伴一起在玻利维亚发放轮椅。如果不是一个修女花尽毕生心血照料严重残疾的孤儿,那天其中两个接受捐助的孩子可能早就不在人世了。其中一个孩子被遗弃时才刚出生没几天,当时已徘徊在死亡边缘。而另一个是 8 岁男孩,他出生时便失去了母亲,在捐赠会前一周又被嗜酒的父亲遗弃。修女和她的孤儿院收养了这两个孩子。

有了轮椅,这些孩子便获得了一定的独立性,能够去他们想去的地方了。他们曾经被遗弃在大街上无人理睬,可是现在他们可以自由活动并能看到他们之前看不到的东西了。而这些残疾孤儿能够通过轮椅自由活动,对修女来说也是她的祈祷最终得到了上帝的回应。现在,因为有了轮椅的孩子可以互相交流了,她可以把更多时间放在其他需要帮助的孩子身上。

秘鲁

2012 年，我的儿子大卫带领几十个他的母校普林斯顿大学的同学到秘鲁发放轮椅。大卫是轮椅基金会的主席。普林斯顿大学 1977 届的同学筹集资金并在危地马拉（2002 年、2007 年）和越南（2002 年）捐赠了轮椅。大卫的同学亨利·波斯纳三世为在秘鲁发放轮椅提供了很大的便利。亨利的公司——铁路开发公司是秘鲁火车公司的一个大股东。亨利的公司帮助我们把 500 辆轮椅和他们班级的志愿者运送到轮椅发放现场。在 1977 届同学毕业 35 周年为期一周的庆典里，他们募集了 9.5 万美元。为了捐赠轮椅，他们坐火车穿过了 50 多个隧道，跨越了 50 多个桥梁，最终到达了海拔高达 1.6 万英尺（近 5000 米）的地方！

在每个捐赠会的发言中，亨利都作出了有力的声明："活动和运动是人类最基本的权利。"

在一次捐赠会上，同学比尔·法雷尔见到一个刚收到轮椅的 13 岁小女孩。她的手是扭曲的，眼神斜向一边，当时她正奋力抓着一个装有类似芭比娃娃的鲜亮的粉色盒子。当让她抬头照相时，女孩没有任何反应。比尔和女孩身边的老妇人交流，在互相问候并互通姓名后，他问道："这是您的女儿吗？""我的外孙女。"老妇人看起来很疲倦，比尔也无法确定她的年龄。

他问道："这个轮椅会怎样改变您外孙女的生活呢？"老妇人开始哭泣。当泪水流到她脸颊上时，她用饱经沧桑、长满老茧的手背擦干泪水说："对不起。"比尔能感觉到她是觉得在他面前哭泣很丢人。他拥抱了她，并告诉她："没关系，我知道你的泪水是欣慰的泪水。"

"欣慰"，她重复道，"欣慰和感激。我的孙女 13 岁了，没有爸爸，她妈妈得上班。我需要照顾三个孩子。我已经背了她 13 年了，再也背不动她了"。她停下话语长叹一口气："她越长越大而我越来越老。谢谢你们，太谢谢你们了。"当他们再次拥抱时，比尔感觉自己的眼里也充满了泪水。

“谢谢,谢谢!”她拍着比尔的肩膀说。

“您别客气”,比尔说,“我们很高兴能送给您的外孙女这样一件能帮她自由活动的礼物”。

“这个礼物的受益者是我呀!”老人轻松地推着外孙女离开现场时说了这样一句话。

巴西

2000年,我接到了西班牙王后索菲亚的电话,她希望我去巴西捐赠一批轮椅。她和胡安·卡洛斯国王要去拜访巴西总统卡多佐和第一夫人露丝·科雷亚·雷特以庆祝西班牙与巴西的友好关系。我说我很乐意并询问她希望我什么时候去。她说下周一,而那时已经是周四了。我告诉她,我不可能在这么短的时间内准备完毕并亲自前往,但我可以空运一些轮椅送往巴西。但她说那不是她所希望的,她希望我能亲自去巴西参加一次捐赠会。她说她将在两小时后再打电话过来,届时我可以告诉她我的旅行安排。我很快明白了王后已经习惯了按她的方式办事!

我的团队抓紧时间完成了签证并准备好了旅行计划,之后,我把轮椅装上我的私人飞机,然后就启程前往巴西。我们在位于巴西首都巴西利亚的西班牙大使馆进行了一次轮椅捐赠。西班牙国王、王后,巴西总统以及第一夫人都参与了捐赠,而与此同时,上千名穿着正式的尊贵客人为参加庆典等了整整两个小时。我与安排并组织庆典的西班牙大使交谈,他告诉我这是他职业生涯中最难做的一件事。但是至少那40名受助者都非常开心——他们有机会见到西班牙国王、王后以及本国的总统和第一夫人。

一个星期天下午,轮椅基金会的成员在巴西首都的一个教堂门口停了下来,他们询问牧师这个地区有没有需要轮椅却又负担不起的人。牧师开车带我们沿着红色的沙道来到了乡村,停在一个由煤渣块和锡板搭建的棚屋前。他把我们介绍给了一个八口之家。这个家庭"农场"里有鸡、鸭、一匹凹背的老马和一个小花园。院里有一口露天的井以及一只用来打水的桶和一根绳子，其他就没有什么了。团队成员被带到了只有一间屋子的棚屋里，里面有一张床，地上有几张垫子。在一个角落里有一只放满了破布的大椅子，椅子上坐着一个胳膊和腿细得像树枝一样的小女孩。她有着漂亮的棕色眼睛，脸上带着美丽的微笑，但是她不能说话。她的妈妈告诉我们，她已经 18 岁了，从一出生时就这个样子，只能每天待在椅子上，生活完全无法自理。

团队成员把她放在轮椅上，并调整了脚蹬以适应她枯萎的四肢。很快，她的妹妹们就开始推着她在院子里转悠，欢快的笑声四处飞扬。她们非常喜欢这个轮椅，因为这意味着以后不用去哪都得背着残疾的姐姐了，而且，她们还可以带着姐姐去更多的地方。她的父亲在与牧师交谈后，跟着牧师一起跪下祈祷。做完祈祷后，父亲来到团队成员面前表达了自己的感谢之情。

"今天是我的生日，"他说，"就在今天早上，我起床后祈求上帝赐给我一个生日礼物，祈求上帝派一个人来帮助我的女儿。这个周日，上帝派你们来给我过生日。我感谢上帝，也感谢你们！"

墨西哥

除中国以外，我们在墨西哥捐赠的轮椅最多——超过 15 万辆。墨西哥与美国接壤，这使得扶轮社赞助的亲自发放轮椅的项目更容易进行。

2001 年，在墨西哥城外的特斯科科的一个小足球场，我与来自北加州扶轮社的成员们一起发放了 240 辆轮椅。这个城市以及周边地区的人口有 2500 万，据估计有 120 万墨西哥人需要轮椅却无钱购买。

其中一名受助者是因小儿麻痹症而致残的玛蒂娜·米兰达，她已经 42 岁了。她告诉我们 20 年前她曾拥有过一辆轮椅。但仅仅五年后，轮椅就不能用了，而她没有钱再买一辆。为了在每天早上赶到公交车站，她的侄子推一辆手动搬运车，让她坐在牛奶箱子上，把她拉到车站。她在路边摊上卖鞋油。其他时候，她只能用膝盖爬行。85岁的老母亲已经搬动和照顾她42年了！收到轮椅时，他们眼里都充满了高兴的泪水。玛蒂娜说："我已经祈祷得到另一辆轮椅很久了，我知道我的愿望一定能实现。"她的母亲说，她们自己根本负担不起这样一辆漂亮的轮椅，这个礼物会使她的余生容易很多。

扶轮社员乔恩·格兰特和他的妻子琳达是世界扶轮社友和轮椅基金会的大使。他们在墨西哥的重要工作之一，就是带领美国的年轻人一起参加捐赠活动。在近期进行的捐赠会上，他带着加利福尼亚州的高中生一起前往墨西哥参加了活动。

"他们在美国拥有幸福的生活，不知道世界上并不是每个人都有手机、电脑和电视。"乔恩说："他们有机会帮助那些不幸之人，意识到一个人真的是可以有所作为的。他们懂得了通过团结协作，他们的努力可以帮助改变他人的一生。"

来自墨西哥赫莫西约(RC Hemosillo del Desierto)的扶轮社员是我们这些年在墨西哥最坚定的合作伙伴。豪尔赫·伊瓦拉是这个组织的律师，他永远也忘不了那个在一座海边城镇靠捡拾和回收铝罐为生的老人。在得到我们的轮椅之前，老人坐在用生锈的铁丝绑住座位和椅背的旧轮椅上，艰难地从一个地方挪到另一个地方。当豪尔赫的团队成员把他抬上新轮椅时，他们注意到他的背部和臀部满是划痕、伤疤，甚至已经感染的伤口。

"这次捐赠是我体验过的最能改变人生的经历之一。"豪尔赫说。

令我最难忘的一次捐赠跟一个名叫玛丽亚的女人有关，她在我家中工作了十多年。当她听说我们要去墨西哥城的时候，她告诉我在那里有她一个叫安琪的侄子，因为患绝症失去了视力和行动能力。她问我能否在她的侄子离世之前送给他一辆轮椅以使他在为数不多的剩余时间里行动自如一些。我说："没问题。"然后让她安排她的侄子来参加我们的捐赠会。

她侄子的父母在捐赠会那天找到我们，满眼都是感激的泪水。他们说安琪收到了轮椅并希望能来感谢我。他们把他带到我面前，我握住他的手跟他说话，这样他就知道我在哪里。然后，他握住我的手，把他没有视力的眼睛转向我说："我会在天堂见到你。"那一刻，我被深深地感动了，不知道该如何回答他。

美国

我们并没有把捐赠范围限定为美国之外的国家。我们在加利福尼亚、佛罗里达以及拉斯维加斯都设有轮椅基金会办事处。迄今为止，我们已经在美国为身体残疾人士捐赠了超过3.3万辆轮椅。

自2000年开始，我们与美国救世军一起在美国捐赠轮椅并在蒙大拿州印第安克劳部族给高龄人群捐赠轮椅。奥克兰的运动家棒球队和它的股东之一——我的朋友肯·霍夫曼与其他赞助商一起为加利福尼亚州奥克兰市的残疾人提供轮椅。扶轮社会员以及美国职业棒球大联盟为纽约和新泽西的残疾人赞助的轮椅，由友好产业集团和天主教慈善协会进行了发放。已故建筑师拉尔夫·恩格尔斯塔和他的妻子贝蒂同意为北达科他州和内华达州的残疾人赞助轮椅。伴随着许多的赞助，我们还与前犹他州州长迈克·莱维特一起在其州内进行了几次捐赠活动，以此减少犹他州行动不便人口的数量。

2004年，我们在美国开展了许多新的项目。我们开始联合美国残奥会在全国范围内为当地的组织发放运动轮椅。国际消防员协会帮助我们向当地社区发放普通轮椅并同意帮我们加大运动轮椅的发放量。2004年，在加利福尼亚州康科德市的一次捐赠会上，轮椅基金会和消防队员与来自美国富国银行和东部海湾天主教慈善协会的代表一起发放了轮椅。罗斯摩的富国银行捐款为康特拉科斯塔县的残疾人提供轮椅，其中有30辆在康科德举行的捐赠仪式上发放，天主教慈善协会负责核查受助者的身份并主持捐赠仪式。

2004年，我们向位于华盛顿特区的沃尔特里德陆军医疗中心捐赠轮椅。这些轮椅主要用于帮助从伊拉克战争归来的截肢者。当我们正安排发放轮椅时，发现那里有一个可供残疾人使用的体育馆，于是我们向体育馆捐赠了 10 辆运动轮椅用于轮椅篮球比赛。而同时，我们的赞助商也已经在全国范围内为老兵和相关组织捐赠了轮椅。

当然，我们有许多出色的合作伙伴、捐赠者以及志愿者来自美国。他们的故事也非常令人振奋。

17 岁的贾斯汀·贡萨尔维斯受到因获大满贯而闻名的前奥克兰运动家棒球队游击手米格尔·特哈达的鼓舞，在 2002 年完成了自己的大满贯。贾斯汀是个童子军成员，当时他是加利福尼亚州尤宁市洛根中学的高年级学生，他观看了一场运动家棒球队的比赛并看到了棒球队成员在多米尼加共和国与轮椅基金会成员一同捐赠轮椅的视频片段后，立即决定把帮助残疾人作为他的鹰级童子军项目。在与他的童子军领队沟通之后，贾斯汀决定安排一场早餐筹款会，同时在他所属的社区向居民直接邮寄材料并开展宣传活动。按照规定，获得社区服务徽章的一项关键要求就是完成至少 100 小时的社区服务工作。贾斯汀个人提供社区服务的时间可以计算在内，而且他的朋友和家人提供社区服务的时间也可以计算在内。贾斯汀组建了一个团队，完成了 130 多个小时的服务，为基金会筹集了 8328.49 美元的善款。

“成为童子军并像这样帮助残疾人，感觉很好”，贾斯汀说，“这让我对自己的童子军身份更加感到自豪”。贾斯汀筹集到的捐赠款帮助轮椅基金会在墨西哥向残疾人发放了 111 辆轮椅。他亲身参加了改变许多人（也包括他自己）人生的捐赠会，在此过程中他也学会了如何做一名领导者。

我们最有奉献精神的捐赠者和志愿者之一是于 2010 年过世的莎琳·科朗博士，我们所有人都从她身上学到了很多。跟我一样，莎琳也是一名环球旅行家，她在 2006 年第一次给轮椅基金会打电话，并在 85 岁时成了一名捐赠者和志愿者。她作为圣佛朗西斯科扶轮社的一员，了解到我们的工作并希望加入。后来，她在越南、柬埔寨、泰国、智利以及纽约皇后区的阿斯托利亚，捐赠并发放了数百辆轮椅。

她到阿斯托利亚是因为“哈德逊河上的奇迹”——美国航空公司机长切斯利·萨伦伯格在2009年1月一个异乎寻常的冬天安全地将飞机迫降在哈德逊河上，挽救了155名乘客和机组人员的生命。莎琳的丈夫欧内斯特曾是一名飞行员，所以她知道驾驶飞机有多难。她被萨伦伯格机长的勇气和才干深深打动，于是第二天就给我们打电话让我们以萨伦伯格的名义为纽约的低收入人群捐赠一个集装箱的轮椅。之后，她在我们位于加利福尼亚州丹维尔市的总部举办的一次筹款晚宴上见到了萨伦伯格机长——丹维尔市也是萨伦伯格机长的故乡。

“每个人都应该有机会赞助一辆轮椅，并把它送给同在人生旅途上的他人”，莎琳说，“这样做大家会收获很多。我知道捐赠轮椅可以帮助到他人，我就会到世界各地去提供这种帮助。这次经历让我有了之前想象不到的感受”。

萨伦伯格机长和莎琳博士两个人，既是英雄，又是领导者。

• • •

从创立轮椅基金会开始，我们已经在超过150个国家发放了将近100万辆轮椅，每个人、每辆轮椅的背后都有像你之前读过的那样的故事。但是现在还远没有到我们可以松口气休息一下的时候，还有许多工作需要我们去做。根据世界卫生组织估计，全世界有超过2500万人下肢残疾，而根据我们掌握的一手资料，我们相信实际需求数量其实是世界人口数量的3%左右，或者说大约是2亿人。为他们每个人捐赠轮椅是一项巨大的任务，并且需要花费数十亿美元的巨额资金。

但我认为别无选择，因为绝大多数情况下，我们是在帮助那些没有尊严、没有希望、没有未来的人们。然后，突然因为轮椅这样一个礼物，他们感到自己成为了人类的一部分，他们开始变得自豪而充满希望。或许他们依然没法想做什么就做什么，但是至少，他们变得更加独立了——开一家牛奶店，重新回到学校，在喷泉里玩耍或者仅仅是坐在太阳下享受阳光的抚慰。

并且，有时捐赠一辆轮椅甚至就会帮助受助者、志愿者以及捐赠者成为领袖，乔什·劳斯、贾斯汀·贡萨尔维斯、谢延红和殷海楠都是很好的例子。

“我们与轮椅基金会一起做的工作使得乔什从他社团的一个捐助者成为了一个真正的领导者”，乔什的爸爸唐说，“我们在许多不同的国家帮助了许多人，乔什对此有强烈的自豪感。他还发展了自己与人交流的能力，并且能够手持话筒通过翻译为上百人演讲”。

我们不会忘记一辆轮椅同时会给残疾人的家人和照顾他们的人以多大的帮助：家长再也不必去哪里都背着孩子，兄弟姐妹也不必再费力抱起很沉的残疾兄弟或姐妹。在许多情况下，一辆轮椅也会给他们带来自由——得到工作和教育的自由、更多去室外活动的自由以及过上更充实生活的自由。

但我们需要你们的帮助。每一辆轮椅都会改变一个人的生活，捐赠轮椅就可以让你的生活变得有意义，这是一种多么简单的方式呀！

左图中的罗马尼亚老人曾遭遇中风，饱受折磨。他的困境促使我创立了世界轮椅基金会。

下图中的越南老妇对我说，在得到新轮椅前，她曾一度想到离开人世。

右图中的危地马拉男士身患坏疽病，需要进行腿部截肢。他不愿意从我这里拿 25 美元支付麻醉费用，但是我们坚持让他收下了。

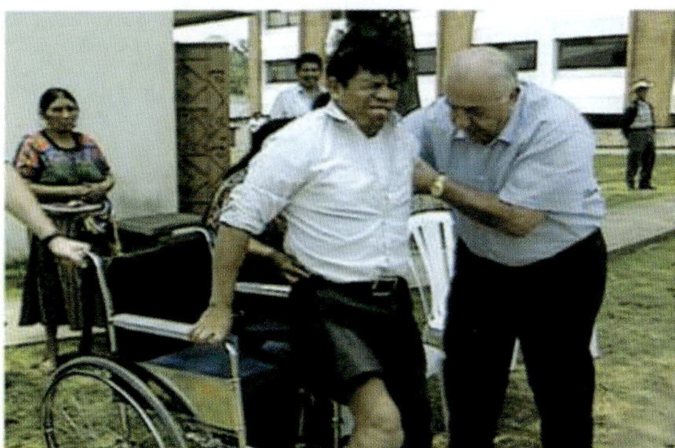

2001 年，我和帕特在南非，同纳尔逊 • 曼德拉一起发放轮椅。

2001 年，纳米比亚总统萨姆 • 努乔马在我们的一次轮椅捐赠仪式上致辞。

2003 年，水晶大教堂的罗伯特 •A• 舒勒博士与夫人唐娜在非洲维多利亚瀑布的桥上发放轮椅。

我会见坦桑尼亚第一夫人安娜•姆卡帕。她是我们的国际顾问委员会委员。

我与来自喜伴（SPAR）超市的朋友们在南非的一次捐赠仪式上。

2001 年，我与尼日利亚第一夫人斯泰拉•奥巴桑乔在一次捐赠仪式上。

我与喜伴超市的朋友在南
非太阳城的捐赠仪式上。

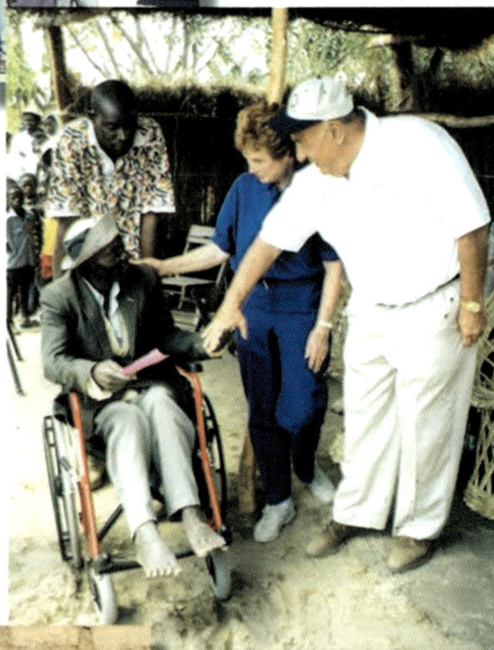

帕特和我在津巴布韦见到了
一位爬着来领轮椅的残疾人。

左图中的部分非洲妇女因
地雷致残，急需轮椅。

2003 年，一位老者来到我们在阿富汗的轮椅发放地。大多数像他这种情况的人都是地雷的受害者。

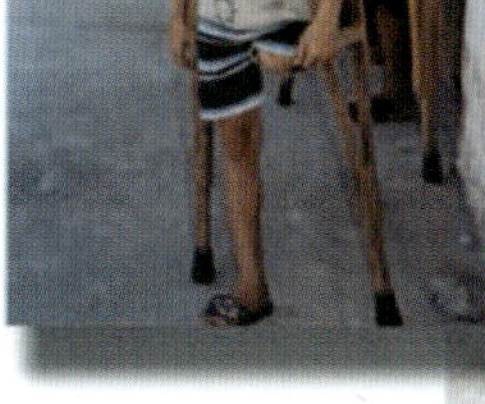

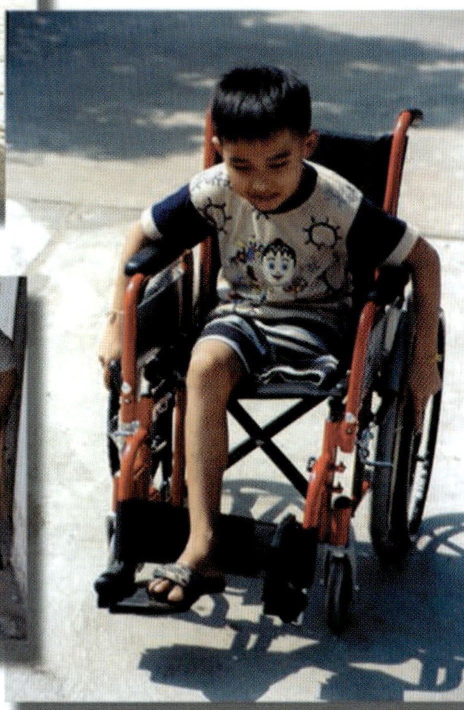

轮椅可以立刻改变人生。图中的老挝男孩在地雷爆炸中失去了左腿，前一分钟他还需要靠拐杖站立，后一分钟他就借助新轮椅移动自如了。

2000年，我和好友西班牙国王胡安·卡洛斯（左一）、王后索菲亚以及巴西总统和总统夫人在一起。卡洛斯国王夫妇是我们国际顾问委员会主席。

2002年，我在西班牙巴塞罗那出席扶轮社的国际会议。前排中间是该组织主席瑞克·金，后排右一为乔恩·格兰特博士。

2004 年，我到了沙特阿拉伯，为在这一重要地区捐赠轮椅签订协议。

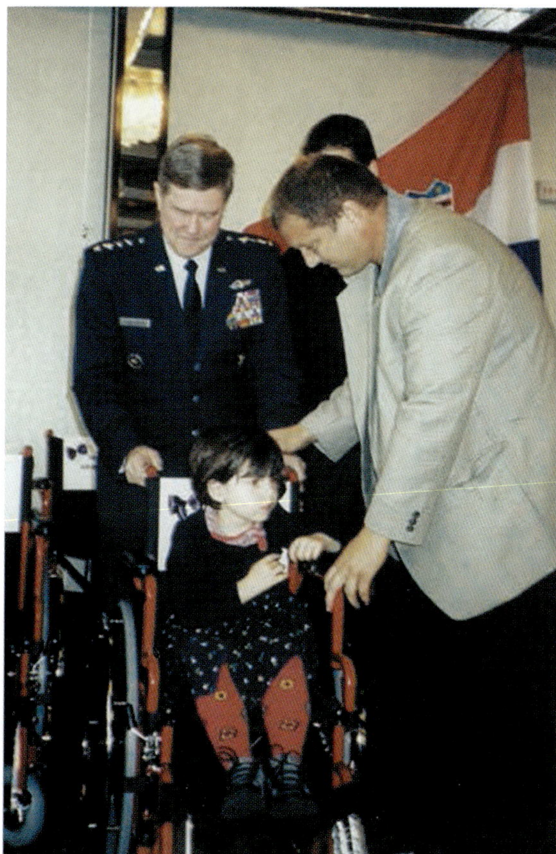

在东欧的一次轮椅发放活动中，乔·拉斯顿将军（美国空军，已退休）协助发放轮椅。他是我们国际顾问委员会委员。

2001 年，在巴拿马的轮椅发放活动中，我同第一夫人露比·莫斯科索·德·杨及她的妹妹，前任总统米蕾娅·艾丽莎·莫斯科索·罗德里格斯在一起。

我与危地马拉第一夫人伊芙琳·德·波蒂洛一起发放轮椅。

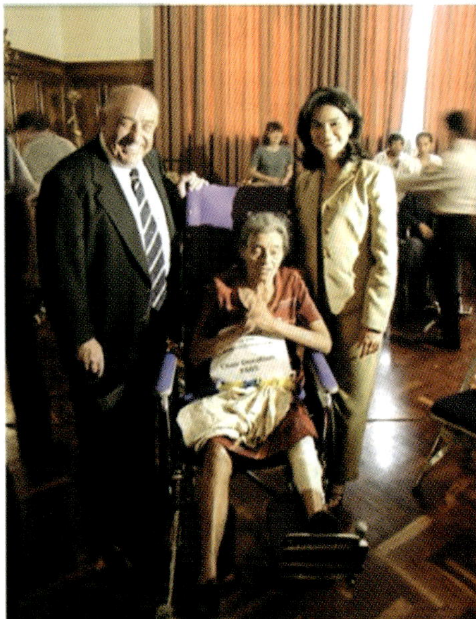

我和帕特与我们的朋友，扶轮社前主席弗兰克·德弗林。德弗林在任期间，扶轮社首次与世界轮椅基金会开展合作。其他两位分别是德弗林的妻子格洛丽亚·丽塔和墨西哥第一夫人玛莎·萨哈冈·福克斯（中）。墨西哥第一夫人是我们国际顾问委员会委员。

2001年，我们在洪都拉斯救助过的一位修女。

我同耶稣基督末世圣徒教会的朋友一起分发轮椅。

我与墨西哥男孩安吉拉在一起。他说，他会“在天堂见到我”。

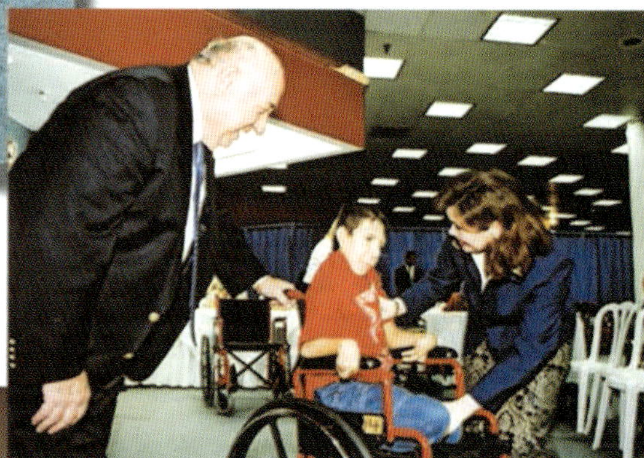

犹他州前州长夫人杰克琳·莱维克和我一同问候波多黎各的一位轮椅受赠者。

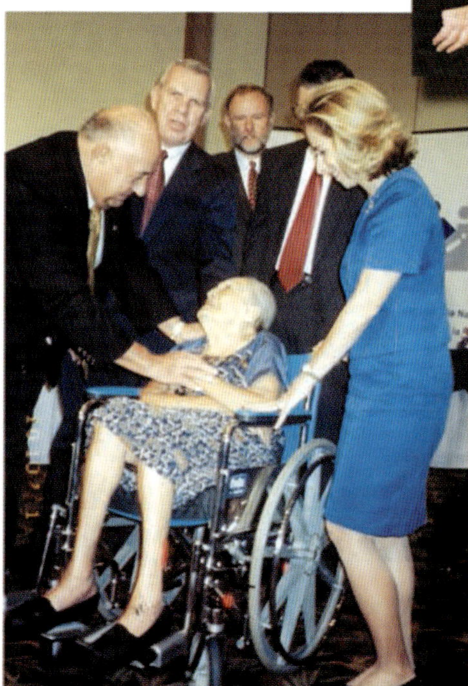

我在萨尔瓦多的轮椅发放活动中问候轮椅受赠者。

乔恩和琳达·格兰特在非洲轮椅发放活动中，他们是我们最具奉献精神的资金筹集者和志愿者之一。

2012 年，我的儿子——世界轮椅基金会主席大卫和他在普林斯顿大学的同学以及家庭成员在秘鲁分发轮椅。

2012 年，越战老兵和他们的配偶重返越南，带着弘扬和平和治愈创伤的使命分发轮椅。

2003 年，在阿富汗，我与一位轮椅受赠者在一起。

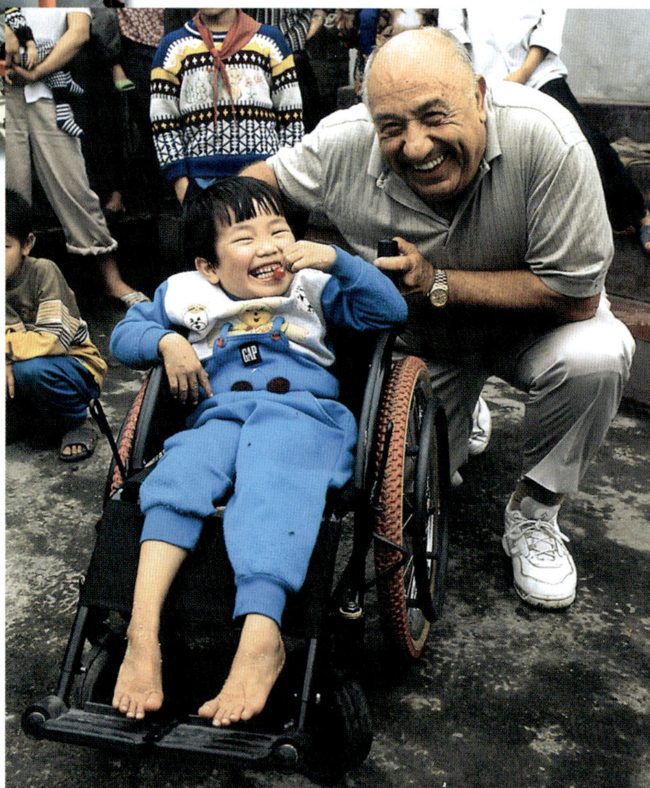

我和 2000 年时认识的越南女孩裴诗萱在一起。她收到轮椅时的喜悦坚定了我开创世界轮椅基金会的信念。

2004 年，我在土耳其与东正教普世牧首巴塞洛缪一起发放轮椅。

2004 年，我和世界轮椅基金会同事查理・巴特菲尔德接受教皇约翰・保罗二世的祝福。

在中国的一次轮椅发放中，一个中国人帮助他的家人坐上我们的轮椅。

2001 年，我与中国残疾人联合会创办人邓朴方在一起。他是我们的国际顾问委员会委员。

2004 年，我亲吻一个可爱的中国女孩。

我十分荣幸地见到了中国的轮椅受赠者谢延红。他是第一位横渡英吉利海峡的残疾人。

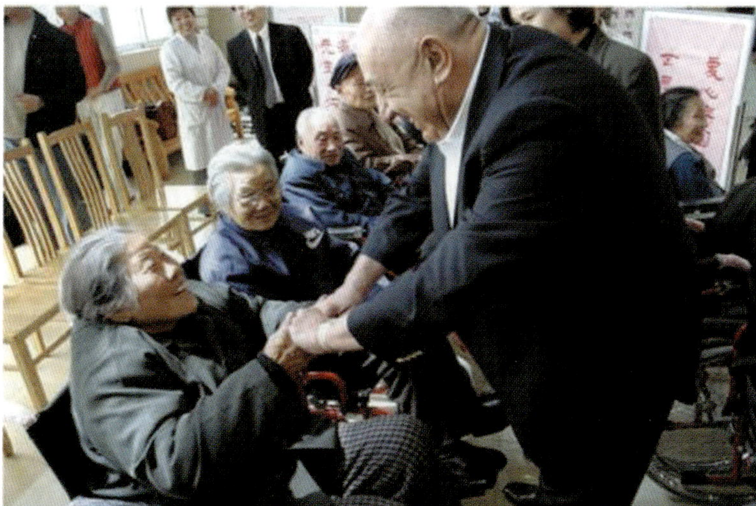

2004 年，我见到了更多中国轮椅受赠者。我同他们每一个人握手并送上我的微笑。

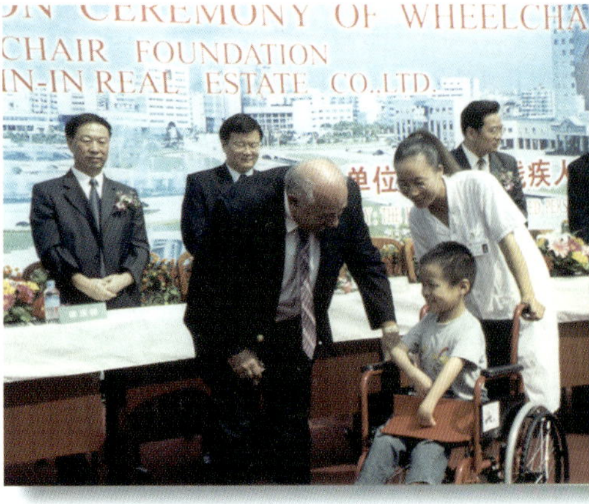

2002 年，中国孤儿昆厦收到轮椅时对我唱了一首歌。

今天的昆厦已经长大，成为了一名朝气蓬勃的学生。

2012 年，IBM 中国公司的员工在上海向残疾人发放轮椅。

上海高通公司的员工也参与轮椅发放。

Purpose

第十章
学习的大教堂

> 博物馆的作用不在于直接的观摩：它是生动的讲堂。在那儿，人们想得到的是真实而生动的触动。
>
> ——［英］大卫·赫伯特·劳伦斯

我想要重塑博物馆。

我不希望博物馆只是一个陈列展品、收藏物品、里面回声嘹亮的四四方方的大仓库。我希望它能赋予藏品以生命力——并且在这个过程中，有助于教育和培养新的领导者。

让我举个例子来说明我的意思。

正如大家在前几章读到的那样，我的爱好之一是狩猎，尤其喜欢猎捕大型动物。我收集了很多制作精美的动物标本——狮子、水牛、熊等，并把其中的很多标本捐赠给了博物馆。在有些博物馆中，管理者把它们一个个地“停放”在玻璃板后，上面落满了灰尘。

但在中国上海科技馆的动物世界展中，一只非洲雌狮从一块石头上一跃而起扑向一头疣猪，它打算以此作为幼狮的食物。一只美洲豹蹲坐在树枝上，守着它当天的猎物——一只跳羚。不远处，一只土狼嘴里叼着还没吃完的羚羊，而一只秃鹰则正试图去扑抢它嘴里的猎物。你还可以在背景音中听到一头公象的叫声、一只老虎的咆哮以及其他动物发出的声音。

很少有人曾经在真实的野外自然环境中见过动物们的这些活动场景，或者听到过这些声音，人们在动物园中也不会见到。因为即使一个城市能够有幸拥有一个动物园，里面关着的动物大部分时间也只是在游客的注视下等待被喂食，而一台拍摄大自然的摄像机充其量也只能是远距离地记录下这类场景的二维画面。那么对于那些已经灭绝或濒临灭绝的动物呢？那些对此感兴趣的孩子和家长只能在这个展览或世界上其他少数类似的展览中才有机会看到如此重要的动物行为——时间定格在狮子猎食的那一瞬间。这里所展示的不仅仅是在玻璃窗里积满灰尘的填充标本，更重要的是那些场景都尽可能地让参观者领略到了捕食者猎捕食物的逼真瞬间。

事实上也的确产生了这样的效果和影响，它帮助孩子和成人认识了真实的世界。

“太真实了！”来自上海周边的一座城市的 7 岁的 1 年级学生沈轩（音）说。当时他正看着叼着羚羊的土狼。这正是我想得到的反应。因为非洲不是人们管理、喂养和囚禁动物的动物园。在非洲野外上演的是“适者生存”的食物链原理，还有生命的周而复始，包括死亡。要想在各自的生活中取得成功——成为好学生、好市民以及未来的潜在领导者，他们需要了解这些。

沈轩是 2012 年的那一天参观上海科技馆动物展的成百上千的孩子之一。与其他很多孩子一样，这是他第一次来参观，并且是与家人一起。他的父亲沈勇（音）说，沈轩只在电视上看到过野生动物，他带儿子来科技馆是想让他能够近距离地观察这些标本。沈勇本身是一名高中物理老师，他非常庆幸能有机会带沈轩来到这里，让他可以更好地认识大自然，尤其是动物世界。他希望儿子能成为更优秀的学生，现在他体会到让儿子放下课本，离开电视，进入动物展览馆，是有益于他成长的。

现在你们可能已经猜到了，是我发起了这次动物世界展。上海科技馆是我在中国合作办展的众多博物馆之一。在中国，我发现有大量的机会可以让人们增长知识。借助博物馆这一平台，可以教育、启发和培养未来各国公有和私有领域的领导者。

我对博物馆的兴趣源自我对车的爱好——如果考虑到我生活中发生的事情，说是源自车轮才更恰当。一开始，我要为黑鹰乡村俱乐部做策划方案。我希望把黑鹰乡村俱乐部做得声名鹊起，使之成为美国最好的俱乐部之一。我的团队从迈阿密最好的宾馆雇用了厨师、餐厅领班、服务员，并且为私人宴会设计了专属的房间。1980 年开业之后不久，黑鹰便作为美国最好的俱乐部之一被《名流生活》系列电视节目进行了特别报道。我想，作为黑鹰乡村俱乐部的招牌之一，一辆劳斯莱斯豪华轿车对于俱乐部举办婚礼以及其他重要活动将会是极具吸引力的。

我听说亚利桑那州一个老爷车经销商那里有一辆劳斯莱斯银色幽灵要出售，于是乘飞机过去看，看过之后便买下了，但它的变速器需要进行大修。不过，两个月过去了，变速器仍然没能修好，我就回去找经销商交涉。就像所有不满的顾客一样，我要他返还支付的车款。但经销商向我保证一定会把它修好，我又相信了他。结果是我又从他那里买了 3 辆车：一辆 1937 年的卡德运动型车、一辆 1939 年的林肯敞篷双门轿跑车和一辆 1928 年的凯迪拉克双门敞篷车。他说服我相信这些车都是性价比极高的——这一次，我遇到了一个更出色的销售人员，他激起了我对老爷车的兴趣，而我也就上钩了。他给我留下了非常深的印象，因此回到家后，我觉得应该聘用这位销售员并且开始收藏老爷车。

这位销售员就是唐·威廉姆斯。他对能有机会把世界上最经典的老爷车收集在一起感到非常兴奋。雇用他后不久,我们听说在英国有一组非常棒的13辆车要出售。一听说这件事,我们就意识到这是当时市面上最珍贵的收藏。我们去了欧洲并且谈好以数百万美金的价格买下这些车。这个交易需要立即完成,否则一个银行将买下这些车,并且他们的卖价将会翻倍。我给一个在银行工作的朋友打电话解释了当时的情况,让他先把钱电汇给我,之后我们再处理具体事宜。很幸运,他答应了我。因此,我们拥有了一批世界上最经典的老爷车。我们本质上还是二手车经销商,而老爷车则是最有价值的二手车。

这拉开了我们在全球范围内寻找世界上最好的汽车并进行抢购的序幕。随着购买和交易的不断进行,我们的车队也不断壮大。有时,我们甚至会仅仅为了其中的三四辆珍品而把100辆车都买下来。这些老爷车的历史、精美的技术及工艺让我感到兴奋。但它们的购买、收藏和保养费用还是相当昂贵的。然后我就想:这些车作为艺术品来说是具有吸引力的。我们理应将其放在博物馆中与公众分享。因此,我着手计划办一个这样的展览。那样的话,来自世界各地的人们就将都能欣赏到这些车。

我开始找一些有可能成为合作伙伴的大学洽谈。在加州大学伯克利分校,我见到了校长迈克尔·海曼,他对汽车博物馆的想法很感兴趣。根据我的建议,如果合作成功,这所大学将最终拥有这座博物馆以及多辆捐赠的汽车,这让迈克尔·海曼很是兴奋。我们达成了协议,博物馆的一部分用来展出老爷车,其余部分将展出伯克利分校在古人类学和古生物学领域的一些珍藏,这对孩子们来说是非常重要的学习资源。

一贯的开发商思维使我把博物馆建成了黑鹰社区一个购物中心的一部分,我想这样可以吸引人们来看车的时候顺便购物。博物馆在1988年正式向公众开放。事实证明,这个建筑非常引人注目,其中所展出的汽车就像一件件杰出的"滚动艺术品"。

我收藏的汽车总价值达1亿美元。为了能让孩子们来到博物馆，我们设立了儿童教育交通基金，来帮助支付康特拉科斯塔县公立、私立及教区附属学校组织参观博物馆的实地考察费用。

如今，黑鹰博物馆已为世界各国所认可。目前，博物馆内有超过90辆老爷车在展出，其中很多都是独一无二的车型，出厂时间可以追溯到20世纪初。其中有一些是我们从拥有世界最经典藏品的私人收藏的朋友那里借来的。如果不是这个展览，人们永远不会看到其中的一些车型。车展不断发展变化。这些年来，博物馆先后收藏过克拉克·盖博1935年的德伊森贝赫跑车、富兰克林·罗斯福1938年的帕卡德辉腾、丽塔·海华丝[①] 1953年的凯迪拉克双门轿车(世界上仅存的两辆之一)以及伊丽莎白女王1954年的戴姆勒豪华轿车等，另外还有其他一些著名的车型。黑鹰目前陈列着世界上最引人注目的老爷车，这些独特的收藏保证了在未来的岁月里，这些集艺术、技术、文化及历史于一身的汽车珍品将会给公众提供欣赏并充实自身教育的机会。

在博物馆开放12年后，加州大学伯克利分校认为博物馆离学校太远，所以撤回了部分教育方面的展品。由于没有了大学的参与，我们便通过很多巡回展览来扩展博物馆原来的教育展区，包括世界上最棒的汽车艺术收藏展。1999年，在我的儿子大卫对博物馆进行了四年的领导管理后，博物馆首先发展成为史密森学会的一个附属机构，并在这期间为公众举办了大量世界级的史密森学会的巡回展览。随后，我们又推出了轮椅展——一个有关轮椅历史以及世界轮椅基金会工作的教育性多媒体展览。

我们从黑鹰博物馆及其所举办的展览特别是轮椅展中得到了很多积极的反馈，这些反馈让我了解到了一些情况。参观者离开博物馆

---

① Rita Hayworth，美国20世纪四五十年代的著名演员，舞技出众。

时可以在留言簿上写评论，这里是其中的一些评论：

“不可思议的汽车博物馆，送给需要轮椅的人们的其他礼物也同样不可思议。上帝保佑你们！”

“我们认为这个汽车展是不同凡响的，而轮椅展则如此感人。你们做的工作太棒了！”

“作为汽车零件制造商，我一直想来参观黑鹰博物馆。作为小儿麻痹症的幸存者，我倍加钦佩肯·贝林。你的慷慨给我带来了快乐的思想！”

哇，我意识到博物馆是可以有一定影响力的，而且是很大的影响力。我还想做更多的事情。捕猎大型动物的兴趣给了我这样的机会。我的经济实力允许我去世界上最神奇的地方之一——非洲。我为非洲原始的美丽而着迷，为捕猎地球上某些最强大的动物所带来的挑战而感到兴奋。尽管我知道很多人不支持狩猎，但我仍着迷于这项运动所需要的技巧和果敢。

我在威斯康星州时就开始狩猎，当时我还是个孩子。如今，我用自认为负责任的态度狩猎，遵守所有的法律限制并且支付所需的费用，我支付费用资助保护区的研究、学校和医院的运营以及预防在部落领地非法狩猎。我加入了国际狩猎俱乐部，一个促进狩猎发展，同时为研究及建立保护区提供资金支持的组织。国际狩猎俱乐部的5.5万名会员包括已故的诺曼·施瓦兹科普夫上将、前任总统乔治·赫伯特·沃克·布什——一位终身荣誉会员——以及其他名人。

在非洲及世界其他各地狩猎多年之后，我拥有了很多制作精美的动物标本。我觉得把这些标本放在博物馆或用在教育方面是最理想的选择。于是我联系了很多自然历史博物馆，问他们是否需要新的动物展。我首先联系了纽约的美国自然历史博物馆。尽管他们很感兴趣，但他们并不需要更多的标本。一次偶然的机会，我又想到了伯克利分校的迈克·海曼，他现在是华盛顿史密森学会的秘书长。1997

年，我打电话问他是否知道有哪些博物馆会对我的收藏感兴趣，他说："你找对了地方。请问你什么时候能过来？"

我飞到华盛顿，参观了史密森学会的收藏品，并且看了那里的标本，其中很多都是西奥多·罗斯福总统捐赠的，都曾盛极一时。迈克向我解释说，现在不仅标本需要修护，而且还极度需要对科学教育类展品进行更新。想到可以与人分享我收藏的动物标本，我感到非常兴奋，于是决定向史密森学会捐赠 2000 万美元以及我的收藏中最有价值的动物标本和兽皮。这笔钱帮助史密森学会建造了世界上最好的哺乳动物展厅，其中令人印象深刻的实物模型向人们展示了数百万年来哺乳动物进化演变以及适应环境的过程。建造这个 2.5 万平方英尺的展厅耗时三年，其面积是原来的三倍。

肯尼斯·尤金·贝林家族哺乳动物展厅于 2003 年秋天开放，展出了大量的动物标本。从热带雨林动物到沙漠动物，从澳大利亚的树袋熊到美洲野牛，不仅这些展品本身非常吸引人，而且通过极具创意的多媒体系统对其进行的介绍和演示也十分独特，例如其中一个展示就可以让参观者体验松鼠在洞穴里冬眠时零下 34 度的寒冷。而对非洲水塘的展示同时伴随着暴风雨的声音，使其更加逼真。展厅总共展示了 274 件动物标本，包括像美洲豹、狮子、海象、棕熊这样的珍品，而西奥多·罗斯福总统珍藏的白犀牛也在这里展出，这真是"哺乳动物家庭的大团聚"。我对自己的名字能够与它联系起来而感到自豪。它为史密森学会的其他展览及全世界所有的博物馆树立了榜样。

我想史密森学会应该是在这一展览之后认识到了这是件有益的事情。因为他们一直在与我联系并试图取得我的认可。迈克·海曼辞职后，劳伦斯·斯莫尔于 2000 年成为了史密森学会的秘书长，他曾询问起我对博物馆的其他兴趣。回首经济大萧条时身处贫困中的我，我知道我已不再是那个只有一条工装裤的男孩儿，我也知道我应感激这个让我实现梦想的国家。想到这些，我决定展示自由之下的美国的历史、机遇和未来。当时史密森学会想要改进美国国家历史博物馆，这听起来正合时宜。于是我同意捐赠8000万美元来更新博物馆的展品，并且展示在国家历史发展中的“美国梦”。除了赞颂那些让美国成为并将继续成为世界上最伟大的国家的人，我想不出其他更好的方法来回报这个国家。

我的两份捐赠总价值为1亿美元，是史密森学会历史上额度最高的慈善捐助。为了感谢我的第二份赠礼，美国国家历史博物馆所在的建筑被命名为“肯尼斯·尤金·贝林中心”。

而我对美国国家历史博物馆捐赠的第一个成果就是名为“美国总统：一个光荣的重担”的展览。它于2000年开展，有11个展区，面积超过9000平方英尺。900多件珍品中包括乔治·华盛顿的一件军服、托马斯·杰斐逊设计的便携折叠桌——那张托马斯·杰斐逊写出了独立宣言的小桌、亚伯拉罕·林肯被刺杀那一晚所戴的大礼帽、富兰克林·罗斯福的夹鼻眼镜，甚至还有沃伦·盖玛利尔·哈定的真丝睡衣和比尔·克林顿的萨克斯管……

2004年11月，史密森学会因我的捐赠开办了第二次展览：“自由的代价：战争中的美国人。”退休上将科林·鲍威尔出席了开幕式。展览展示了美国军队从殖民时期到当代的发展历史，试图揭示并探索战争是如何塑造了美国人的自由观，以及如何使美国担当起世界领导者的角色。在1.85万平方英尺的展区所展示的700件展品中，有格兰特和李在阿波马托克斯签署结束内战投降文件时的两把椅子和一张桌子，有科林·鲍威尔的林地迷彩服，有“缅因号”战舰的舰名牌，有内战时黑人部队所持的军旗，还有越南战争时的“休伊”直升机以及“9·11”被袭击的世贸中心的几块变形生锈的金属等。同时还展示了最高军事奖项——国会荣誉勋章获得者的故事。“自由的代价”主要展示在历史的关键时刻美国人所作的贡献，表彰士兵和美国公民所作的个人牺牲。

所有的展出都有相应的互动平台和多媒体元素以期获得更好的教育体验。在哺乳动物展厅，参观者可以在一个特别的"进化剧场"里观看一个 9 分钟的关于进化的电影。展览包括四个"发现地带"，在这里参观者可以使用触屏观看视频，了解哺乳动物的适应性，比如动物的夜视能力以及为什么起鸡皮疙瘩等。澳大利亚动物展区里有一张带有绿色按钮的互动地图，孩子们可以方便地按钮选择观看视频。

在"美国总统"展览中，参观者进入展区之前要先经过一个叫作"总统竞选"的区域，在这里映入眼帘的是总统们在竞选过程中的视频剪辑，接下来是"宣誓就职"，可以听到从富兰克林·德拉诺·罗斯福起所有总统的就职宣誓。与历史频道合作制作的十几个视频被滚动播放，其中包括在危机（比如大萧条及伊朗人质危机）中总统的新闻画面及电影片段，也有记录总统白宫生活的"家庭影片"以及其他介绍总统的专题片。展区甚至还有一个放置美国总统印章的平台，以便那些像戴夫·塔卡尔（在本书第七章中提到过）一样有志成为未来总统的年轻人能够感受一下这个场面并且可以合影留念。

在"自由的代价"展览中，通过触屏电脑可以启动第一人称的叙述（"我的故事"）。参观者可以选择聆听讲述战争时期普通男女经历的不同故事，另外也能听到 40 位评论者对于美国军队及其在战争和其他冲突中所扮演的角色的个人看法。在其中一个展区里，参观者还可以坐在一间模拟客厅里，观看十几台电视机里播放的越南战争的画面。而在"休伊"直升机展示区域，人们则可以听到螺旋桨发出的清晰的"呼呼呼"的声音——困境中的士兵称其为"自由的声音"。荣誉勋章展区则展示了获奖者讲述自身经历的专题录像。

史密森学会在其网站上为老师和学生提供的资源也精彩纷呈。每一个展览都给老师提供了在线指南、教学计划、课程教材，还有视频和教学游戏，就像在博物馆中展出的一样。在"我是谁？一个历史之谜"这一部分中，学生可以选择一个内战中的神秘角色，并且找出富有这个角色典型特性的物品。这个网络资源是与“自由的代价”展览同步开发的。史密森学会另外一个网站“史密森学会的孩子”也被称赞“相当酷”!

也许让史密森学会的官员、建筑师以及管理者感到惊奇的是,我自始至终都亲自为这些项目忙碌——而不仅仅只是签发支票,然后等着盛大的开幕。在我的经商生涯中,我一向在领导、组织工程项目和企业活动中亲力亲为。我相信我的直觉、经验和领导力。正因如此,尽管我遭遇过挫折和失败,但总体上来说我在商业上是成功的,无论是塔玛拉克、黑鹰还是西雅图海鹰队,都是如此。要确保一个博物馆能像我设想的那样走进人们的生活,我需要亲身参与其中,特别是在建筑风格、建筑施工、楼层平面规划以及设计等方面——这些都是我的专长。我不仅认为我可以凭借我的领导能力作出一些贡献,我更希望能确保合理支出我的捐款——用于有价值的展厅及展品,而不是浪费在不必要的支出或者管理费和日常开支上。

但是一个好的领导者必须善于找到更聪明的共事者,从而带领他们并让他们自己也承担起领导者的责任,没有任何领导者可以独自完成所有工作。一个领导者只有在他人的帮助之下,特别是当这些人具备一个领导者所没有的专长和爱好时,才会出色、高效和成功。正如创建乐队的人不必是最好的演奏者,但是他必须知道怎样吸引并找到这支乐队所需要的人。与史密森学会合作时,我一进到一个服装店的帽子柜台,就能立马辨认出像亚伯拉罕·林肯的大礼帽一样的帽子。但是史密森学会的管理者们不仅要能辨认出属于林肯的大礼帽,而且他们还要发现并使用最高端的技术保护它,并将其展示给我们的后代。仅哺乳动物厅的修复和更新就需要300位科学家、动物标本剥制者和设计师们的智慧(在接下来的章节中我会列举对领导力的其他思考)。

史密森学会举办的全部三场展览都受到了评论家、教育家和博物馆专业人员的广泛好评。《纽约时报》提到“自由的代价”展览时这样写道:“太令人惊奇了,这是史无前例的!”《华盛顿邮报》对“总统展览”的评价是“细节出彩而且震撼”。《华盛顿邮报》在关注动物标本的创新设计和自然姿态时,评价哺乳动物展厅是“令人惊叹的”。“设计者对儿童的需求给予了特别的关注”,它报道说,“而自然历史博物馆中将近60%的参观者都是带着不到10岁的孩子全家出动的”。国家公园管理局的评论家说动物标本的收藏是“不同凡响的”,标本剥制术令展品“栩栩如生,让人赞叹”。至于那些批评者——至少我们也让他们开始讨论关于自然、战争和美国总统等重要问题。

但对于我(还有西奥多·罗斯福总统)来说,评论家并不重要。参观者和那些家庭才是最重要的——尤其是那些孩子。

2012年,道格和丽贝卡·玛纳斯安一路奔波,从美国罗德岛的波塔基特来参观史密森学会的哺乳动物展厅,就为了一个原因:真实。丽贝卡担心她的孩子——赖安和凯特琳花费太多的时间通过电视屏幕了解世界。她希望孩子们能有更加真实的、互动性的学习经历。而参观史密森学会的自然历史博物馆则是最佳途径。特别是哺乳动物展厅,是激起求知欲和促进互动学习的好机会,它能增强孩子们对于大自然的兴趣。

“在这里你所看到的东西与在非洲或者这些动物的栖息地所看到的是一样的”,丽贝卡说,“这里的标本都非常真实,尺寸比例也相当逼真”。丽贝卡希望孩子们通过了解自然世界,能够在与自然相处的时候多一些尊重和关怀。

道格补充说,罗德岛没有类似的哺乳动物展厅。“在动物园里你不会看到这么大型的动物。或者就像你所知道的那样,其中有些动物也许已经灭绝了。”他说,“所以很显然,我想让孩子们看到动物的实际大小——就像真实生活中的一样,并向孩子们展示可以从中学到的知识。看电视或者玩电脑都不能让他们感受到真实的世界。”

在本书第七章，你读到了希望长大后成为总统的戴夫·塔卡尔。我提到过他的母亲塞尔吉尔——那位小学教师吗？在“自由的代价”展厅外，她说希望戴夫和他的姐姐蒂梵诗尤其要学到一件事情：和平。

他们的父亲吉格说，他想让孩子们从展览中学到的是——军人们“牺牲了自己以及家庭来换取我们的自由”。而塞尔吉尔从中得到的另外的启示却是关于战争的毁灭性：“当他们参观真实的展览时，他们会理解战争带来的破坏，也会了解到发生在过去的事情给人们造成的伤害。这些会促使孩子们心向和平。”

对于这个脆弱的世界，特别是对于未来的领导者来说，这两条都是很有价值的教训。

另外一位母亲——安吉拉·斯奈德，在参观总统展览之后则有了另外的感悟：“这是非常重要的，因为只有你了解了我们国家背后的历史、我们所面临的挑战以及我们所经历过的斗争之后，你才能知道我们将何去何从。”安吉拉带着她的一对双胞胎女孩奥德丽和布鲁克来参观展览，她说：“我觉得这对于她们来说非常重要。我的目标是让她们以自己的视角来看待我们的国家，这个展览会帮助她们做到这一点，并且让她们有自己的看法。我希望她们长大后会知道自己的身份和信仰，并且会知道为什么要相信她们的信仰。”

她的丈夫德里克补充说：“非常感谢你们的展览提供了很好的教育工具。你们可能永远不会了解这对于个人或者孩子以及他们的未来来说是多么的重要，因为它也许会鼓励他们接下来成为下一任总统，或是伟大的领导者，又或是慈善家。”

布莱恩和布兰迪·斯莱格尔来自美国犹他州锡拉丘兹。他们带着特殊的目的与两个正值少年的孩子伊桑和布鲁克林来华盛顿参观“自由的代价”展览。作为一名会计，也是陆军预备役军人，布莱恩于2004年被征召服现役，去帮助美国军队在伊拉克建造基础设施，而布兰迪则出生于一个军人家庭。在布莱恩服现役期间，伊桑和布鲁克林正在读小学，于是夫妇俩把这次展览看作一次机会，希望能够让孩子们理解家庭的选择以及他们和其他军人家庭为捍卫国家的自由而作出的牺牲。

“我希望他们能为我们的国家感到自豪，为国家的缔造者、捍卫者和辛勤服务的人们而感到自豪。”布兰迪说。但考虑到她的儿子伊桑将来想成为一名军人，她也像塞尔吉尔·塔卡尔一样希望孩子们能理解“战争也有另外一面——很多时候，战争是可以被美化的，其实它并不美好，战争并不美好。我希望他能尊重那些为我们国家奋斗的英雄，但我也想让他理解这是需要付出很大的代价和牺牲的，并且他的祖父、父亲和叔叔服役都是出于一定原因的”。

布莱恩认为最重要的是让他的孩子们懂得自由是需要付出代价的，但他也强烈地感觉到，这个展览有助于培养未来的领导者：“要成为一个领导者，你必须熟悉各个方面，必须能够认识到我们之前走过的路以及我们未来的方向。对于一个官员，你必须明白怎样处事才能不犯同样的错误。”当然同时布莱恩也知道：“并不是任何人都能成为领导者，但我想让我的孩子们成为领导者。”他很高兴听到伊桑说在这个展览中他最喜欢的部分是荣誉勋章展区：“这其中有我非常敬仰的人——奥迪·墨菲[①]，我钦佩他在二战中对军队的杰出指挥。”

我十分同意这些家长和孩子们的话——这也是我一直在做展览并尝试做得更好的原因。我的新尝试就是在中国做的，主题是自然历史——尤其是动物世界。

在非洲野外和其他地方待过几年之后，我相信动物世界能够给人类，特别是给将来的领导者提供宝贵的经验，而其中最重要的经验是“适者生存”以及大自然拥有令人敬畏、震撼人心的力量来调节世界的各种失衡。毕竟人也是一种动物，通过观察、学习动物的生存（或死

① Audie L. Murphy，一位在二战中表现得非常杰出的美国士兵，获得国会荣誉勋章。

亡),我相信人类也能学会怎样去生存。

例如,我们从动物世界中能看到大自然是怎样控制物种数量的。如果某个物种繁殖过量,那么将引起食物的过度消耗。而食物的短缺会导致饥饿,进而导致死亡——最终使种群数量适应现有的食物量。同时,种群数量过多也许会引起疾病的传播,这也能导致死亡以及物种数量的减少。不管怎样,在生命周期中,大自然维持秩序和平衡。我相信,知道并理解大自然的力量和运行方式,能够帮助作为自然界物种之一的我们规划、经营人类自己的未来,并为之作好准备。特别是随着世界人口达到70亿——所有人都在争夺日益紧缺的资源,这一点就显得更加重要。我是个乐观主义者,相信人类依靠自己的能力会找到解决问题的办法,但我担心全球范围内人类之间正存在着冲突。因此我们急需付出空前的努力,特别是在大规模杀伤性武器日益扩散的情况下,努力防止人类自己酿造大灾难。

西雅图酋长——一位智者,同时也是美国西北部苏瓜密西族印第安人的酋长,早在150多年前就这样写到其中的利害关系:"我们都知道:地球并不属于人类,而人类却属于地球。所有的东西都是相互联系的,就像血液把我们所有人联结起来。人类并不能编织生活的网——人类只是其中的一根线。无论人类对这个网做了什么,其实都是在为自己而做。"从那时起,世界就在变得越来越拥挤、越来越复杂,备受污染,充满冲突。

我们应该怎样生存?那就去看看动物们吧,并且让孩子们——未来的领导者——亲身去学习、思考,因为要解决世界上的问题需要其中的很多知识。这就是更多的自然历史博物馆可以有所帮助的地方。博物馆并不是非得收藏奖杯的圣殿。

随着2003年新的哺乳动物展厅在史密森学会开放,关于我的慈善事业和兴趣爱好的消息便传遍世界各地。尤其在中国,很多人对此产生了浓厚的兴趣。中国也是我业务繁多并与轮椅基金会联系频繁的地方。2004 年，开始有很多的潜在合作者向我发出邀请，包括北京、上海、大连的博物馆领导。那一年，我一点点开始做起，首先把我的蜘蛛收藏捐赠给了上海科技馆（我们之前在黑鹰博物馆展出过）。上海科技馆的蜘蛛展厅在那一年的 12 月正式开放，展出了世界上最大的食肉蜘蛛，还有世界各地其他各种各样的蜘蛛。另外，还有一部分活蜘蛛栖居在那里特制的蜘蛛盒里，孩子们都很喜欢！

我同中国的大连自然博物馆签署协议，同意举办第一个大型动物展览。大连是中国东北部的一个港口城市，目前在这个城市及周边大约有 700 万人口。展览于 2006 年开放，在当时的说明中记载，展览展出了来自非洲、北美以及欧亚大陆的 100 多件标本，创造了大型动物标本数量最多的纪录。展览的每一个部分都有不同的主题，有的甚至有一条故事主线以便向参观者介绍真实的非洲——其中一个关于食物链的故事是以一只正在捕捉猎物的狮子开始的。

在我的捐助之下，北京自然博物馆于 2007 年 4 月开放了名为“动物之美”的展览，后来这一展览又被重新设计，集中展示非洲动物，现在叫作“神奇的非洲”。借助于中英双语展板以及多媒体系统，展览展出了栖息地在非洲的各种栩栩如生的动物标本，其他的特色包括蝴蝶标本和可触摸的动物皮毛。博物馆方面还用我从马塞族村民那里得到的物品设立了一个非常具有马塞族风格特色的展览。现在，北京自然博物馆正在规划扩张现有的自然博物馆以展出更多的标本。

重新回到 2007 年 9 月的上海，上海科技馆开放了动物展厅，展出了 120 多件动物标本，包括狮子、疣猪、美洲豹——还有这一章开头提到的小沈轩觉得很真实的那只土狼。除了非洲展区，展厅里还有热带雨林、湿地、北极冰地等展区，都是由展览馆聪明的设计者、管理者和动物标本剥制者复制再现的。而多媒体展示则使参观的效果大大提高。

现在，上海正在规划建设一个拥有更多标本的新自然博物馆作为上海科技馆的一个分馆，地址选在市中心的静安雕塑公园旁。新馆计划于2014年下半年开放，它将成为把展览和教育、收藏和研究、文化和娱乐、科学和艺术融为一体的未来之馆。曾经，旧博物馆只是放置了一堆东西的“小砖房”，但是这个新博物馆将会与其展品息息相关，而且博物馆建筑本身也将会是一座“绿色建筑”，它将用一种有趣的、现代化的方式展出所有的展品。据说它将成为一个具有当代活力的综合型博物馆，展现“自然、人类、和谐”这一主题。我相信它可以成为上海高水准博物馆的一个代表。

上海科技馆和上海科普教育发展基金会的理事长左焕琛，也是我的一位好朋友，她说我向她的博物馆捐赠的标本加速了新自然博物馆的发展。

“向上海的家庭介绍这些动物是非常重要的”，她说，“否则，孩子们永远也不会有机会看到来自世界各地的美丽动物。但是每一件标本都不仅仅代表某个美丽的动物——所有标本都被赋予深刻的内容，而且都有各自的故事。所以孩子们参观后会受到启发，特别是会了解自然环境，思索如何保护环境以及人类如何与动物和谐相处”。

她还说我们在博物馆、教育以及助残事业方面的工作有助于国际事务中最重要的关系——中美关系的发展。“显然，中国是一个大国，但却仍然是一个人口众多的发展中国家”，她说，“而美国早已被看作一个发达国家，并且在很多方面，比如技术、动物保护、航空航天等方面都更具优势。所以我认为，我们需要在很多领域进行合作，因为我们仍然有很多事情需要向美国学习，也希望向美国学习”。

“但最重要的是，像肯一样的人认为国界并不代表什么。他是一个美国公民，但他却为中国做了很多工作，我想很多时候我们都应像他一样接受这一信条——贡献没有国界。无论是为自己的国家还是其他国家，只要是为了人类就好。这是非常重要的。如果我们学会这一点，这个世界将变得更加美好。”

我十分同意这一点。我相信中国正在成为世界上拥有最大经济体的超级大国之一。中国人也是世界上最勤劳、最有智慧——同时也最热情友好的民族。无论我去中国的什么地方，那里的人们都把我当作自己人，很多城市都授予我“荣誉市民”的称号。从地缘政治学上讲，中国已经成长为一个强大的、有责任心的发展中大国。作为美国的竞争对手、也是合作伙伴，中国与美国相互影响，共同成长。在诸多事务中，中国非常看重这一点。自 1978 年改革开放以来，中国就把学习英语——我们的母语，也是国际贸易的通用交流语言——作为国民教育的重要任务。很多中国人都起了英文名字以更好地与美国人交流。同时，美国也正努力向其公民教授汉语。随着中国军事和经济实力的不断增强，它越来越开放，并且不断开拓创新，我们当然需要把中国看作我们的朋友。事实上，世界的确需要几个大国来确保少数缺乏责任感的国家不会突然使用核武器毁掉半个地球。随着越来越多的国家寻求并获得这样的武器，中美可以通过友好合作来保证世界和平。我希望美国的政治领袖努力接受中国，并把其放在与美国同等的地位。如果我们要创造一个更加安全的世界，必须让中国成为我们的盟友。

作为“友好大使”，我正通过给中国捐赠更多的自然历史展品来为加强中美之间的关系尽自己的一份力，这是我与中国人民友好关系的实际证明。还有我们捐赠的轮椅——这是美国为建立两国友好桥梁而赠与中国的礼物。

在北京，秦芳非常欣赏我们捐赠给自然博物馆的“神奇的非洲”系列展品。在 2008 年受到北京奥运会志愿者精神的鼓舞之后，她从 2009 年开始便成为这里的一名义务讲解员。她是一名软件咨询顾问，有一个 7 岁的女儿叫赵小溪，她们一起参观了动物展览，并且认为这次展览非常激动人心。同时，由于对大自然有着深沉的热爱，2011 年，她们去肯尼亚看了在野外自然环境中的动物。在她们的肯尼亚旅行过程中，导游最初不愿跟她们坐在一起，因为导游觉得她们“知道得已经够多了”。

“我喜欢疣猪，因为它们跟家人在一起时是那么快乐、融洽。”秦芳在回忆这次旅行时说。“我们在肯尼亚时，一头公疣猪一直注视着水塘边正在饮水的母疣猪和小疣猪，它一直在守护着它们，直到它们喝完水，公疣猪才起身自己饮水。这一家有个好父亲，也是一个和睦的家庭。”

这只是秦芳给博物馆的参观者讲述的经历之一。为了让孩子们认识狮子，她和小溪甚至分别扮演母狮和幼狮。小溪扮演的幼狮会问妈妈很多关于狮子生活的问题，从“母狮如何保护幼狮”一直到“晚饭吃什么”。

“我的主要目的是让孩子们能够有兴趣独立地探索世界，扩大自己的知识面。”秦芳说，“我想让他们知道无论我们多么重要，我们只是整个自然界的一部分。就像汽车的引擎，虽然它很重要，但如果没有其他部件，整个系统也无法运行。如果丢了其他所有的部件，引擎自身也无法使用，无法运行。这是我在给孩子们讲解生物多样化的重要性以及保护生物系统的必要性时所列举的例子之一。我希望我们的努力会起到一定的作用，帮助人们能够从不同的角度去思考。”

对她女儿的影响同样如此。在家里，小溪会重复利用瓶子并尽量节约用水。当他们去公园玩时，女儿告诉妈妈不能采摘花朵，要保护环境！

我希望世界上所有的孩子都能这样想。所以我一直尽力在中国开办动物展览，以此作为我对教育事业以及培养世界新领导者的一部分努力。下面是我们一些项目的总结：

扬州博物馆

扬州位于中国长江沿岸，靠近中部海岸。目前大约有 450 万人口居住在扬州及其周边地区。历史上，扬州是中国最富有的城市之一，以众多的大商人、诗人、画家以及学者而闻名。扬州博物馆的“世界动物之窗”展览在2005年建成启用的现代化新型展馆中展出。管理者和设计者通过将生态环境、科学教育、娱乐活动融为一体，使本次展览更加生动。展览借助高科技系统模仿日出、日落、月光、打雷、下雨等，让参观者能体验到自然界中气候的瞬息万变。同时，展览秉承“与自然和谐相处，对动物友好相待”的创造性理念，集中展出稀有却栩栩如生的野生动物标本，以展现一个原始的生态环境。

天津自然博物馆

天津是位于中国东北部渤海湾的港口城市，总人口超过1400万。天津城市很大，但中心区域很小。“动物世界”展览于2007年4月在天津自然博物馆开放，现已展出超过200种动物标本和20件马赛工艺品。新的天津自然博物馆由原来的天津博物馆改建而成，计划于2014年初开放，其中有两个厅将展出我们捐赠的藏品。2011年，我签署了一份协议，同意给这家新博物馆捐赠更多的标本。在新馆中，将会有两个体型庞大的动物标本——一只北极熊和一只更加高大的史前洞熊欢迎参观者们的到来。博物馆正在编写关于这两只动物的故事，也许会通过儿童书籍的形式，使孩子们更好地了解它们。另外，博物馆也将展出有关我的生活和人生观的展品，目的是鼓舞年轻人胸怀梦想，努力工作，争取成功。

深圳博物馆

深圳是中国东南部的金融中心，靠近香港，总人口超过1000万。“走进动物的情感世界”展览作为一个短期展览，于2012年在深圳博物馆新馆开放。在2011年，我首先向深圳博物馆捐赠了一件北极熊标本。2012年5月，我同意再捐赠50件非洲动物标本。到目前为止，我已经捐赠了190多件标本。这个展览包括非洲热带雨林展区和一个极地展区。现在，深圳也正在规划自己的自然博物馆。

重庆自然博物馆

重庆是中国中南部的大型农业区，有超过3000万人口居住在重庆及其周边地区。新的重庆自然博物馆计划于2014年开放，将在一个野生动物厅展出200多件标本，同时复制、再现这些动物的自然生活环境。这个展览也将展出来自非洲马塞族的30件展品。一家当地的报纸这样描写这些动物标本："很多人看过之后都惊叹不已"，因为这些标本都太"逼真"了——"胖瘦各异，身体肌肉的各部分比例协调"等等，而且还保持着"自然的姿态"，就好像是在活动中突然被冻住一样。

我们对新馆展品的初步设计包括："野外非洲"展区，借助多媒体展示非洲草原和平原的全景；"适者生存"展区，展出骆驼以及其他沙漠动物；还有一个展出北极熊标本的北极展区。另外，新颖的鸟类及蝴蝶展将被设计成相关动物标本飘浮在空中的形式。博物馆还正在考虑办一个"诺亚方舟"展，展出一个装载着许多动物的方舟复制品。

青岛滨海学院博物馆

青岛人口将近900万，隶属山东省，位于中国海岸线的中央。滨海学院有在校生16000余人，其办学理念是"人人有才，人人成才"。我从2011年开始与这所学校合作，首批向其博物馆的自然展厅捐赠了58件标本，以便老师和同学们可以更好地理解人和自然的关系，促进侧重环境治理的自然科学教育的发展。这次展览已经具备了多媒体技术的支持，通过声光效果制造出类似动物生存环境的自然生态景象。我在2012年11月参观了青岛滨海学院，得知他们有意建造一座专门的标本馆，当时我与学校签订了合作备忘录，同意捐赠更多标本并提高展览水平。一位管理者说，学校的目标之一是建立一个展出我们标本的“丛林博物馆”。

山东博物馆

山东省位于中国海岸线中央，是孔子的诞生地。山东博物馆新馆开放于2010年，坐落在省会济南，是一座高大宏伟的建筑，具有巨大的展览空间。博物馆计划在两个展厅展出我们的标本。我被这个新建筑的空间以及设施深深吸引了。2012年，我决定捐赠200件标本，这将有助于博物馆提升自身的教育价值。博物馆将借助多媒体系统让参观者获得更好的体验。管理者们还考虑把其中一个高屋顶的展厅建成一个独特的“树屋”，“树屋”里将展示我的生平简介，以此来传播我在自然、历史教育和领导者培养方面的思想。在这个展厅里，参观者能够领略北极、北美、欧洲、南美和亚洲的动物及生态系统。

湖北省博物馆

湖北省位于中国中东部，被誉为“鱼米之乡”。湖北省博物馆坐落于该省省会武汉。武汉拥有约1000万人口，在其周边地区还有几千万人口。我们正与该博物馆合作筹办一次动物展。博物馆希望将展品在主馆的第一层展出。2012年，我向博物馆赠送了马塞族的工艺品，这些工艺品也将在未来的展览中一并展出。

中国科学院动物研究所、中国国家动物博物馆

中国国家动物博物馆位于中国科学院北京园区。作为中国最大的动物博物馆，中国国家动物博物馆以蝴蝶收藏展览而著名。我们正与博物馆合作计划在主馆一层的凹型大厅中展出动物标本。我对中国科学院动物研究所也有一定的了解，它主要研究生物多样性、生态学、农业生物学、人类健康以及生殖生物学等。其他优势学科还包括

入侵物种研究以及农业害虫的持续控制的技术创新等。

宁夏科学技术协会、宁夏科技馆

宁夏位于中国中部，人口约 700 万。中国的万里长城有一部分从宁夏境内穿过。宁夏于 2008 年在其省会银川开放了一个新的科技馆，我们一直在商谈在那里办一次动物标本展。另外，宁夏也在计划建一个单独的自然博物馆。

浙江自然博物馆

浙江也是沿海省份，是中国水产业或养鱼业的中心——实际上也是中国最大养鱼场的所在地。省会杭州约有 900 万人口，还有几百万人居住在其周边地区。我们正与该博物馆洽谈办一次动物标本展。

北京林业大学

该大学以林业、生态学和环境学的高等教育为特色和专长。2013 年，我们持续与校方讨论了关于办动物标本展的事宜。

陕西自然博物馆

陕西自然博物馆坐落于古都西安，于 2008 年对外开放。我们与陕西自然博物馆自 2012 年开始接触，2013 年 6 月签署了动物标本捐赠协议，首批我们将捐赠 23 件动物标本，其中包括一件北极熊标本。

黑龙江省博物馆

黑龙江省博物馆坐落于"冰城"哈尔滨，这是一座历史悠久的博物馆。博物馆的工作人员在黑龙江省文化厅厅长宋宏伟的带领下于 2013 年 6 月赴美拜访了我，我们签订了合作备忘录。应他们的邀请，我在 2013 年 8 月赴哈尔滨参观了正在建设中的新博物馆，并签订了正式的动物标本捐赠协议。

山东大学博物馆

山东大学是一所位于齐鲁大地的著名高等学府，我们自 2012 年底开始接触。山东大学有意在其青岛校区内建造一所面积达 3 万平方米的博物馆，计划于 2015 年 10 月开馆。我在 2013 年 4 月和 8 月曾两次访问山东大学，并在 8 月 20 日签署了合作备忘录。我还荣幸地被授予了“名誉教授”称号。

国家海洋博物馆

天津市海洋局拟在滨海新区兴建国家海洋博物馆，该馆总建筑面积达 8 万平方米，2013 年底开工建设，2016 年开馆。我们有意在海洋动物领域与国家海洋博物馆开展合作，双方已于 2013 年 12 月签订了合作备忘录。

• • •

由于中国对教育和环境治理给予高度重视，因此各地对我们捐赠品的竞争也在不断加剧。目前，我们正与香港及其他城市的官员探讨展览相关事宜。

2012 年，山东博物馆的领导行程 200 多英里，赶到天津与我和我的团队见面，讨论他们想在济南宏伟的新馆内与我再次进行更深层次合作的想法。山东博物馆藏有许多中国最珍贵的艺术品、手工艺品和古代文物。现在，该馆领导希望将其博物馆打造成一流的自然博物馆。

“贝林先生启发了我们。”博物馆书记王斌说，“他是著名的企业家和慈善家。我们非常敬佩他为中国人民所做的一切，同时这也鼓舞我们去为人民做更多的事情。我们正在努力建设一个世界级的自然博物馆，以回报贝林先生对中国人民的情谊。”

和其他博物馆一样，山东博物馆也想展出我的照片以及我的生平简介，作为给予我的荣誉（有些博物馆甚至制作了青铜或大理石的半身雕像和塑像，与我的生平简介一同展出）。山东博物馆的领导认为，我的经历可以给当代的孩子们两点启发：第一，你可以通过自己的努力，从一无所有到拥有成功的人生。第二，一旦你做到了第一点，你可以把你所拥有的再回报给其他人。

"即使你没有任何背景，也没有有权势的父母和富有的家庭，你仍然可以很成功。"山东博物馆副馆长杨波说，"赚钱很重要，但更重要的也许是你怎样使用这些钱。"

这些认可让我感到荣幸，同时也深感责任重大。但最大的荣幸和喜悦则来自于参观展览的家长和孩子们，以及他们从中所学到的东西。

比如曹霞飞（音），她跟 11 岁的儿子周鸿池（音）从 400 英里以外的内蒙古来到北京参观"神奇的非洲"展览。她的儿子很喜欢在这个"神奇"的展览中的那些"凶猛"的鳄鱼。当曹女士在博物馆的入口处看到我的照片时，她告诉儿子我是"为这次展览捐赠标本的爷爷"。她说她十分感激我为博物馆捐赠的"精神财富"——它所具有的价值和创造力是无法用数字来衡量的。这些捐赠将帮助所有的人——现在的和将来的——更好地了解非洲、了解环境以及了解人类如何"与自然和谐相处"。

但这仅仅是个开始。我希望能给像周鸿池、赵小溪、伊桑·斯莱格尔、沈轩以及凯特莲·马纳西安一样的孩子们更好的教育——教会他们更好地思考、分析，并且更有创新精神。这些博物馆只是我们为培养下一代的世界领导者所做的全球教育计划中的一种工具、一个平台。请看下一章了解相关内容。

我最初捐助的是华盛顿特区史密森学会的各大博物馆。这张照片摄于 2000 年，是我和帕特在美国国家历史博物馆庆祝“美国总统”展览的纪念留影。

下图是 2004 年，该博物馆“自由的代价”展览开幕。照片中是参加开幕式的一些人，最右边的是退役将军科林·鲍威尔。他的制服是展品之一。

我们还曾出资整修国家自然历史博物馆的哺乳动物展厅。孩子们特别喜欢这只老虎标本，制作者将它定格在了扑食猎物的动作上。

照片由史密森学会友情提供。

这是美国国家历史博物馆在“自由的代价”展览中展出的越南休伊武装直升机。

我对史密森学会的资助也开启了我与中国博物馆的合作机会。图中是我与北京自然历史博物馆的官员们在交谈。

这是北京自然历史博物馆的大楼。北京市正在为该博物馆筹建一座新的建筑。

北京自然历史博物馆展出的这些动物够逼真吧？这是“让博物馆走进生活”系列展览的一部分。

大连自然历史博物馆。它是中国第一家接受我们捐赠的安装式动物标本的博物馆。

2006 年，大连的官员用各种方法向我说明他们将怎样利用我所捐赠的标本。第一件标本就是上图中的这头巨型大象。

演示之后，我们签订了更多的捐赠协议。

上海科技馆接受了我们的第一份捐赠——我收集的蜘蛛标本！

上海的博物馆管理人员帮我实现了在中国发起“让博物馆走进生活”系列展览的想法。

这是上海自然历史博物馆新馆（上海科技馆的一个分馆）的图片。该馆将有很大的空间用来展出我捐赠的标本。（图片由上海科技馆提供）

我与好友——上海科技馆理事长、上海科普教育发展基金会理事长左焕琛女士。

左焕琛女士与我在蜘蛛馆接待我的小朋友昆厦。

2010年，我与上海科技馆负责人签订协议。我在签字仪式上作了简短讲话，讲述了自然历史教育的重要性。

我、左焕琛女士和其他一些官员在上海科技馆的动物世界展览开幕式上。

上海市委书记韩正对我的博物馆事业和轮椅基金会的工作一直给予大力支持。

上海的科技馆官员们制作了一份我的生平介绍展览，以表达对我捐赠的感谢。

现在的天津自然博物馆。

2011 年，我向天津自然博物馆赠送动物标本的签字仪式。

天津已经建成了新的自然历史博物馆。

山东博物馆，该馆针对我们的动物标本有宏大的规划。

山东博物馆大厅，穹顶金碧辉煌。

山东博物馆的设计者别出心裁，在馆内设计了这个“树屋”，在屋里可以从不同的角度观看墙上的展览品，视觉效果也会不同。（照片由山东博物馆提供）

树屋里面将有一份我的生平展览介绍，旨在向中国的年轻人传递我的思想。

我与山东省的高级官员多次会面。

扬州博物馆的“世界动物之窗”展览。这是一个融生态环境、科学教育、娱乐、休闲于一体的主题公园。

这是深圳博物馆，里面有我所捐赠的标本。深圳市已经在计划单独建造一个自然历史博物馆了。

这是重庆自然历史博物馆新馆的效果图。这个馆是我们在自然展览和自然历史教育方面又一个新的合作伙伴。

2012 年，我与重庆自然博物馆签订协议。

有些博物馆官员称我是“摇滚巨星”，而我也确实愿意给那些热爱自然历史和博物馆的粉丝们签个名。

这是重庆自然博物馆里陈列的我的半身像。我感谢中国的博物馆和教育合作伙伴对我的认可。

中国的朋友们也希望以某种方式对世界轮椅基金会的工作表示感谢。这个雕像是为上海自然博物馆新馆打造的。

美国“国家历史日”竞赛活动的部分决赛选手们参观了在史密森学会美国国家历史博物馆里陈列的我的半身像。

我们期待与湖北省博物馆展开合作。该馆为我们提供了全新的令人兴奋的发展前景。

青岛滨海学院博物馆是我们的重要合作伙伴，因为它可以提供机会让我们向数千名师生普及自然历史知识。

2012 年，我与青岛滨海学院签署了合作备忘录，承诺将继续合作。

青岛滨海学院为答谢我对其博物馆的捐赠，聘请我为该院的名誉院长。这些年来，我在中国获得了许多荣誉头衔。

在北京，国家动物博物馆和中国科学院动物研究所有望成为我们在自然研究和科普教育方面的合作伙伴。

我们相信中国的动物学家和自然科学家能够协助我们大大提升中国的自然历史教育水平。

我们的动物标本剥制师制造的史前穴居熊标本。这与它左边的灰熊形成了鲜明的对比。我们计划尽可能在每个博物馆里都放上一个这样的穴居熊。

我们想在博物馆里把穴居熊和北极熊放在一起展览，这样孩子们就能清楚地看出穴居熊有多庞大了。

我和我的团队在
审查各种博物馆
计划和提议。

我们一直致力于通过各种标本让博物馆活起来，比如这只巨型的大象标本。

正如我多年来一直所说的：对于我的给予，我想要的回报只是一个微笑。

Purpose

第十一章 领导者的教育

> 教育不是对人生的准备，教育就是人生。
>
> ——[美]约翰·杜威

袁寅和张圣安喜欢蚊子。至少，他们现在喜欢了。我和他们一样。

袁寅和张圣安是中国上海青浦第一中学初一的学生。他俩于 2012 年夏末参加了在上海科技馆举行的“环球自然日——青少年自然科学知识挑战活动”。

在参赛之前，他们很讨厌蚊子，因为蚊子叮人并且会传播疟疾和其他一些严重疾病。但是为了参赛项目，他们对上海的各种不同的蚊子进行了研究(两人甚至自己设计了捕蚊装置)。这让他们对蚊子有了一些全新的认识：蚊子在食物链中处于关键位置，并且对生态系统作着重要贡献。对我们来说，它们可能是讨厌的血吸虫，但是对于鸟类、蝙蝠、蜘蛛以及其他生物而言，它们可是美味佳肴。

袁寅站在他们的三折展示板前对我说：“蚊子是自然环境所必需的生物多样性的一部分，如果我们破坏了蚊子赖以生存的环境，那么许多其他动物也会没有足够的食物。”他们的展示放在上海科技馆的一个展厅里。当天，科技馆里也满是其他的展示和兴奋的学生。

要想发现蚊子的“好”就必须像年轻人一样有一颗好奇心！袁寅和张圣安恐怕再也不会像从前那样看待蚊子了。说不定哪天袁寅和张圣安还能用这次参赛所学到的东西为世界作出点贡献呢。“环球自然日——青少年自然科学知识挑战活动”是我通过环球健康与教育基金会创立的一个全新的令人振奋的教育计划，目的是为了丰富青少年在自然科学方面的知识。同时，它也是我正在努力搭建的新型全球教育平台的一部分。这个平台是要发掘和培养下一代的领导者。“环球自然日——青少年自然科学知识挑战活动”是基于青少年学生参观博物馆的体验而创立的，而这个比赛又会进一步丰富和强化他们参观博物馆的体验。如果孩子在展览上看到北极熊、豹子抑或是鬣狗，对这些动物产生浓厚的兴趣，那他们就可以通过当地的博物馆报名参加挑战赛的研究项目。而当地的博物馆也会举办类似于科技展览这样的竞赛。

这叫作“课题式学习”——通过具体的课题研究来实现知识积累并解决问题，而不仅仅是死啃书本。这样的学习方式是非常有效的，它可以培养孩子的批判性思维和分析能力。对孩子来说，和自然相关的课题尤其具有诱惑力——有哪个孩子不喜欢虫虫鸟鸟、花花草草呢？这样的课题可以激发孩子们对于自然界的好奇心，并从中学到知识。而他们所学到的这些知识又会转而将他们塑造成有文化、敢想敢为敢创新的领导者。只有这样的领导者才能解决世界上的种种问题。不管是在中国、美国还是其他一些国家，学校大都奉行应试教育——人们只强调在教室里学习书本知识，好让学生在统一考试中考得高分并顺利升级，这样一级升一级，直到他们上大学。（中国的高中有点类似于美国的私立学校——中国实行九年义务教育，所有孩子必须读完初中。至于高中，则只向那些聪明、优秀、考试分数较高的学生开放，学费也要由每个家庭自己承担。）

在这种体系中，老师、管理者和家长都不断向孩子施压，希望他们能学好书本知识，在考试中脱颖而出。中国推行计划生育政策，每对父母都只能生一个孩子。所以中国的父母当然会为子女所取得的成功而自豪。当然，重要的一点是，他们也是为了自己老有所养。

这种体系往往强调死记硬背的机械学习，却忽视了批判性、创造性思维，在中国是这样，在其他地方也一样。这种体系不提倡创新思维，而创新思维正是每个人，尤其是领袖人物，在解决气候变化、战争以及污染等这些重大问题时所必需的。这种体系是“加工事实的工厂”，而绝非“激发创意的乐园”。对有些孩子来说，这个体系就是一条难以逃脱的隧道。

多年来，我一直都很热衷于改善教育事业。这份热衷始于 20 世纪 70 年代，当时我和妻子帕特在佛罗里达我们儿子就读的一所高中设立了教师奖。后来，我们在黑鹰博物馆推行的外展计划让我更加意识到教育的重要性。我意识到许多孩子并不能像我的儿子一样，就读优质学校，获得各种机会。尽管我自己只是高中毕业，并没有接受过正规教育，但是我深知自己的成功仅是个例。我所成长的环境与今天孩子们所处的环境大不一样。在这个越来越有挑战性的时代，孩子们需要良好的、坚实的、高质量的教育才能获得成功。这也是世界所急需的，因为只有这样，年轻人才能够主宰自己的人生，甚至去发挥领导者的作用。

确保他们得到这种机会的方式之一就是要支持教师，尤其要支持那些想要成为领导者的教师。事实上，我第一次涉足教育慈善和领导力培养项目的时候就是先从教师开始的。加州公立学校系统曾经（现在依旧）面临着严重的问题。在我所生活的州，如果没有提倡变革的校长，仅凭教师自己是无法推动学校改革的。所以我在 2000 年再次转向加州大学伯克利分校，决定提供 750 万美元来支持校长领导力学院和肯尼斯·贝林教育改善学院的奖学金项目。因为有了这个校长领导力学院，加州大学伯克利分校开创了一个循序渐进的项目。在这个项目下，校长一改往日的角色，成了倡导学校变革的领导者，他们最关注的就是要提高从幼儿园到高中各个层级的孩子们的学习能力。这个项目的参与者进修的课程包括学校监管、组织方针、金融等。毕业后，他们最终成为校长、督学、院长、监事、协调员和顾问，有些则在自己的学校系统里担任要职。这个项目的首批学生于2001年8月毕业。截至2012年，已经有400余名教师从校长领导力学院毕业。这些杰出的毕业生中就包括我在本书第七章里提到的海军陆战队少校妮娜·达马托。

我还要提到的另一位优秀的毕业生是奥尔加·皮内达。她的职业生涯是从在公立教育系统做一名助教开始的。后来，她成了一名教师。但是当她在办公室里见到越来越多的问题学生时，她开始为孩子们担忧。于是，她做了一名辅导员。可是她发现孩子们所需要的，是她仅凭一己之力无法做到的，这让她倍感受挫。于是，她申请就读校长领导力项目，并于2003年毕业。

“我想，如果我成了一名校长，那我就可以帮助教师作出改变。”奥尔加说。她现在是加利福尼亚州海沃德市塞萨尔查韦斯中学的校长。“我坚信我的人生目标就是要让所有学生都能在我们的学校体系里获得机会，特别是那些移民过来、母语不是英语的孩子，那些肤色和我们不同、表现不佳的孩子。我不愿意放弃学生。如果我们想建立一个更好的社会，那么就必须在教育上下血本。想想吧，如果这些年轻人将来锒铛入狱或者无家可归，我们为自己谋划的未来又能好到哪儿去呢？”

查尔斯·香农是我们这个项目的首批毕业生之一。他曾致力于推动小学教育改革，提倡循序渐进，反对急于求成。身为校长，为了能更好地向孩子们授业解惑，他还专门制订了一个计划。他在自己的同仁中招募志同道合者，和他们一起规划、授课、观察、修正并分享“研究课”的成果……如今，这种方法已经渐渐开始奏效。

“我常想，教育改革之所以能普及，是因为人们看到了你的成果。如果你帮助那些被认定会一无是处的孩子取得了进步，那么那些起初只是观望的人也会开始相信，因为他们看到了成果——不仅仅看到了数据，而且还真真切切地看到孩子们行为举止的变化。"他说道，"在你将更多人鼓动进来之前，总会有人突然发问，'喂，你到底在搞什么？'"

但查尔斯觉得，如果他当了他们学校系统的教学领导，他可以更好地引导其他教师，有更大的影响力，进而促进教育改革（我认为训练教师是快速改善教育的有力方式，所以我才肯在校长领导力项目上投入）。

"它让我有了更多时间走进教室，去与教师进行交流沟通，将工作重点放在如何与孩子沟通上。"查尔斯说，"只有当孩子们知道有人真心诚意地关心他们时，他们才会得到激励，更加自爱和自信。我很高兴我揽下了这活儿，并能做一些我自认为比我自己更为重要的事情。我曾经想，'当领导？天哪，太可怕了，要承担很多责任的！'但这是一个循序渐进的过程，而校长领导力项目的学习为我打下了基础。尽管我并非十全十美，有好多东西还在摸索学习中，但至少我知道在我成为更好的领导者的过程中，会有那么一群人一直支持我。"

谢丽尔·拉娜是校长领导力项目 2004 年的毕业生。起初她在一所中学任教，但她遇到了问题。她发现学校里的教师对自身的专业提升不怎么感兴趣，他们无心通过继续教育来完善自我。社会学科的两位老师跟她说，他们根本不需要进行继续教育，因为他们"对书本知识滚瓜烂熟"（听起来是不是有点耳熟？）。于是她辗转去了另一所学校，她发现那里更善于接受新思想，于是她就行动起来。她协助为 9 年级和 10 年级的学生设立了一个"干预性学术指导"项目，为他们在学习上提供帮助。

"我们有条不紊地进行，认真研究相关数据，确保学生能至少获得一种方式的帮助。"她说道，"我们确实仔细考虑过在辅导过程中采用的指导性问题的类型。我们让教师参与其中，大家都很看好这个项目。"

我们知道辅导会给学生带来翻天覆地的影响，可能会改变他们的一生。在上海,我们与强生爱惜康产品部合作设立了一个奖学金项目。这个项目是基于他们的员工志愿者协会发起的“成长伙伴”倡议而设立的。而这个协会的成立则是基于强生的信条:责任至上——首先是对病患和客户的责任,其次是对员工的责任,还有对社会的责任。

强生公司“相中”了安徽和县第二中学。和县位于偏远的农村地区,比较贫困,大部分地区就像是美国的阿巴拉契亚山区。这个项目每年都会资助 12 个学生,资助对象的选择标准有三:一是家庭经济需求,二是学习成绩,三是个人能力。强生公司帮助这些孩子交学费,读高中的还会有奖学金;强生的员工则负责辅导学生,给他们提供生活和学习上的指导意见。这些孩子可以每年两次跟着老师去上海见自己的辅导员。这些受资助的孩子后来多数都上了大学——这也验证了我们这一项目的成功。

“我们的辅导员教我们如何才能拥有一个开阔的思维,并帮我们提高沟通技巧以更好地与他人交谈。”19 岁的受助者李魏梓子说。他很喜欢电脑并计划学习机械工程。“他们帮着我们规划未来并教导我们不要死读书。”

下面要说的这个例子,充分说明了这样一个项目会给一个年轻人带来怎样的改变:老师告诉我们有一个女孩,母亲突然离世,父亲一手把她养大。当强生爱惜康产品部将她确定为资助对象后,当地电视台的一个记者对女孩进行了采访。采访过程中,女孩很害羞,不肯说话。后来,这个女孩上高三的时候,记者又来采访她——镜头前的她,前后判若两人。老师轻声笑着说,她跟记者在采访中侃侃而谈——这多亏了她的辅导员以及强生公司奖学金的帮助。这个年轻的女孩现在非常自信和开朗,已经作好了考大学的准备。

从项目中受益的不止这一个女孩。爱惜康产品部志愿者活动上海区的负责人华莹女士说,看到自己帮助的学生取得成功,辅导员们也会有一种很强的成就感。辅导学生本身也会激励他们去勇敢面对每天的挑战。一位员工说她体会到了世界各地的志愿者都会有的一种感悟：通过帮助他人，你的收获会大于你的付出。

在加利福尼亚州，校长领导力项目的毕业生谢丽尔·拉娜大力支持课题式学习。对这种学习方式我也很推崇，因为我从美国的一个项目中看到了课题式学习的价值所在。这个项目就是“国家历史日”（不要将其与“环球自然日”混淆，后者是参照前者设立的）。我是从2009年开始资助这个项目的。我通过史密森学会了解到“国家历史日”项目并结识了这个项目富有干劲的负责人——凯茜·高恩。我的朋友利比·奥康奈尔是A&E电视网[①]的首席历史专家和企业业务拓展高级副总裁，而A&E电视网运营着历史频道。利比·奥康奈尔是史密森国家自然历史博物馆的董事会成员之一，也是“国家历史日”董事会的成员之一。2008年，她给我写了一介绍信，要把我介绍给凯茜，我在我的丹维尔的办公桌上看到了这封信。利比知道我对美国历史很感兴趣，所以她认为我可能会愿意资助“国家历史日”这个项目，当时该项目也正在想方设法寻找额外的资金援助。

我给具有历史学博士学位的凯茜打了个电话，以了解该项目的详情。“国家历史日”设立于1974年，当年有129名来自俄亥俄州克里夫兰市的初高中学生，齐聚凯斯西储大学校园，参加一项名为“历史日”的竞赛。这个竞赛是由凯斯西储大学历史教授大卫·范·泰索发起并组织的。他和他的同事们对美国学校对人文学科尤其是对历史普遍缺乏重视这一现象感到担忧。范·泰索特别反对大多数课堂上使用的死记硬背式的学习方法，这种方法只会死盯着课本，死磕多项选择的测试。他想做的是要提起大家对历史的兴趣，重振历史教育。

他决定试着用一种竞赛的方式去激励学生学习历史——不是去死记硬背那些人名和时间，而是让学生亲自参与到历史调查和研究中去。他对单纯考查记忆力的竞赛不感兴趣，因为在那种比赛中学生只

---

① 一个美国有线/卫星电视频道，总部在纽约。原来的名字是艺术 & 娱乐电台（Arts& Entertainment Network），于1984年2月1日创立，1995年正式更名为A&E电台。

是凭着自己死记硬背的知识去回答问题。范·泰索想办的是一种类似于科学展览式的历史比赛。在这样的比赛中,学生首先要提出问题,然后根据问题从事调查研究,分析所找到的资料,最后得出结论。范·泰索和同事们正是基于这样一种模式创办了点评犀利、奖品丰厚的"历史日"活动。

由这些富有远见的教师创办的这个项目很快就"席卷"了整个美国,并演化成了为期一年的教育经历。现在每年有超过 60 万的 6～12 年级的学生以及老师参加他们所在区或者州举办的"历史日"竞赛。最终的全国总决赛在毗邻华盛顿特区的马里兰大学校园举行。全国总决赛就好比是一场历史知识的奥林匹克竞赛,最终的获胜者可以得到奖牌和现金奖励。参赛学生按照年龄分为初中组(6～8 年级)和高中组(9～12 年级)两个组别,参加九个类别的比赛:

- 个人研究论文
- 个人展览
- 个人演示
- 个人纪录片
- 个人网站
- 团体展览
- 团体演示
- 团体纪录片
- 团体网站

多年来,竞赛的主题每年都不同,包括贸易和工业、工作和休闲、胜利与悲剧、冲突与妥协、权利、创新以及"表明立场"等。孩子们的项目也是包罗万象,从葛底斯堡战役和女权主义者苏珊·B·安东尼到二战中的纳瓦霍密码通信员和日本拘留营,无所不有。孩子们受到很多名人接见,并对他们进行了采访,这其中就包括前总统吉米·卡特和老布什,以及民权领袖罗莎·帕克斯,还有杰基·罗宾逊夫人等。

一等奖得主可获得1000美元奖金，这可以解决他们的大学学费和其他费用。高年级组的纪录片获奖者可以赢得5000美元的奖励，而优秀指导教师获奖者能赢得高达1万美元的奖金。另外，还有三所大学为参赛学生提供奖学金。“国家历史日”竞赛得到了国家历史教育理事会、全国社会研究理事会和许多其他组织的认可，迄今已有超过700万孩子参与过该项目。

“国家历史日”变得不只是一场竞赛。这个项目还为从事历史和社会研究的教师开办研讨会，其中就包括一个夏季培训机构。另外，这个项目还会出版一些书籍和课程教材，旨在提高学生调研和陈述演示的能力。

有人可能禁不住会问，这个项目是怎么在整个美国传播开来的？

答案很简单。范·泰索博士、高恩博士（范·泰索博士的助手，并于1995年成为“国家历史日”项目的执行董事）和他们的团队有亲身体验，都知道历史教育在美国并不怎么受重视。盖洛普组织在2002年对美国成年人做过一项调查，让他们选出自己所认为的对自我人生最为重要的学习科目。结果显示，只有数学和英语文学阅读两门课程的得票比例为两位数，分别为34％和24％。历史得票率为第三，但比例却和前二者相差甚远，仅为7％。这对我们的国家来说不是什么好事。

“首先，我们为什么教历史，为什么我们应该教历史？”凯茜说，“为了了解过去所发生的事情并从中吸取教训，这样有助于培养良好的公民。这是我们的底线——事关公民权利。教历史就是要培养个人的批判性思维，让他们能够分析信息、进行研究调查，进而得出结论；通过学习历史，人们可以把当下的事件放到历史背景中去分析，可以从过去所学到的知识更好地理解现在，进而作出事关未来的明智抉择。”

不过需要注意的是，盖洛普所做的问卷调查是针对学校里的所有科目，并不单单指向历史。毫无疑问，美国人仍然着迷历史——国家历史公园和战场遗址、历史频道、历史小说以及像由大卫·麦卡洛所著的《约翰·亚当斯传》等这类非小说类书籍在美国都很受欢迎。《约翰·亚当斯传》还被翻拍成了一部在HBO电视网①热映的电影。2012年,美国的影迷都争先恐后地去影院观看史蒂芬·斯皮尔伯格执导的历史题材电影《林肯》。

"人们并不讨厌历史——他们讨厌去死记硬背那些名字和日期",凯茜说,"历史也并不枯燥——历史中到处都是令人难以置信的故事。当孩子们研读历史时,他们会发现自己心目中的英雄。他们会意识到普通人也可以做出不平凡的事情,正是平民百姓缔造了这个国家,成就了今天的美国。意识到我们当然需要各级的领导者,而不单单只是一个总统就能做到。正是有了普通美国百姓的领导力,这个国家才不断前进、日臻完善,并且能在遭遇厄运时泰然应对"。

"但是,如果我们教历史,只是一味向孩子们灌输事实,那么历史学习就会变得枯燥无味、无关痛痒了。学生就会自问,'我为什么要把时间浪费在这上面?'所以,我们想改变这种状况,重振孩子们对历史学习的兴趣——不仅仅让他们对历史感兴趣,而且还要对学习感兴趣。学习不一定非得是端坐在课桌上死记硬背。参加'历史日'竞赛,孩子们可以自己选择话题,然后走出课堂去做调查。这就给予了他们自主学习的机会,这一点非常重要。当他们敲定了自己的选题,制订了行动计划,拼尽全力去'刨根问底'时,他们完成这个选题的可能性就会更大,并能坚持到最后。"

"所有一切能还原历史的资料包括信件和日记、人口普查记录、旧报纸以及口述的历史访谈等,都会激励孩子们去探究。"凯茜说,"当孩子进入档案馆,打开那些布满灰尘的盒子,戴着白色手套将那已经泛黄的纸张拿出来的时候,他们异常激动!想想那就是历史,它就在你的手里,你能不激动嘛!他们将纸张小心翼翼地拿在手上,突然变得兴奋起来,迫不及待地想告诉你一切——'看,我找到了什么!看,这

① Home Box Office,总部位于美国纽约的有线电视网络媒体公司。

个人说的什么'，然后他们就又跑了，没什么能阻挡他们。这就是'发现'的乐趣，历史带来的乐趣，这种乐趣是孩子们自己才能体会的。"

"好，我加入。"我告诉她。"你需要多少资金？"

我的妻子帕特也很喜欢历史，我俩一致决定资助"国家历史日"这个项目——迄今已经捐助了200多万美元。我的妻子设立了帕特里夏·贝林年度教师奖，奖励初中和高中老师各一名，奖金1万美元。除了我们之外，赞助这个项目的还有历史频道、博思艾伦咨询公司、西南航空公司和国家人文基金会。"国家历史日"总决赛现在被命名为"肯尼斯·尤金·贝林国家历史日比赛"。我的儿子大卫也是个历史爱好者，他是该项目的董事会成员之一。

我和家人参与这个项目以来，我们发现参加这个比赛的许多孩子都非常了不起，他们的参赛项目让人赞叹不已——其中就包括亚当·迪特里希，一个来自北卡罗来纳州格林维尔圣彼得天主教学校7年级的学生。2012年"国家历史日"竞赛的主题是"历史上的革命、反动和改革"。当年6月决赛开始时，有将近2800名学生、800名辅导老师、350名评委以及数百名家长和热心观众来到马里兰大学校园。格林维尔圣彼得天主教学校的亚当·迪特里希最终进入了初中组个人演示类别的角逐。在马里兰，他在三名评委和众多观众面前，演示了他的调研课题——"霍姆斯特德钢铁工人的罢工——美国劳工的一场革命"。全国历史夜的庆祝活动在最后一天的比赛后举行，地点设在美国国家历史博物馆。亚当被选中在那里重新向人们演示一遍他那令人振奋的作品。我们夫妻二人、我们的儿子大卫，还有一群"国家历史日"的支持者以及史密森学会的官员等一同观看了演示。碰巧的是，当天是我84岁的生日。亚当的作品是一个再好不过的生日礼物——他给我们所有人都上了一课：学无止境！

霍姆斯特德大罢工是安德鲁·卡内基钢铁公司在美国宾夕法尼亚州的霍姆斯特德工厂与联合钢铁工人协会之间的一场冲突。联合钢铁工人协会是美国成立最早的工会之一。安德鲁·卡内基钢铁公司要求削减工人22%的工资,工厂工人不接受,因此开始罢工。1892年6月,工人被关在工厂外,不准进入。一周后,这场纠纷引发了工人和私人保安之间的一场血战。州长派来宾夕法尼亚州的民兵组织镇压了这场罢工。这场争斗以工会的失败而告终,使美国的工会运动推迟了许多年。

在这样一个庆祝会上,面对这么多的成人观众,亚当丝毫不怯场,信心十足。他首先有条不紊地将他的道具摆放在一张画有钢铁工厂的帆布之前,为他的表演作准备。接着,他带上了一顶黑色鸭舌帽——表演开始了。他宣称自己出身于一个钢铁工人之家,他们家四代人都是钢铁工人,"我们工作的风格就像我们生产的钢铁一样强劲有力"。然后,他开始讲述霍姆斯特德钢铁厂,讲述那里的钢铁工人和大罢工的故事。他用一个拳击比赛来比喻这场冲突——卡内基和霍姆斯特德钢铁厂的厂长亨利·克莱·弗里克在拳击场的一个角上,在拳击场另一角上的则是工会领袖休·奥唐奈。弗里克削减工资的要求就好比是一记重拳,亚当说。

"好一场争斗",亚当自己总结道,"霍姆斯特德动乱可能是美国劳工史上最黑暗的时刻"。

在第二天举行的"国家历史日"比赛颁奖典礼上,亚当获得了铜牌,并且获得初中组的个人演示奖。其他一些奖项的获奖课题有:个人展览奖得主探讨了1961年美国"猪湾"入侵古巴的历史事件;集体纪录片的两个获奖者展示的是波兰的"团结"工会于1980年进行的起义;研究论文的获奖者写的是关于抗生素的医疗革命;个人网站获奖者因其设计获得银牌,他的选题是恩尼格玛密码机。这种密码机是二战期间纳粹用来编码及保密通信的设备,不过最终被盟军破解。

并非所有的"国家历史日"的参赛者都能获得奖牌或奖励,但是他们每个人都是赢家。一项针对2000名高中生在2009～2010学年展开的研究发现,参加过"国家历史日"比赛的孩子在很多层面都比其他孩子表现优秀。这一研究表明这些孩子在学业上进步的趋势是和他们多年参加这一比赛的经历紧密相关的。研究报告如下：

> “国家历史日”的参赛者比其他孩子在国家标准化考试中的表现更好，不仅是在人文社科方面，在阅读、科学和数学方面的表现也更好。
>
> “国家历史日”的参赛者在写作方面更有优势。他们的文章有明确的目的，有自己的观点，并且会有确凿的例证来证明自己的观点。
>
> “国家历史日”的参赛者有很好的批判性思维，他们能够整理、分析和归纳信息。
>
> “国家历史日”的参赛者能学到21世纪所必需的技能。他们学会如何去与团队成员通力合作，如何与专家进行沟通，如何更好地利用时间并持之以恒。
>
> “国家历史日”对于那些上了高中以后对学习逐渐失去兴趣的学生会起到正面的激励作用。

对此，我并不感到惊讶。因为我每年参加“国家历史日”活动的时候，都有亲身体会。“国家历史日”竞赛会教会孩子非常重要的技能，比如怎样在公众面前演讲和做演示。团体参赛者会学会如何与他人合作，这样就可以锻炼他们的讨论、辩论和谈判技能（毕竟他们需要在参赛项目和演示上达成一致）。孩子们会学会严格要求自己，把目标定得高一些，他们会懂得为了实现目标得努力工作——并且也明白努力工作的价值所在。他们必须有一种冲动，不仅要把所有精力都投入到参赛项目中去，而且还要额外再加把劲。“国家历史日”比赛有助于培养孩子们在以后的事业和生活中获得成功的能力。

餐馆老板、美食网明星盖伊·费埃雷将他的成功部分地归功于参加“国家历史日”竞赛的经历。他13岁的时候就已经是一名企业家了。他自己很喜欢吃软软而又热乎乎的椒盐卷饼，于是和父亲一起建了一个椒盐卷饼摊位专门卖“超棒热椒盐卷饼”。不过，他在学业上面却有点吃力。直到7年级的时候，一位对他关爱有加的老师把他叫出来谈心，鼓励他让他在学习上加把劲。他听了老师的话，在学业上很用功，并于第二年参加了他们学校——加利福尼亚州芬代尔初中的"国家历史日"比赛。

"我当时还在经营着超棒椒盐卷饼公司——公司正是如日中天的时候，所以我就做了关于椒盐卷饼历史的课题。"他在2010年接受美食网访问时如是说道。他的参赛项目的名字就叫"超棒的椒盐卷饼：和超棒椒盐卷饼公司相关的椒盐卷饼和手推车的演变历史"。

他获得了加利福尼亚州他所参与的项目初中组第一名。

"这坚定了他自己的信念——他能做到自己所规划、所梦寐以求的事情，他能够挑战新事物，并获得成功。"他的父亲吉姆在接受美食网采访的时候如是说。

尽管没有接受过正规的厨师培训，但盖伊大学毕业后又陆续在加利福尼亚州开了几家餐厅，并继续从事餐馆生意。2006年，他获得了美食网未来之星大赛第二季的冠军，奖品就是他可以拍六集自己的烹饪秀节目。2006年6月，盖伊的"一大口"节目在美食网首播；他的第二个系列节目"食客、车上点餐和潜水"于2007年4月首播。这两个节目都在美食网最受欢迎节目之列。

你们听过格雷琴·莫尔这个名字，她是爱荷华州隆格罗韦的一名高三学生——我在第七章里提到过她，她成了她们社区"消除饥饿"活动的领袖。她说"国家历史日"比赛让她在写作水平、调研能力以及演讲技巧方面都有很大进步。从7年级开始，她每年都会参加"国家历史日"纪录片门类的比赛。

"'国家历史日'比赛让我能更好地把握自己的学业。"格雷琴说。"向公众展示和分享我的参赛项目极大地锻炼了我当众演讲的技巧。另外，我的写作技能也进步不少。每当我们要写研究论文，老师要求大家要用至少六个参考书目时，教室里就会怨声载道。而参加过'国家历史日'比赛的孩子却总能又快又好地完成任务！通过参加'国家历史日'纪录片项目的比赛，我也在技术方面学会了不少东西，而且还学会了如何结交新朋友并与之合作、交流。对于一个爱荷华州隆格罗韦 18 岁的年轻人来说，我的人脉很广！”

像格雷琴的妈妈戴安一样，很多为孩子感到自豪的家长也会参与到“国家历史日”的活动中去，地方的、州的乃至全国的“国家历史日”比赛都少不了他们的身影。他们为自己的孩子加油鼓劲，就像学校运动会上那些运动员的家长们那样，尽可能地给孩子提供帮助和支持。“对我来说，每年跟着她的比赛一路走来，我很愉快，也很激动。”黛安说，“‘国家历史日’的比赛改变了她的人生，为她开启了很多门，让她看到了更多的可能性。”

格雷琴的参赛导师克里斯汀·格林是一名退休教师，25 年前她在自己所教授的 6 年级课堂上第一次运用了“国家历史日”这一项目。直至今天，她仍然在爱荷华州埃尔德里奇北斯科特初中负责“国家历史日”比赛的辅导工作。孩子们放学后就会找到她，和她一起钻研他们的参赛项目。

“他们风雨无阻，天气再恶劣也会来，一直待到凌晨。他们双休日也不休息。为了做调查，他们会跋涉数百英里，他们会去采访历史学家和历史的开创者。”克里斯汀说。“然而这些孩子中只有不到五分之一会因为‘历史日’比赛的选题研究而拿到他们所在学区的学分。即便这些能够拿到学分的孩子，也是在他们参加了比赛之后才能拿到。那么为什么他们还对这个比赛如此热衷呢？我坚信这是因为这个比赛能让孩子更好地把握他们的学习。他们因为对自己的选题有一种求知欲，所以才想去了解，想去学习。在探寻之旅中，一张绝妙的历史大网会逐渐在他们眼前展开，他们也会了解到历史是如何影响他们的生活的，这整个过程让他们痴迷。那时，他们才会真真切切地体会到这些与自己在学校里学的书本知识联系了起来。他们之所以去学习，是因为他们想学。他们会运用自己的背景知识和各项技能，是因为学习对他们来说真的很重要！”

克里斯汀说，对于每个参加“历史日”比赛的学生来说，在参赛之旅中“他们总会有机会通过采访、实地考察历史遗址、信件、电子邮件以及和历史开创者们谈话等各种方式去触碰历史”。她称赞“国家历史日”项目，认为它是一种教育工具：

> 看到平时最沉默寡言的学生也能够机智地跟历史学家、档案管理员、大学教授、大屠杀幸存者、公共事业振兴署和公共资源保护队的员工、像罗莎·帕克斯和迈利·埃弗斯那样的民权运动代表人物、议员、州长、商界人士、世界粮食奖得主、联合国成员、体育明星以及宗教领袖交谈，我觉得历史已经在下一代的心里留下了深深的烙印，并由他们讲述出来。这就向学生表明了，历史也可以是很形象的，可以是看得见、听得着、闻得到、摸得着的。而如果用传统的方式去学习历史，这种形象感可能就消失了。
>
> “国家历史日”项目对学生来说是掌控自己的教育和学习体验的绝佳工具。作为一名老师，在课堂上我负责为学生提供帮助，但不是万能的知识来源。而现在，学生变成了自己的老师，不断激励自己获取知识。学生同时也能够让同伴和观众体验到学习的乐趣，我相信这种乐趣会驱使人们一生都不断去学习、求知。学生会牢牢掌握与他们特定选题相关的关键历史主题和信息，并且从长远来看，他们会对整个历史都掌握得非常好。学生都变成一个个充满自信的个体，而且能够对其他学生言传身教，这才是这种学习模式的最高境界。

她补充说：“贝林家族对这个项目十分关注，他们在这个项目上投入大量时间和资金，使得这一项目不断发展壮大。对他们的支持我们感激不尽。”

谢谢你，克里斯汀。不过荣誉是属于大家的。看到“国家历史日”得到的积极回应，看到这个项目对年轻人起到的积极作用，看到我们的学校乃至国家因为这个项目而产生的重大变化，我们受宠若惊。我们都很乐于出席每年的“国家历史日”比赛，因为你会见到那些钟爱历史的孩子、家长和老师。当我们穿行于马里兰大学的学生会大楼和其他建筑之间，观赏学生们了不起的展览、演示和纪录片时，我们总是走走停停，跟学生、家长和老师们合影。在全国总决赛从比赛到颁奖的四天时间里，你能感受到参赛者和他们家人身上所散发的那种能量，你会被这种能量所包围。我遇见一位母亲，她有五六个孩子，他们都参加了"国家历史日"的比赛！（一位史密森学会的官员称我是孩子们的"历史摇滚明星"，因为孩子们总是急于向我展示他们的作品并和我合影。）

有些老师和家长讲述了"国家历史日"是如何帮助孩子发掘潜能的，他们认为如果没有这个项目，有些孩子的才能可能就会被埋没。这些故事，让我们深为感动。"国家历史日"帮助孩子克服他们的恐惧，不断成长，展现出他们最好的一面。它给身处逆境的孩子以大放异彩的机会，让他们为自己的成就而自豪。它给那些面临家庭问题的孩子、那些几乎得不到帮助和支持或者很容易迷失自我的孩子以机会，让他们认识到自己可以和他们当中最优秀的学生去一决高下，从而建立他们的自信。

一位来自华盛顿州的老师告诉凯茜，通过参加"国家历史日"，她们高中的11个学生都有了彻头彻尾的改变。这位老师说，这些孩子以前"劣迹斑斑"。但是她说服这些孩子让他们参加"国家历史日"的活动，当他们进入地区决赛时，一些变化悄然而至：

> 他们所有人会准时在学校跟我见面，并且作好了比赛的准备。事实上，你看看他们就知道了，多余的耳环摘掉了，文身被盖住了，妆也画淡了，发型也恢复正常了，他们每一个都穿得很得体。有一个学生很懊恼，他买了一件白色系扣衬衫，但是因为不知道怎么熨平它，所以他的衬衫总是皱皱的。这个年仅17岁的男孩，一个人生活，每周要打40个小时的工来赚取交房租、吃饭的钱。但在为自己的历史论文进行答辩时，他决心一定要让自己看上去干净利落。
>
> 他们中有四人获得名次，并继续参加州里的比赛。对此，我

们社区可谓是大做文章，因为之前我们区从来没有参加过“国家历史日”比赛。不管怎么说，能跟这帮孩子一起做这样的事情，这种体验是非常棒的。真正的成功在于这11个孩子中有7人顺利高中毕业，3人通过了全国普通教育水平考试，还有一人高三已经读了六年了，但并不打算放弃。这些孩子中好多人都会回来看我，有两个甚至已经考入了大学，其中一个还煞有介事地跟我说，考大学要比参加“国家历史日”比赛容易多了。

我知道是参加“国家历史日”竞赛促使这11个学生去突破他们自己在思想和学术方面的极限。在参赛之前，几乎所有人甚至他们自己都不敢相信他们能够达到这个水平。“历史日”比赛锻炼了他们的技能，使他们更加自尊、自信，这将帮助他们在以后的生活中获得成功。

看吧，这样一个项目能够让孩子们不再整天在街上游荡，让他们更强大、更自信；能够让他们看到并肯定自己的能力，获得成功；能够让他们成为更好的公民，为将来的人生作好准备。

另外，这个项目也可以让他们成为领导者。

“研读历史让学生认识到普通人也有不平凡之举，让他们知道历史讲述的是真人真事。”凯茜·高恩说，“通过学习历史，学生们了解了许多坚忍不拔、意志坚定的历史人物，并从他们身上学到了什么叫担当和领袖气质。通过翻阅历史，孩子们认识到普通人可以通过自己的成功来走出悲剧的阴影，不公能够激励人们不惜冒着生命危险去为更多的人谋福祉。更重要的是，孩子们会受到前人的激励，接过他们的衣钵——沿着前人的足迹，参与其中，坚守自己的信仰，为改善自己的社区、国家乃至全世界而采取行动。这样一来，参加‘国家历史日’比赛的学生会受到历史的激励，作为积极的公民和领导者参与到全球事务中去。”

露丝·德高莉亚就是这些学生中的一位。她第一次接触“国家历史日”项目时，还是俄亥俄州克利夫兰海茨一名初二的学生。她当时的参赛项目是关于亚伯拉罕·林肯旅的，这是一只由一群美国志愿者组成的队伍，他们参加了 1937 年和 1938 年的西班牙内战。

在"历史日"比赛的通讯《"国家历史日"新闻》上发表的一篇文章中，她说，通过参加比赛她发现了两件事情：第一，"我对于历史、调研以及鼓舞人心的社会运动非常热衷"；第二，"我们的国家有着无私帮助他人的传统，生于这样的国家，我深感自豪"。

她在高二的时候再次参加了"国家历史日"的比赛。这次她想做一个选题，希望能够有机会"去发掘和更好地理解那些与社会公平、民主化以及人权议题等相关的重要历史事件和运动，因为这些议题都是我所关心的"。她和同伴提交的参赛项目是关于萨尔瓦多的。

当他们在全国比赛中获得历史频道奖后，露丝用她自己的那份奖金去了一趟萨尔瓦多，那是她第一次去拉丁美洲，此前她只是"读"到过这个地方。2002 年，身为耶鲁大学学生的她去了危地马拉。当时，内战已经让这个国家千疮百孔（轮椅基金会已经向危地马拉和萨尔瓦多捐助了 8600 多辆轮椅）。在危地马拉，她决心要帮助当地的土著妇女克服贫困和恶劣的环境。她的毕业论文写的就是全球化对危地马拉西部高原政治、经济发展的影响，并且最终获得她们系的最佳论文奖。

"我记得当时真的觉得，是我参加'历史日'比赛所积累的知识和技能才帮助我获得了成功"，露丝如是告诉《"国家历史日"新闻》。"'历史日'比赛为我了解中美洲的经济、政治以及社会问题等方面的知识打下了非常好的基础。这些知识积累对于我在耶鲁大学取得的学术成就至关重要。这些知识同样使我充分了解了当地的背景，从而能够设立一个非常成功的非营利性组织，来帮助那个地区缓解经济和社会的不平等状况。"

2004 年，露丝和她在耶鲁大学的同班同学贝妮塔·辛格创立了梅尔卡多全球市场。这是一个帮助拉美女性手艺人在美国出售她们的手工地毯、珠宝首饰和其他工艺品的组织。梅尔卡多全球市场的销售以及其对女性手艺人合作社的业务支持，帮助拉美地区众多的农村家庭脱离了贫困并对当地的妇女领袖提供了强有力的支持。

2006 年，露丝和贝妮塔的努力使得她俩荣登《新闻周刊》杂志的封面。里面刊登了一份名为“成就伟大美国的十五人”的名单，露丝和贝妮塔榜上有名。与她们一同上榜的还有演员布拉德·皮特和 CNN 主播索莱达·奥布莱恩。如今，梅尔卡多全球市场为危地马拉 30 个社区的 400 个手艺人做代理，她们制造的产品出现在遍布北美的各个零售网点。由于梅尔卡多全球市场帮助当地的母亲们有了收入，大约 2000 名儿童因此能够走进校园接受教育。您可以登录 www.MercadoGlobal.org 网站，更多地了解这一项目。

“我们在打破成规，因为我们根本没有成规可循”，露丝在 2012 年接受《赫芬顿邮报》采访时如是说。

这也是我自己想在教育上看到的——打破成规。这就是我投资教育的目标，这就是我在自然科学教育方面启用“国家历史日”的模式，并且在中国设立“环球自然日”项目的目的。

我们设立“环球自然日”的初衷，是要激发中小学生对自然科学的学习兴趣，通过类似美国“国家历史日”这样需要进行广泛调查的课外项目，来提高孩子们的分析能力和批判性思维能力。“环球自然日”比赛也是为期一年，每年都会有不同的主题，比如“生物多样性”，“动物、植物和人类的伟大迁移”等。参赛的学生们可以围绕年度主题选择所在城市、省份、国家乃至全球范围内的自然科学现象来进行探究。就像我们在“国家历史日”项目所做的那样，第一手的信息将受到推崇。学生可以走访图书馆、档案馆和博物馆，并通过口头访谈的方式来进行调查研究。他们会在老师或者教练的辅导下，对自己的调研结果进行分析解读，从而得出一个结论，证明自己的课题的重要性，最终通过一个参赛项目来展现自己的想法。他们的作品会参与到一系列的竞赛里，从地区的比赛一直到全球总决赛。我们邀请自然历史学家、教育家以及各行各业精英人士组成评审团，对他们的参赛项目进行一个全面的评判。所有的学生都可以参加“环球自然日”的活动，不管你是来自公立学校还是私立学校，不管你是在市区、郊区还是在农村上学。农民工子女可以参加，英语学习者、学业上有天赋和有特殊需要的学生也可以参加。

2012 年年初，我到北京、上海和天津宣布启动“环球自然日——青少年自然科学知识挑战活动”，地方领导人、博物馆官员、教育家等各界人士都参加了新闻发布会。到 2012 年夏末，来自这三个城市的 500 多名学生都完成了他们的参赛项目，并以表演和展览的形式参加了比赛。他们大部分都是以团队的形式参赛的，其中许多人的父母和老师也参与了这次活动，并给孩子们提供了很大支持。我们第一年比赛的主题是生物多样性——自然因素、人为影响和全球重要性。

赛事的获奖者赢得了一个难得的机会——参加“肯尼斯·贝林发现之旅”，到美国参观博物馆以及教育和政府机构。他们先飞往华盛顿特区参观史密森博物馆、美国国会大厦、美国造币厂等景点，然后飞往加利福尼亚参观加州大学伯克利分校、斯坦福大学和黑鹰博物馆等地。为了让孩子们在间歇的时候能好好玩上一把，我们还准备了迪士尼乐园之旅！11 位比赛获胜者，包括他们的父母、教练、老师，以及“环球自然日”的支持者和我的团队成员都加入了这次探索之旅——整个代表团加起来有 44 人。在第七章提到过的洪宇晨就是其中之一，她是北京赛区的选手，获得 2012 年“环球自然日”国际组的一等奖，她的参赛项目是关于北京雨燕的。

有 555 支团队参加了第一年的“环球自然日”比赛，我们发觉这个项目在中国影响很大。来自 50 多个区县 4000 所学校的 400 万学生都接触到了“环球自然日——青少年自然科学知识挑战活动”。开局不错，这个比赛已经在发挥作用了。

赵岩和马灵是来自上海的两名参赛选手，她们是小学 4 年级的学生，参赛项目是关于金刚鹦鹉的。她们在网上看到色彩缤纷的鹦鹉品种的照片，受到启发并确定了这个参赛课题。她们担心未来人们可能无法欣赏到金刚鹦鹉的美丽了，因为它们已经濒临灭绝。

赵岩说："我们学校有个为喂养金刚鹦鹉举行的募捐项目。"这是她们第一次了解到金刚鹦鹉，随后她们到网上查了金刚鹦鹉的相关资料。她们说"环球自然日"比赛让她们有机会能为金刚鹦鹉多做一些事情。她们花了三周时间去研究金刚鹦鹉的习性、栖息地以及它们所面临的危险。目的就是让更多的人了解金刚鹦鹉，并呼吁更多的人采取行动保护这种动物。两位女孩很高兴能参加这次比赛，也很愿意把自己辛苦收集来的信息与大家分享。她们想把自己的参赛作品放到学校网站上，也放到"环球自然日"的网站上，好让更多的人了解到关于金刚鹦鹉的信息，同时也希望我们能把"环球自然日"的活动进一步扩展，多多"宣传这种活动并让更多人参与其中"。她们说参加这个比赛让自己意识到在环保方面所担负的责任，并从心底生发出想要保护大自然的念头，她们也想让其他人都体验到这一点。

赵岩的母亲到现场观看了上海赛区的预赛。孩子们在自己参赛项目上所作的努力给她留下了深刻的印象。看到自己的孩子那么认真地展示自己所学到的知识，她很自豪。她为女儿所获得的成绩感到骄傲。她说看到这个比赛鼓励孩子们去"拓展自己的知识，做他们想做的选题并尽全力做到最好"，自己感到十分欣慰。这位母亲想让自己的女儿和她的朋友们长大后成为有领导才能的人，她说"环球自然日"比赛将会帮助她们朝着这个目标迈进。因为这个比赛在鼓励孩子们去了解自然界的同时，也让她们有机会去培养自己的分析能力和演讲才能。这位母亲相信，教导孩子们了解自然会让他们过上更安全、更健康的生活。

"学会保护自然非常重要，因为只有这样我们才能安全地生存下去，毕竟我们都生活在自然界中"，她说道，"贝林先生的想法非常好"。当赵岩的母亲见到我时，她对我说："中国感谢您。"

老师们对于"环球自然日"比赛似乎也很满意。袁寅和张圣安的老师袁芳芳觉得这个项目"棒极了"。看到项目不仅让她的学生有机会自己做调研，而且让他们当众展示自己的调研结果，并结识其他的参赛者，她感到十分高兴。这两个孩子的演示都是他们自己精心编排的，袁老师只是为袁寅和张圣安的蚊子课题提出要求和建议，至于剩下的“调查、分析过程都由他们自己完成。在这个过程中，他们的思维得到了开拓，技能得到了提升。这对他们来说是好事，以后用处大着呢”。她说，“环球自然日”给孩子们提供了去探索、去质疑的空间，让他们获得了更多的能力，这些能力将有助于他们在未来成为更加优秀的领导者。

周旋是一名教师，也是一位社区工作者。她说“环球自然日”比赛帮助两个 4 年级的学生祝东昊和顾淳恺去“深入思考”。周旋帮助他们选择了两个物种作为参赛选题——一种植物和一种动物——来研究大自然的平衡。周旋说，他们选的都是外来入侵物种，因为“许多外来动物入侵到中国，打破了生态平衡”。祝东昊和顾淳恺最终选择了美国红耳龟(池塘边常见的龟种)和一种生长迅速、能够覆盖整个水域使船只无法出行的水葫芦。尽管他们俩会在统一的“入侵”主题下展示他们的调研结果，不过祝东昊侧重讲美国红耳龟，而顾淳恺则侧重讲水葫芦。他俩都知道水葫芦的拉丁文名字——eichhornia crassipeds。

祝东昊发现红耳龟一开始是被作为宠物引进的，但因为它们繁衍太过迅速，许多宠物主人就将它们放生到野外了。现在山东省的湖泊里有太多的这种乌龟，他们与本土龟种抢食，使得本土龟种数量减少。在美国，红耳龟是无害的，它们生活在自然的栖息地中，与周围的环境达成一种平衡。但在中国，红耳龟的数量已经超过本土龟，并且已成为有害细菌的携带者。祝东昊和顾淳恺在进行调研之前，就对这一点有所了解。他们决定要做更深入的调查，希望能说服乌龟的主人们不要随便将它们放生野外。

在对水葫芦的研究中，顾淳恺发现这些水葫芦最初是从南美引进的，因为它们的花很美。但在野外，它们生长迅速，会导致生态系统处于危险的失衡状态。中国政府每年花钱用使用化学品、收割以及引进天敌(昆虫、植物病毒等)等方式来阻止水葫芦的蔓延。祝东昊和顾淳恺希望鼓励花卉爱好者去选择别的花种。

“对中国来说,水葫芦是一个大问题。”顾淳恺说。

第一年,“环球自然日”比赛就已经在帮着培养年轻的领导者了。郭睿是北京清华国际学校初中2年级的学生,他不仅是“环球自然日”比赛的参赛者,同时还是一名志愿者。他是他们学校校报的主编,利用自己在这方面的经验,他帮着“环球自然日”比赛发布简报和新闻稿。因为他从小就开始学英语——英语是他们学校的官方语言,是每个学生的必修课——他也帮着将环球健康和教育基金会的书面材料译成汉语。

从事志愿服务对于郭睿来说很重要,它是努力成为领导者的第一步——为他人无私奉献宝贵的时间,不求回报。同时,他也是家族中第一个从事志愿服务的人。他解释说,在中国,志愿服务的观念与美国不同。在中国文化中,志愿服务与帮扶家庭相关——孝敬父母是中国的传统美德,而不是与社区服务联系在一起。所以常言道:“善举始于家。”然而为“环球自然日”活动做志愿服务却让郭睿有更大的成就感,因为他回馈别人的比他自己收获的更多。他从来没想到自己会有这么大的能耐,他喜欢参与所有那些让他感觉自己更加强大的项目。

郭睿特别喜欢“环球自然日”比赛的这种架构形式,它让自己有机会去接触与他所适应的学习方式完全不同的另一种学习体验。他说,在学校里,老师总是发号施令——“你们要记住这些事实、信息和数据”——但是在“环球自然日”比赛里,“一切都由自己说了算”。参赛者自行决定他们想写什么、想了解什么,他们必须独立完成、全权负责,否则会一事无成。郭睿将这视为成长过程中“绝佳的演练场”:等你长大成人了,你必须对自己的生活负责,凭借一技之长来养活自己。

郭睿还喜欢“环球自然日”比赛的另一个方面,即学生的参与权——它的大门是向所有学生都敞开的。他说,在中国,老师一般会根据成绩选取最优秀的学生参加像“环球自然日”这样的特别活动。但是根据“环球自然日”比赛的组织规则，任何学生只要想参与并且愿意为自己的参赛课题努力，便都可以参与。据郭睿说，“美式”的以课题为导向的学术竞赛，这样的教育机会在中国非常难得。他解释说，中国还不像美国，在美国，这样的竞赛遍布各个科目门类，并且是教育体系中的重要一环，但在中国，情况并非如此。

“在这方面，中国还是一片空白。”他说。

郭睿同学，我们想帮助你和其他中国朋友填补这块空白。有了第一年的成功经验，我们正迅速地在中国的每个省份和城镇都组织“环球自然日”比赛活动，运营方式就跟在美国和其他国家一样。中国大部分和我们有合作关系的博物馆都同意帮我们一起举办 2013 年“环球自然日——青少年自然科学知识挑战活动”——总共有 6 个城市和区域参与。2014 年，预计将有 10 个城市和区域参与其中。我们同时也开始扩展“环球自然日”活动到中国香港、韩国以及其他几个国家和地区。在美国，我们于 2013 年成立了夏威夷团队，相信很快就会覆盖美国的 50 个州。这一切将会让“环球自然日”活动真正全球化。

我们的终极目标就是要在全球培养出更多像郭睿、洪宇晨以及格雷琴这样的年轻人。他们聪明、开放、充满活力、认真投入、受过良好教育、有善心、有创意、有爱心、有好奇心、精神专注、富有远见、勤勤恳恳、满腔热情、坚持不懈，目标明确而又无私奉献，具备未来领导者所应有的特质。为了打造出一个能够培养未来领袖人物的国际项目，我们已经准备好了所有“部件”，现在就让我告诉你们怎么将这些部件组合起来吧！

Purpose

第十二章 新世界的新领袖

> 预知未来的最好办法就是去创造未来。
> ——[美]史蒂夫·乔布斯、[美]艾伦·凯

作为一个建筑商,我对电灯开关还算有些了解。

你走进一个房间,轻轻按下开关,瞬间电流激涌——灯亮了。

这就是我想为年轻人所做的——领导天赋潜藏在他们内心深处的某个角落,我要轻触开关,打开电灯,激活他们内在的领导才能——让他们从此踏上一条通向成功的道路。

我曾在前文提及过所有这些项目——我们借以培养领导力的手段:博物馆、"国家历史日"和"环球自然日"活动等。但是对于孩子们来说,我们的活动并不只是让他们多一些对蚊子、金刚鹦鹉或者1892年的工会大罢工的了解,而是要让他们知道直面挑战时会遇到的境况。他们只需碰碰运气、冒险一试并且抓住机遇就能迈出成为领导者的第一步,因为这就是领导者所做的。这是一个机遇——也许是这些年轻人的第一个机会——来检验自己、审视自己是否具有成为领导者的素质:在公开竞争和竞赛中,是否足够机智,是否有勇气和愿望去攻

克难题、分析困难、深入问题本质，但却不一定能收获成功和奖励。这对任何人来说都不容易，对于一个十一二岁或13岁的孩子而言更是如此。他们害怕在同学、老师及家长面前失败和陷入尴尬。

然而生活就是一场竞争、一次竞赛，“适者生存”。那些年轻人迈出了进入竞技场的第一步，克服了恐惧，而后便开始从人群中突显出来。在挑战面前，一旦他们勇敢地迈出了第一步，就会接着迈出第二步，用他们的天赋——聪敏的头脑、好奇心和进取心去取得成功。在关爱他们的老师、教练和父母的支持下，这些年轻人开始深入挖掘项目，开始学习和发现问题。

这让孩子们感到振奋，他们愿意去做更多。他们不断研究和分析，会想出更多的问题，并去寻找更多的答案。他们深入探索，因为获得了新知识而兴高采烈。他们开始与父母和老师分享这些知识，而他们的父母和老师会说：“我还不知道呢——快告诉我！”而那些年轻人则会对自己说：“哇，我竟然知道爸妈和老师都不知道的事情呢！也许我真的很聪明！”于是他们不再怀疑自己，开始树立信心。

他们继续埋头努力，连续几天甚至几个星期不停歇——无论在课后或是在家中——他们进行更多的研究。他们探索文献，访问专家，为能分享自己的发现而变得更为活跃！他们重新设计自己的展品，重新撰写论文，重新编辑文献，将自己的表演或者展示排练了一遍又一遍——他们先是在自己的卧室练习，然后在家里对着父母练，而后又到学校展示给辅导老师看。他们在每一个环节都会得到鼓励，得到反馈和正能量。当然，有时候他们也会受到批评，也会遇到问题和挫折，但这些不足以使他们退却。他们会更努力地尝试、工作和思考！并且伴随着项目取得的进展——他们也从父母或老师那里得到越来越多积极的、鼓励的和肯定的评价——在此过程中，他们的自信心也在增长。

最终，展示日到来了。他们环顾大厅里的竞争对手，现在每个人都摆出了自己的展品，并打量着别人的作品。大多数学生都有一些紧张,内心忐忑不安。但是每一个参赛者都付出了努力,每一个男孩、女孩都准备好了——他们对自己的课题都极为了解,都准备好了迎接来自评委的任何提问和点评。而且他们也都准备好了让父母、老师、学校和所生活的社区为自己感到骄傲。他们自己也对已经取得的成果感到自豪,对自己的知识和能力充满信心。

他们已经赢了。

即使没能回答好评委的问题,但至少他们经历过这样的过程,走到了这一步。孩子们从失败中学到的和从成功中学到的一样多,而且他们会因为曾经做出的尝试而变得更加优秀。即使他们没能获得金银铜奖,没能得到证书,即使他们没能进入到市里或省里的决赛,没能进入全国总决赛,他们也已经赢了。因为选择参赛,进入竞赛场,抓住机遇并为之努力,这本身已经让他们成为了赢家。

我们可以以此来培养领导者,我们可以一起努力将比赛提升到更高的层次,这样,最终整个世界也会收获成功。

每一个孩子都可以在类似的锻炼中建立自信,但更重要的是他们可以学到一些新的知识——关于蚊子、椒盐卷饼或者残疾——从而激发他们对一个课题、一个问题、一个难题、一个挑战、一个领域产生兴趣,并且在这种兴趣的指引下实现目标。接下来就会发生一些大变化,可以让世界变得更美好。有目标地生活——保持一种激情——可以让人精力充沛、生气勃发,让男女老幼都为之振奋,让他们不懈追求自己的想法、目标和梦想。然后,他们就可以带头前进,他们的激情、活力、欲求和努力开始吸引他人的目光——并且,也许就会让其他人纷纷开始效仿。

每一个领导者都需要追随者——他们需要赞助人、雇员和志愿者。一个出色、成功的领导者必定会拥有大量追随者。我所说的“追随者”绝没带有贬低轻视的意味,但确实并非每一个人都能成为领导者。一个人也许不具备成为领导者的基本条件,比如去做某些事的强烈愿望。很多人也不想成为领导者,因为做领导会十分艰辛,需要大量的时间、努力和责任。他们也许还会不可避免地遇到“破坏者”的攻击——那些“破坏者”出于生气、怨恨、嫉妒或是愤怒，谋求阻碍甚至摧毁领导者及其事业……不想成为领导者也没什么大不了的——当一个追随者也可能是积极的、有趣的，而且是有益的。但如果成了一个领导者却仅孤身一人，那也毫无价值，成就不了什么事业。这么多年来，如果没有如此众多优秀而又富有激情的人来帮助我，我不可能在商业或慈善事业中有所成就。我们一起做出了一些让人们惊讶、赞叹的事情——例如，在过去的十几年中，我们向 150 多个国家的残障人士送去了近 100 万辆轮椅，这是前无古人的行动。谢天谢地，我有这些追随者！

这个世界缺乏领导者，我们急需更多的领导者来解决世界问题。这些问题只会朝着更困难、更复杂的方向发展，也会提出更高的要求。

字典中这样定义领导者：“一个管理、指导或者启发他人的人。”但这只是成为领导者的初步要求。其他字典有这样的补充：领导者能够打破规则，达到极限，他们不满足于事物本来的状况，他们每天工作 15 小时，并非因为必须如此，而是因为他们希望如此！他们投入到某项任务之中，并非是为了得到一份工作，而是因为他们想要开创一个崭新的世界。

对我而言，领导能力确实需要从想法开始培养。没有想法，你如何管理、指导或者启发他人呢？你如何让别人相信你呢？所以想法至关重要。综观人类历史，在一些最为强大和积极的力量背后，总有好想法的支撑：宗教、和平、自由、自治、教育、创新和自由企业制度等，莫不如此。

我喜欢宏大的构想：世界上有 1 亿残疾人需要轮椅，但却无力支付轮椅的费用，那我们就创建一个慈善机构，给他们送去免费轮椅；加利福尼亚的学校系统出了问题，学生们处于忘却历史的危险之中，那我们就来告诉老师们怎样纠正。不学历史的人注定会重蹈覆辙，我们得为孩子们改革历史教育；自然世界会教会我们如何去拯救人类，让我们重建自然历史博物馆并且学习自然历史知识。

现在，因为人类需要更多的领导者，让我们携手共创一个环球项目，寻找并培养那些能够成为领导者的年轻人——这一项目通过开展高要求的活动，培养年轻人掌握重要的领导技巧，让他们发现自身的领导潜能，给他们机会证明给自己看；让他们有机会从当下各行各业的领导者身上学到知识，获得启发，并帮助他们找到自己的良师益友，从而让年轻人挑战自我，斗志昂扬。我们已经在美国和中国为这一平台打好了基础，同杰出的博物馆和大学等教育机构建立起牢固的关系——比如加州大学伯克利分校、史密森学会还有我在中国一同合作过的博物馆等。我们也是许多杰出的教育项目的创办者和支持者，比如“环球自然日”、“国家历史日”以及校长领导力学院等。这些机构潜在的协同效应会十分巨大。

他们已经开始合作。中国的博物馆正在支持和举办“环球自然日”，给孩子们的展览和表演提供场馆。在美国，马里兰大学也同样承办了“国家历史日”的总决赛；史密森美国历史博物馆则每年举办“国家历史日”总决赛的庆功典礼——全国历史夜，典礼上所有获胜的学生将在那里展出他们的作品并进行演示。

这是一个值得建立的良好网络。我们来想象一下，通过以项目为基础的学习体验、稳固的合作关系，帮助全世界的孩子提高受教育水平——同时也帮助我们找到并培养下一代的世界领导者。如果博物馆大力促进“环球自然日”活动的发展，提供大量志愿者，协助配备工作人员和评委，并将活动拓展到学校中去，我们将会一起产生何等重大的影响？假使我们给校长领导力学院的毕业生提供额外的领导力培训方面的高等学历，让他们去教育“环球自然日”中出类拔萃的参赛者以及其他教师又会如何？我们的城市中遍布着专注于一门核心科目的特色学校，他们关注数学、科学或者文科教学——为什么不能建立专注于领导力培养的特色学校呢？

我准备在这种思想视野中进行新的尝试，于是成立了贝林领导力学院。

它的根源在于我本人的经历。由于我在商业上取得成功，并且投入慈善事业，我开始在国内小有名气。

让我尤为自豪的是1989年获得的一项荣誉。那年6月的一个晚上，我和另外400位嘉宾和学生欢聚在旧金山的一个宴会厅里，围坐在一张张圆桌旁。在这样的场合，与奥普拉·温弗瑞①、乔治·卢卡斯②、汤姆·布罗考③、拉尔夫·劳伦④和其他入选美国成就学会的名人们坐在一起，我有些局促不安。他们肯定会感到奇怪："这是谁？他为什么在这里？"不止一个人错把我当成了已故九年的阿尔弗雷德·希区柯克（也许让他们更意想不到的是，后来我成为了成就学会的主席）。

成就学会成立于1961年，它的成立遵循了这样的宗旨："在这个机遇无限的世界里，启发年轻人拥有梦想、成就梦想，拓宽人们对于美国各行各业杰出成就者的认可度，维护自由企业制度和人人机会平等，每年齐聚各国贤能之士，加强各国间的相互理解。"

每年都会有一个周末，成就学会将全美数百位最聪明的高中生聚集在一起，让他们与来自各行各业——商业、人文艺术、科学、教育、政府部门和体育界的杰出人士欢聚一堂，为这些年轻的嘉宾们提供两天和学会成员一对一相互认识、会话、讨论和交流的机会。最后，新入选者会在"金盘奖宴会"上接受表彰。在学会的历史上，道格拉斯·麦克阿瑟将军、尼尔·阿姆斯特朗、斯蒂芬·斯皮尔伯格、迈克尔·乔丹、杰拉尔德·福特和比尔·盖茨都曾是金盘奖的获得者。他们中的每

---

① Oprah Winfrey，当今世界上最具影响力的妇女之一，她的成就是多方面的，如控股哈普娱乐集团的股份，主持电视谈话节目"奥普拉脱口秀"等。

② George Lucas，美国著名电影导演、制片人和编剧，《星球大战》的导演和《夺宝奇兵》的编剧。

③ Tom Brokaw，美国全国广播公司（NBC）晚间新闻节目的主持人。

④ Ralph Lauren，美国设计师，拉尔夫·劳伦品牌的创造者。

一个人都是自己领域中出色的领军人物。每一个人都感动了许多人，并让世界变得更美好。

我坐在宴会厅里，看着 40 位和我一样的成员。

他们中包括欧内斯特·嘉露与朱利欧·嘉露[1]两兄弟、拉尔夫·劳伦、汤姆·塞立克[2]和史蒂夫·韦恩[3]。就在我回想现在和过去金盘奖得主的名单时，我突然意识到，尽管获奖者在年龄、职业、成就和兴趣上都不尽相同，但他们每个人都有一个共同的品质，那就是他们都是领导者，都曾通过自己的远见和信誉启发别人相信他们。他们能够想别人所未想，同时有能力启发他人支持自己的想法，加入到自己的事业中去。

霍雷肖·阿尔杰奖同样表彰这种精神，我十分有幸于 2006 年获此殊荣。这一奖项是以 19 世纪著名通俗小说家霍雷肖·阿尔杰的名字命名的。他笔下的年轻人往往会克服困难，坚持不懈，遵循良好的道德规范，并最终取得成功。奖项的组织者是霍雷肖·阿尔杰杰出美国人协会。协会的网站上写道："我们所信奉的理念简单且强大，那就是勤奋、诚实和决心能够攻克所有障碍……协会不断教育美国的年轻人，告诉他们美国自由企业制度的前景给他们带来了经济机会和个人机遇。"该协会预测，到 2014 年底，协会将会给近 2 万名高中生提供 1 亿美元的奖学金，用以支付他们在大学期间的各种费用。

阿尔杰曾经写到过"美国梦"的实现。而这一奖项最初设立于 1947 前，目的就是消除那些认为"美国梦"正在消失的年轻人的顾虑。显而易见，战后美国经济繁荣，崛起成为超级大国，对"美国梦"抱有怀疑的想法在那时是错误的，在今天也是如此。我们国家富有远见的奠基者和领导人创建并发展了自由市场资本主义制度，它帮助人们摆脱

---

① Ernest and Julio Gallo，美国嘉露酒庄的创始人。嘉露酒庄(E. &J. Gallo Winery)创立于 1933 年，是全世界最大的家族经营式酒庄，也是按销量计全球最大规模的酒庄。

② Tom Selleck，美国电影演员和制片人。为中国观众所熟知的是《老友记》中的"理查"。

③ Steve Wynn，美国商业巨头。

贫困，促进个人自由。今天，世界各国最优秀、最聪明的学生都争先恐后地来到美国，进入美国的大学，申请成为美国公民，在世界第一大经济体中寻找机遇。

相比其他制度，这一制度也创造了更多的财富——财富使每一代人都在变得越来越慷慨。

我也为我 70 年前加入了另一个组织——美国童子军而感到骄傲。作为威斯康星州门罗镇的孩子，我加入了 114 军。童子军的任务培育了我的性格，培养了我负责任的公民意识和健康的体魄。童子军塑造了我，奠定了我人生的基石。在这些方面，童子军给予我的帮助和其他团体一样多，直到现在我依然可以背诵出童子军的律条："值得信赖，忠诚可靠，乐于助人，为人友善，谦恭有礼，平易近人，服从命令，乐观豁达，勤俭节约，勇敢无畏，整洁纯朴，虔诚恭敬。"年幼男孩的组织——幼子童子军纲领传授 12 条"核心价值观"来强化这样的信条，包括真诚合作（"乐于助人，善于同他人合作，朝着共同目标努力"）、态度积极（"乐观向上，下定决心找寻最佳方案"）和机智果敢（"高效使用人力及其他资源"）等。在本书第九章中，你可以读到贾斯汀·贡萨尔维斯的故事，从中可以了解到参加童子军怎样帮助一个男孩走向领导者之路。贡萨尔维斯参与鹰级童子军任务，开始为轮椅基金会募集资金。H. 罗斯·佩罗、山姆·沃尔顿、比尔·盖茨和其他许多杰出的商界领袖都曾是童子军成员；约翰·F·肯尼迪总统以及杰拉尔德·福特总统也参加过童子军（比尔·克林顿总统、乔治·W·布什总统和巴拉克·奥巴马总统曾是幼子童子军成员）。

2012 年，近一半国会成员曾经是童子军成员或者童子军志愿者。棒球巨星汉克·阿伦曾是童子军成员，威廉姆·德弗里斯博士也是，他做了世界上首例心脏移植手术，还有影星吉米·斯图尔特也曾参加过童子军（他曾说"我不愿用任何东西交换我在童子军的经历"）。自童子军 1910 年创立以来，超过 1 亿男孩和少年曾参与其中，他们还得到了超过 3000 万成年志愿者的支持。

其他著名的青年组织包括女童子军、青年成就组织、四健会、美国未来农民协会、男孩和女孩俱乐部等。这些组织基本都在做着同样的事情——在孩子们的成长过程中，给他们提供积极指导和课外活动，教给他们良好的核心价值观念，这些观念可以帮助他们认识到自己的全部潜能，让他们成为有责任、有成效、有爱心的成年人和公民。这些价值观念对于当代和未来的年轻人会是同样重要、有意义和强大的，正如它们曾给我们这代人和我本人产生的影响一样。而且我找不到任何理由不去把这些观念推广给今天各地的青年人们，无论他们是不是美国人。作为世界公民，我们都应该尝试去教授这些价值观，并在每天的生活中践行它。

我相信我的领导力学院能吸收所有这些组织的优势，并通过与“国家历史日”、“环球自然日”和其他活动的联系，变得更加高效。我相信我的学院能够做得“更多、更好、更加与众不同”。我希望我的项目能够一直关注初高中学生，以便与成就学会等其他组织区别开来，那些组织更关注研究生。我希望领导力学院每年向“国家历史日”和“环球自然日”比赛的获奖者提供领导力培训高级课程，向优异的男童子军、女童子军、青年成就者、美国未来农民协会会员提供培训课程；同时也向从轮椅协会获得轮椅的年轻残疾人提供课程——他们因为得到轮椅而能够上学并成绩优异；而对于全世界其他取得成就或者有突出优点的学生，我们也会教授同样的课程。这一项目可以从博物馆和“环球自然日”开始，孩子们通过参与竞争、获得奖励而赢得进入学院的机会。授课教师可能是参与过额外培训的校长领导力学院的毕业生，有些课程可以在大学校园开设。

为了完成这种使命，领导力学院可以开发课程，让美国、中国以及全世界的学校用来在他们的教室里教授领导技巧。我们可以提供书籍、训练材料和其他出版物——包括领导能力项目指南，指南中会有以项目为基础的学习内容。

对于最有希望的学生，我们要每年为他们举办一次“贝林学者”会议。在这一年轻领导者峰会上，学生们可以同当今世界各行各业的领袖——商界、政界、教育界、科学界、艺术界、娱乐界、体育界、宗教界和慈善领域的领军人物们——会面、交谈、学习并获得启发。当今的这些领军人物取得成功的原因是他们“用心经营自己的事业”。他们会讲述自己的人生、自己追求的目标和获得领导能力的途径。在聚会上，他们中的每一个人都可以发表正式演讲，也会同孩子们自由地进行一对一交谈。我们会邀请顶级公司为这一声名远播的活动提供企业赞助，也许还会帮助我们为年轻的领导者创立特殊奖项、奖学金、交换项目和实习机会。我们相信这一努力一定会得到学生家长的大力支持——究竟会有多少父母为他们的子女进入领导力学院学习、接受训练，以便将来成为世界的领导者而感到骄傲呢？每一位父母都会！而且参与活动的孩子们和领军人物们都能得到交流联系的绝佳机会——过去，成就学会和霍雷肖·阿尔杰学会就让我结识了原本不可能在其他场合见到的人士。我坚信参加这一活动的学生们也会有同样的感觉。你们可以在活动中结识朋友，并一直保持朋友关系，你们可以帮助彼此实现人生路上的伟大成就。

年轻的参与者可以找到人生导师，而年纪大的参与者就可以充当导师。我的学院会将导师项目作为特色项目之一，以此充实更为体系化的项目以及学员间相互学习的经历，使孩子们能够在我们的活动中通过彼此交流而获得经验。我的成长过程中并没有得到很多导师的帮助。当然，我并不觉得自己因此而处于极大的劣势之中，我觉得这也许让我更加独立和自强。这种经历给了我更强的自信心以及对自我能力的认可。但是，当我回顾过去 70 年自己一个人努力工作的经历时，当我将慈善事业推广到年轻人的项目当中时，我就忍不住会想，如果年轻时的我能够不时得到商界前辈和有识之士的指导和鼓励，我的人生旅途可能会受益匪浅，他们也许可以帮助我避免许多失误。

我很庆幸，我并没有错过所有的导师。在劳德代尔堡，开发商吉姆·亨特告诉我：“永远不要让你的两只手同时离开你赖以安身立命的东西。”我做慈善活动方面的导师之一是西班牙的胡安·卡洛斯国王，他成了我的好朋友并把我引见给许多人。在关于世界问题以及如何构建更为和平友好的世界方面，他带给我一些深刻见解。我也十分荣幸能够见到纳尔逊·曼德拉、前法国总统瓦勒里·季斯卡·德斯坦、米哈伊尔·戈尔巴乔夫和其他领导人，并从他们身上获取教益。他们展现出领袖人物的一些必备品质，也展示了如何应对能够改变你人生以及整个世界的事件，这些都深深地影响了我。

我从某些领导人身上看到了这样一种品质：许多人白手起家却成了大人物。我成长于大萧条时期，家境贫寒。我相信那段经历给了我动力——比我的家人、朋友和商业伙伴给我的动力都要多。我想要逃离那样的生活，永远都不要回去。因此，我的童年经历让我如饥似渴地盼望能够取得个人和经济上的成功。我比其他人更努力地工作，冒着更大的风险，因为我一穷二白，无可损失——最终我收到了回报。我的贫穷经历成就了我，艰苦的生活经历也许会是走向成功的最佳路径……

但是有一点，我从没觉得自己是特殊人物。我担心我们今天的特权文化会损伤某些人——以及我们整个国家的——发展和成功。我所说的并非临时救助，临时救助可能会在短期内帮助到那些失业者以及运气不佳的人——使他们恢复信心，重新自立，重整精神。我所说的也不是给予精神或生理残障人士以及老年人的法定援助，例如社会保险，大多数老年人在其有收入时都交纳了保险金。我并不是说，我们应该残酷或者冷漠地对待那些真正无助或有需求的邻居。我所谈论的是那些源源不断的政府福利——政府援助政策和项目，它们长期给予健全人资金和救济——这是一种施舍，会使健全人懒于去做本分的工作。我特别为那些利用这一制度——从辛勤劳动的纳税人身上获益——的人们感到担心，因为他们不想工作。当他们因为懒惰，没有动力或者出于高不成、低不就的想法而不去工作时，这已经够糟糕了。而当特殊的保障政策无意识地摧毁了一个人内在的工作欲、求胜欲——渴望和火焰时，事情就会变得更加糟糕。而且这种特权保障并不一定来自于政府——它可以是其他施舍物或者家族遗产。正如那些吸毒者声称尝试一次并不会使他们上瘾一样，健全的人也会沉溺于接受施舍救济，不再努力。

有些领导者相信一种更高的力量会帮助他们成功。我就是如此。我曾见过两位宗教领袖——教皇约翰－保罗二世和希腊东正教普世牧首巴塞洛缪，当然，他们都信奉上帝。许多获赠轮椅的人都对我说，他们感谢上帝给了他们这些礼物。我不确定这种更高的力量是否就是上帝，但我深信如此。随着我的人生不断前行，我越来越深信有一种更高的力量正在看着我，为我指出新的机遇，或许甚至可以说是让我活着，努力工作，除此之外，我没法对我人生中的一些重大事件找到合理解释。我开始有这种感觉是在威斯康星州长大的时候，年轻的我和死亡擦肩而过——还记得我 10 岁时曾被车撞到，差点没命吗？还记得我 26 岁时，小船爆炸，差点将我炸死吗？是不是有守护天使一直在看着我？后来，我也曾几次从非洲狩猎之旅中侥幸脱险。最近，由于我年事已高，我曾因健康问题而住院治疗，有一次我甚至陷入昏迷……但是每一次我都活了下来，回到正常生活中，甚至在商业和慈善领域又获得了更多的机遇，一扇又一扇机会之门为我打开。例如，一方面，在中国，我开始把动物标本捐赠给一些自然历史博物馆；另一方面，如大家所知，我和我的团队一同创立了“环球自然日”，帮助人们在这些关于自然世界的项目中培养批判性研究、分析和思考的技巧。未来的领导人需要这些技能来保护和拯救我们的地球。我只能这样总结，这种更高的力量一直在帮助我，让我充满活力，使我朝着目标不断前进。我接受了这些恩赐，并且很早以前就下定决心，绝不荒废。我并非宣扬某一特定的宗教——我并不觉得自己是一个特别信奉宗教的人，而且我也没有证据证明确实存在一种更高的力量。但我奉劝人们，无论老幼，都要以开放的思想去对待它，相信人生中的某些事情之所以发生，绝非巧合。如果一个机会摆在眼前，你无从解释，也许你不必耗费很多时间去探寻其来源，也许你要做的只是去接受它并展开行动。这就是我所学到的。

不管机遇从何而来，我遇到的幸运之一就是获得了巨大的商业成功。现在我已将个人财富的很大一部分投入到我的环球健康与教育基金会中，来继续资助那些能传递我的远见、使命和人生意义的慈善项目。我创业之初是一位企业家，我以持有人或是运营公司的形式，先是涉足汽车行业，后又转入房地产和体育行业，我创造了大量资产和收入。几十年来我一直都在从事运营和管理，在出售了橄榄球队之后，我开始让资产多样化。我不只投资股票，还投资私募基金和并购基金，这些基金收购了汉堡王、邓肯甜甜圈和赫兹租赁等公司。我的投资伙伴包括其他成功人士，也包括一些养老基金和基于特定使命的捐赠项目，这些基金和捐赠项目为退休人员或其他重要事业寻求资金。我一直是一个勤奋的投资者，精打细算，建立了一个健全的投资组合。我每周工作七天，为的就是能找到最好的投资方式，来为我所坚信的事业提供持续的捐赠。我最终购买了彭博金融终端，甚至买了一个苹果手机（我的孙子、孙女们对此印象深刻）来帮助我做调查。每个工作日的凌晨 3 点，我在加利福尼亚醒来，查看位于三个时区以外的纽约金融咨询网络，为我的交易日作准备。于是，我的捐赠基金就包括了知名品牌的跨国大企业的股票、资产和收入。还记得我捐赠给上海科技馆的蜘蛛展品吗？哦，现在我也投资了金融工具来分散投资，我们的金融工具就取名为“蜘蛛”，因为这些工具可以触及许多个遍布全球，而且我相信在未来几年一定会发展和繁荣——的公司和产业。我希望能从利息、红利和资本增值中为我的事业获取源源不断的资金。

我的事业从根本上来说是尝试去助他人一臂之力，帮助他们提升自我。这种帮助可能是给予残疾人一辆轮椅，这样他们就能够重返校园，重返工作，自主创业——这样他们就可以成为自己家庭和社区中有建设性的一员；可能是通过一个大学研究生项目，帮助老师们提高所在社区的教学质量；也可能是博物馆的一次展览，启发孩子们更多地了解自然世界，参与到拯救自然的行动中来，比如把塑料瓶废物回收利用；还可能是举办一场历史研究项目竞赛，激发学生们的兴趣，帮助他们学习历史和领导力课程。

但这项事业是从愿望开始的——接下来发生的一切都要依赖于此。如果接受者没有强烈的愿望，不管是我的赠与还是他人的赠与，都不能让他们借此成就伟大的事业。我希望这些礼物至少能够帮助培养更好的世界公民，他们参透人生，知晓万事万物，这样的人们至少可以成为更好的管理者和守护者，来捍卫自己的自由和机会，捍卫家庭和社区，捍卫环境和我们的星球。我的事业需要我超越不断重复的人生、政治和经济的循环，去创造一个崭新的、截然不同的循环——一个可持续的、令人振奋的给予与服务的循环。我希望成为点燃这一循环的火花：通过我灵活机敏、独立思辨的天赋，或者通过知识与学习，以及见证可以成为此的一切——它可以带来的愉悦以及它所能作出的改变——让其他人愿意做更多，给予更多。接受者会渴望成为给予者——既然他们已经过得更好，他们会转过身，帮助那些处在烦恼、痛苦、疾病之中或者急需救助的人。

这是一个让世界更美好的循环。

学会回报是领导力课程最重要的一节——也许是获得领导力的旅程中最为重要的第一步。在这一群人——这群有人生目标的人中，领袖将会诞生。我将尽我所能找到其中有领导才能的人并帮助他们成长，帮助年轻人找到他们潜在的领导才能，培育他们，直到他们准备好向历史上的杰出领袖人物看齐。

像妮娜、乔什、戴夫以及洪宇晨、祝东昊、顾淳恺、郭睿和露丝这样的人，将被召集到罗斯福总统所描述的舞台上，勇于奋斗，敢于梦想，他们不会畏惧宏大的构想和事业，被击倒时会勇敢地站起来。他们会是那些无私服务世界的人，那些使我们的世界洁净、健康、和平而又繁荣的人，那些为了所有人而让地球变得更美好的人。

我们需要他们。

我们把希望寄托在他们身上。
让我们行动起来吧！

1974年，帕特和我为我们儿子就学的佛罗里达州潘凯斯特中学设立教师奖。由此开启了我的支持教育之路。

我的第二个重大教育项目——2000年，我捐资成立了加利福尼亚大学伯克利分校校长领导力学院。

校长领导力学院有超过400位校友，他们都在尽其所能提高加利福尼亚的教育质量。（加州大学伯克利分校供图）

妮娜·达马托少校和我：9•11 恐怖袭击事件后，美国控制了阿富汗，海军陆战队派妮娜·达马托少校重建阿富汗学校。她曾经是一名教师和贝林校长领导力学院的毕业生。（加州大学伯克利分校供图）

图为达马托少校在她重建的一所阿富汗学校里。

2009 年，帕特和我开始支持“国家历史日”。这是一个以项目为基础的竞赛活动，旨在帮助全美初高中学生学习历史知识。

孩子们都喜欢“国家历史日”竞赛。由我赞助的总决赛在马里兰大学举办。（“国家历史日”供图）

部分“国家历史日”参赛者参加展览组比赛。图为马里兰大学总决赛的部分展品。（“国家历史日”供图）

学生们也可以参与表演组的比赛，在其中扮演见证历史事件的人物。（“国家历史日”供图）

我特别享受为“国家历史日”获胜者颁发奖牌和奖品，并与富有活力的参赛者以及他们的老师、导师和父母见面。（“国家历史日”供图）

2011 年，“国家历史日”执行总监凯西·高恩博士从巴拉克·奥巴马总统手中接过国家人文奖章。（美国国家人文基金会供图）

你是否觉得中国孩子也会为研究项目激动万分呢？

“国家历史日”在美国取得了如此大的成功，我们将其作为典范，借鉴到作为自然科学领域项目为基础的竞赛中，即“环球自然日”。2012 年，“环球自然日”在中国启动。

北京博物馆和教育界官员一同在北京自然博物馆庆祝“环球自然日”启动。

我的好友——上海科技馆和上海科普教育发展基金会董事长左焕琛女士和我以及其他官员一同出席了“环球自然日”的上海启动仪式。

天津的孩子们对“环球自然日”感到兴奋。

我在“环球自然日”上海预赛时特别激动！

同美国的“国家历史日”参赛者一样，“环球自然日”参赛者也举办展览，在严格的评委面前进行答辩。照片上的两个女孩进行了关于瓢虫的研究。

学生们也可以通过表演展示他们的研究成果。他们的表演也需要面对评委的评判。

孩子们一头扎进展
览、展示和表演中！

这正是我想看到的——年轻人用心研究如何控制污染。

在 2012 年“环球自然日”上海总决赛上，一些当地官员和我一起担任裁判。

我和获胜者一同站在台上。优胜者赢得了“肯尼斯·尤金·贝林发现之旅”，他们将赴美国游览加利福尼亚州的旧金山、华盛顿特区和迪士尼乐园。

我喜欢给选手颁发奖牌和奖品。

我还资助了许多非营利性项目。我的中国团队中的一名成员和上海强生公司员工共同促进了一个学生辅导计划的发展。学生辅导将成为贝林领袖学院重要的组成部分。

我赞助过扫盲项目。图为2011年我在南非发放图书。

我和狮子会一同合作，为全世界有视力障碍的人群提供免费的白内障手术。在沃尔特斯家族的支持下，我们于2010年在墨西哥蒙特雷市建立了手术室。

我的“安全饮用水”项目正在中国试点安装清洁水处理技术。

环球健康与教育基金会——领袖不分老幼

在北京，秦芳和她的女儿赵小溪都是自然博物馆的领导者，在那里她们向参观动物展览的孩子和家长作导览讲解。她们扮成狮子（秦芳是雌狮，赵小溪是她的幼崽），在展览上给观众们极大的启发。她们非常喜欢动物，甚至到肯尼亚的一处自然保护区旅行，亲眼见证野生动物。

郭睿来自上海，因为参与“环球自然日”活动，并在我们的中国办公室提供志愿服务，他正走在成为领导者的路上。

“国家历史日”参赛者格蕾琴·莫尔在她所居住的爱荷华州社区举办并领导饥饿峰会，帮助对抗世界饥饿。

图为 2012 年的“环球自然日”获胜者齐聚华盛顿特区国家自然历史博物馆。这是他们“发现之旅”中的一站。他们中会产生未来中国的领导者。

洪宇晨在“发现之旅”途中。她在2012年“环球自然日”国际组中获得了第一名。她的项目是关于濒危的北京雨燕的。她创立了一个基金会来保护雨燕。

戴夫·塔卡尔来自加利福尼亚州弗里蒙特市，他站在位于史密森国立美国历史博物馆的美国总统展模拟总统讲台上。他希望成为美国总统。如果他当选，他很可能是第一位父母来自印度的美国总统。我很高兴这次展览有助于教育和启发未来的领导者。

来自犹他州锡拉丘兹市的布莱恩和布兰迪·斯莱格尔夫妇来到华盛顿特区，带他们的两个孩子伊桑和布鲁克琳观看我在史密森赞助的军事展览“自由的代价”。这对父母希望展览能有助于孩子们学习领导力和其他课程。

来自加利福尼亚州奥克兰市的瓦尔和贝利亚·努内斯是世界轮椅基金会志愿者中的领导者。图为他们正在向摩洛哥运送轮椅。他们也帮助我们募集资金。

加利福尼亚州建伍镇望风岭酿酒厂的老板戈登·霍尔姆也是轮椅协会的志愿者。图为他在加纳帮助残疾人。

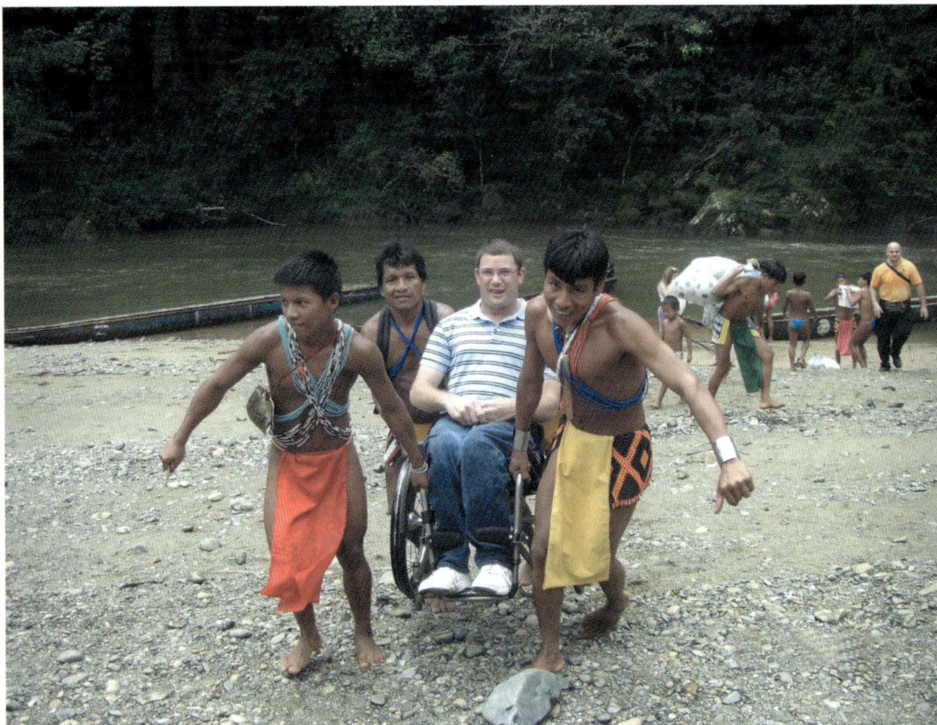

有多少领导者会这样做？轮椅协会志愿者乔什·劳斯本身就借助轮椅行动，他因脑瘫致残。2009 年，在巴拿马当地人的运送下，他来到一个偏远的小村庄发放轮椅，村庄位于丛林之中，只有独木舟可以到达。挚爱他的父亲在每一次分发轮椅时都陪伴他左右，他们以发放轮椅募集资金。

这些领导者——这些世界公民——这些有人生目标的人，他们的故事感染了我。我希望能留下这些故事并希望我们所坚信的事业得以持续。这就是我积极管理投资，以保证我的慈善事业得以持续的原因。

我一生因慈善事业获得很多荣誉。2002 年，杨•伯明翰大学授予我人文学科荣誉博士学位。

我是天津及中国其他一些城市的荣誉市民。

我还被授予许多其他称号和奖励。

但是我得到的最大回报是在促进健康、教育和行动能力方面找到了目标——并且寻找我们世界未来的领导者。

Epilogue

后　记
寻找人生的意义

生命的意义就在追寻生命的意义。

——[美]罗伯特·伯恩

2012年10月，北京“环球自然日”竞赛期间，我们收到了洪宇晨的妈妈写来的一封信。宇晨的项目是关于濒危的北京雨燕的，她创立了自己的基金会来保护雨燕。信的内容如下：

> 我非常感谢您让宇晨参与到“环球自然日”活动中，并在每一个环节给予她帮助。“环球自然日”给那些有好奇心、有想法的孩子们提供了一个绝佳的平台，让他们去探索自然世界的历史。宇晨在开展项目时，成功地面对情绪上的起起落落，一遍又一遍地补充和完善自己的项目。最终，她对于生物多样性的本质，对于建立健康、可持续的环境采取行动的重要性有了更为深刻的认识。最重要的是，这次参赛活动激励她超越自我，探寻自己的发

展道路。“环球自然日”让她产生了成立雨燕行动基金会的想法和意愿。这样她可以为自己密切关注的问题作出更加长远的规划和努力。

此致

敬礼

刘彤，洪宇晨的母亲

我常常收到这样的信件、留言和电子邮件。它们让我更加坚定自己的人生目标、明确我所选择的道路，让我更努力地工作，成为一个卓越的领导者。

那么怎样找到自己的人生意义呢？非常简单：敞开心扉，倾听心灵的声音。这并不困难。现在就尝试一下：你心中能否感觉到自己的人生中缺失了什么？你是否感到人生不圆满？你是否得到了你想要的物质财富，却依然感到不满足，依然感到不快乐？如果答案是肯定的，那么这就是一个强烈的信号，说明你还没有找到自己的人生意义——而你需要开始寻找它。我一生的大部分时间就是这样的感觉。

我不知道自己为什么要做某些事情，我只是去做了。有些事情影响到了我，而我作出反应。为了找到你的人生目标，请问问自己：“什么会影响到我？在我看到什么时，它会让我心碎？什么能触动我的神经？”然后跟随你的感觉，参与到行动中来。一旦行动起来，如果你感到了兴奋、快乐、满足，感受到了那种你从未有过的感觉，那么你就找到了自己的人生目标。

责任并非人生的目标，许多人做事情是出于责任感。在父母晚年时，我在经济上支援他们，这是因为我是他们的儿子，我有责任这样做。许多人将钱捐给慈善事业，是因为他们认为这是职责所在，是“正确的事情”，而不是因为可以从中得到快乐。这无可厚非，因为这会帮助许多慈善组织为崇高的事业募集资金。但是对我来说，这是让人感到羞愧的。我这么说并非是想去批评任何人，而是试图去激励他人不要只盯着自己的需求，做慈善要源自自己无私的服务意识——这是我几乎用尽一生去完成的。有一天我发现，我最大的快乐来自于给予。即使你所得到的唯一回报仅仅是自我的满足感和一点点名声，但是知道别人因你的努力而过得更好，这种感觉是无可比拟的。我最大的遗憾就是我用了大半生的时间才领悟到这个道理。

对我来说，找到真正的满足感十分不易，因为我从不满足。在我们帮助的每一个人身后，还有数百万人急需帮助。我看到亿万双手举起来寻求帮助，数十亿人寻求更强的领导力。我希望我能留下的真正遗产，是让更多人帮助他人，是让更多的领导者涌现出来。那样，在我离开之后，我的事业仍然后继有人，我所做的一切才不会成为徒劳。

我明白了人生的意义始于我把轮椅送给罗马尼亚的一位残疾人，接着我开始憧憬各种可能。现在，十多年以后，在轮椅基金会的基础上，一个更大的人道主义组织诞生了，它就是环球健康与教育基金会，它的目标更为远大：提高全世界人民的健康和教育水平以及行动能力，在这一过程中，帮我们脆弱但是充满希望的星球寻找和培养下一代领导人。为了促进环球健康和教育基金会的发展，我将自己的大量资产投入其中，我相信，在其他捐赠者和组织的帮助下——当然，更重要的是在世界各地普通人的支持下，只要人类需要这一基金会，它就能够持续下去。

我喜欢自己创造的这种生活。在我本人以及其他世人的眼中，我获得了极大的物质财富，实现了威斯康星州那个穷孩子的终极梦想。我拥有了自己的私人飞机、橄榄球队、一艘大游艇、几座大房子，还收藏了一系列棒极了的老爷车，我环游了世界，并和许多名人有交往。我觉得我确实很富有。

但事实上，对于我的人生，我从未感觉到多么有成就感或者满足感。我的人生缺少一些很重要的东西。现在我明白了，我并不知道贫穷是什么——我也不知道富裕是什么。在我自己寻求人生意义和领导力的道路上，我学到了把希望、自由和尊严给予世界上那些最贫穷、最不幸、被人们所遗忘的人，学会了以此为乐。我经历过的最大快乐来自于为他人——尤其是那些从未奢望过你的帮助的人——做一些好事。

你不需要很富有，不需要有自己的大房子和私人飞机，你不需要旅行或者结识名人，就能为他人做一些好事。你可以先从小事做起，和我所做的一样——给一个人一辆轮椅，为一个人做出一个善意的举动，对一个人微笑……也许每月只做一次，也许只用你1%的时间，就像我曾经做过的那样，但最终也许你能帮助几百万人，谁知道呢？

在这样的目标引领下，在诸多伟大领导者的帮助下，我相信，我们可以改变世界。

Appendices

附 录

附录Ⅰ 肯尼斯·尤金·贝林的主要成就及荣誉

20 世纪 60～70 年代中期

· 1963 年 4 月 23 日，没有一位居民的佛罗里达州塔玛拉克被特许建市。今天，塔玛拉克市居民已达 6 万。

· 在佛罗里达州开发了第一个“公寓社区”，并收到了第一笔公寓融资。

· 获得特许开办两个新的银行。

· 资助佛罗里达州劳德代尔堡潘凯斯特中学的校舍建设和贝林优秀教师奖励项目。

· 获得“通用电气公司年度建设者”称号。

· 六年时间里一直是佛罗里达州最大的独家住房建设商，并且是美国十大房屋建筑商之一。

· 担任多家银行机构和其他组织的董事会成员，并成为佛罗里达州“百大高级商业领导人协会”成员。

20 世纪 70 年代至今

· 在美国加州大学伯克利分校创建艺术、科技、文化博物馆。

·在加州大学伯克利分校建立肯尼斯·尤金·贝林教育改革学院以及校长领导力学院。目前在校长领导力学院得到发展并已毕业的中小学校长以及其他教育领导人已超过400位,他们专注于城市学校的改革并为之努力。

·1992年入驻加利福尼亚州住宅建筑基金会名人堂。

·在黑鹰博物馆拥有世界上数量最多的老爷车收藏品,藏品主要为木制特型轿车。

·担任西雅图海鹰职业橄榄球队老板接近十年。

·1994年入驻旧金山湾区体育名人堂。

国际荣誉

·1991年、1995年、1997年荣登《福布斯》400位美国富豪榜。

·1989年加入成就学会并担任主席(任期五年)。

·扶轮社名人堂。

·2006年加入霍雷肖·阿尔杰杰出美国人协会。

·被华盛顿特区科学与工程基金会授予阿尔伯特·爱因斯坦半身像。

·中国残疾人基金会(中国残疾人联合会)董事会成员。

·2011年,被加州大学伯克利分校公共卫生学院授予"国际公共卫生英雄"称号。

·因致力于保护美国遗产,获华盛顿特区史密森学会颁授"詹姆斯·史密森奖"。

·华盛顿特区史密森学会的美国历史博物馆重新更名为"肯尼斯·尤金·贝林中心",华盛顿特区史密森学会的自然历史博物馆的圆形大厅被命名为"肯尼斯·尤金·贝林家族哺乳动物展馆"。

·"肯尼斯·尤金·贝林国家历史日竞赛"的主要赞助人。该竞赛每年有超过60万学生参加。

·在威斯康星州门罗镇捐资建造贝林老年人活动中心和门罗剧

院建筑群。

· 美国威斯康星大学体育运动委员会成员。

· 美国国会荣誉勋章基金会董事会成员。

· 2006 年获得“国外战争退伍军人公民奖”。

· 被意大利男孩镇慈善组织和魔鬼山医院基金会授予“年度风云人物”。

· 中国“上海市荣誉市民”。

· 因对中国自然历史和科学博物馆作出的贡献而成为中国其他 20 多个城市的“荣誉市民”。

· 青岛滨海学院名誉校长。

· 获得 2013 年度中华人民共和国友谊奖，受到李克强总理接见。

· 世界轮椅基金会创始人。迄今为止，基金会已经向全世界 150 多个国家的残疾人免费送出将近 100 万辆轮椅。

· 环球健康与教育基金会创始人。致力于在世界范围内提供清洁饮水、白内障手术、灾难援助和其他人道主义援助，包括在 2010 年海地地震后提供紧急援助，以及在中国建造多个科技博物馆与自然历史博物馆。

学术荣誉

· 2002 年获杨 · 伯明翰大学人文科学荣誉博士学位。

· 2009 年获肯尼迪大学荣誉博士学位。

· 中国深圳大学名誉教授。

· 中国山东大学名誉教授。

附录Ⅱ　项目简介

环球健康与教育基金会是一个符合501(c)3条款的非营利性组织。基金会建立在世界轮椅基金会的成功基础之上。轮椅基金会是由肯尼斯·尤金·贝林于2000年创立的一个非营利性组织，现在已成为环球健康与教育基金会的一个分支。环球健康与教育基金会致力于在有需要的地区开展并监管与健康及教育相关的援助项目，并以培养新的领导人为目标。基金会联合多家慈善机构，形成慈善网络，致力于消除因水带来的疾病，给他人以希望、行动方便和自由，并且在全球范围内扩大基础教育和经济发展机会。更多关于我们项目的信息可参见 www.ghefoundation.org。

健康

轮椅基金会，是一个创立于2000年的非营利性组织，旨在引导国际力量去关注身体残障人士的需求和能力，弘扬给予的快乐精神，缔结全球友谊，并为每一位需要轮椅的男女老幼赠送轮椅。感谢个人、企业与人道主义组织的慷慨捐赠，有了他们的捐赠，轮椅基金会才得以把希望、行动方便与自由送给那些身体残障的人士，让他们能生活得更加丰富多彩，为他们的社区多作贡献，给自己的家庭和看护者以帮助，减轻他们的负担。请浏览 www.wheelchairfoundation.org 以了解更多信息。

环球视力行动，启动于2008年，是由环球健康与教育基金会与国际狮子会共同发起的项目。其使命是在世界最贫穷的地区减轻白内障失明所带来的痛苦。这个联合项目致力于增强世人对白内障失明的认识，并通过募款来帮助人们进行手术，治愈这种可通过治疗恢复的失明。它的目标是在三年内为27.5万位患者实施白内障手术。

饮用水安全工程，是一个启动于2006年的非营利性项目。该项目在中国残疾人联合会和中国科学院的协作下，致力于解决中国农村地区饮用水的安全问题。该项目旨在通过在贫穷地区建设水净化系统以及向地方社区提供净化水的方式，消除子孙后代可能发生的与水有关的疾病和残疾。在这个项目中，环球健康与教育基金会提供可持续项目管理经验，并在开始的三年里为净化水系统及其配件提供资金支持。中国科学院提供技术支持，包括确定需要帮助的地区，分析水质，明确水处理过程并进行项目科学研究。中国残疾人联合会凭借其成熟的地方项目实践经历，负责项目的实施。

教育与博物馆

黑鹰博物馆是肯尼斯·贝林第一次投资的博物馆。这次投资让他认识到了博物馆对教育的作用。黑鹰博物馆是世界上老爷车的主要藏馆之一。你可以通过网站 www.blackhawkmu-seum.org 了解更多。肯尼斯·贝林还在中国资助了一个汽车博物馆——上海汽车博物馆。欲了解更多信息，请访问 http://www.shautocity.com/eng-lish/jcbl.htm。

华盛顿特区的史密森协会曾接受肯尼斯·贝林 1 亿美元的资助，用于举办美国历史和自然展览。2003 年，肯尼斯·尤金·贝林家族哺乳动物展馆在史密森国家自然历史博物馆开展。随后肯尼斯·贝林又资助了美国国家历史博物馆的两次展览——“美国总统：光荣的负担”和“自由的代价：战争中的美国”。为了答谢肯尼斯·尤金·贝林的捐赠，美国国家历史博物馆所在的建筑被命名为“肯尼斯·尤金·贝林中心”。欲了解更多肯尼斯·尤金·贝林在史密森协会的捐赠，请访问 http://naturalhistory.si.edu 以及 http://ameri-canhistory.si.edu。

通过环球健康与教育基金会，肯尼斯·尤金·贝林正在资助中国博物馆的动物展览。他的个人资助始于 2004 年。这一年，他向上海科技馆的一个新建蜘蛛展厅捐赠了他收集的蜘蛛标本。此后他向大连和北京的自然历史博物馆捐赠了动物标本。他不断地同中国各地的博物馆进行合作，以期通过博物馆参观经历来促进自然历史教育。关于这些项目的详细信息，请登录 http://www.ghefoundation.org/museums。

肯尼斯·贝林在2000年为加州大学伯克利分校的校长领导力学院提供了资金支持。该项目作为肯尼斯·尤金·贝林教育促进研究院的一部分，为就读伯克利分校教育学研究生部的教师提供奖学金。校长领导力学院一个在加州大学伯克利分校，一个在洛杉矶分校。它们的建立，是响应加州政府要求，为加州公立学校校长提供世界一流的管理培训，以深化教育改革事业，尤其是市区学校的改革。想要了解更多关于校长领导力学院的信息，请访问 http://gse.berkeley.edu/policy-organization-measurement-evaluation/pli。

2009年，肯尼斯·尤金·贝林和他的妻子帕特同意给"国家历史日"提供资金支持。"国家历史日"通过研究课题和地方、州以及国家级的竞赛来吸引初高中学生关注历史。每年约有60万名学生和2.5万名老师参与"国家历史日"的活动。这些活动把历史鲜活地呈献给参与者。更多关于"国家历史日"的信息，请访问 www.NHD.org。

由于"国家历史日"的成功以及肯尼斯·贝林本人对自然和自然科学的兴趣，贝林与环球健康与教育基金会在2012年启动了"环球自然日"项目。该项目以"国家历史日"为模版，鼓励青少年通过研究课题更好地认识自然世界，了解自然给人们的启示。同时，该项目也帮助青少年提高分析、批判水平以及其他能力。更多信息，请访问 www.gnhd.org。

领导力培养

除了协助把教师培育为校长的校长领导力学院之外，肯尼斯·贝林正在设计方案，以寻找年轻人并把他们培养成未来的领袖。此类机构包括贝林领导力学院以及贝林领导力研究院。请访问 www.ghefoundation. org 以了解这方面的信息与进展。

联系方式

环球健康与教育基金会
地址：3820 Blackhawk Road
Danville, California 94506 USA
美国加利福尼亚州丹维尔
黑鹰街 3820 号
邮编：94506
免费电话：(877) 378-3839
电话：(925) 736-8234
传真：(925) 648-0163
电子邮箱：info@ghefoundation. org

世界轮椅基金会
地址：3820 Blackhawk Road
Danville, California 94506 USA
美国加利福尼亚州丹维尔
黑鹰街 3820 号
邮编：94506
免费电话：(877) 378-3839
电话：(925) 736-8234
传真：(925) 648-0163
电子邮箱：info@wheelchairfoundation. org

环球健康与教育基金会中国办事处
地址：上海静安区陕西北路 600 号
10 号楼 501 室

邮编：200041
电话:021 6093 7866
传真:021 6093 7860
网址:www.wheelchairfoundation.org.cn/

附录 III　朋友与支持者

环球健康与教育基金会与许多个人、企业、团体一道致力于帮助世界各地的人们发展教育、提高健康和行动自由。对给予环球健康与教育基金会各种经济以及其他方面支持，助其完成使命的组织及个人，我们表示感谢并期待未来与他们继续合作。下面是部分组织：

扶轮社及扶轮社成员

www. rotary. org

自 2001 年以来，扶轮社、扶轮地区及扶轮社员已经赞助了数十万辆轮椅，这些轮椅已分发到世界各地的几十个国家。迄今为止，来自美国 50 个州和加拿大每一个省的扶轮社成员都参与过世界轮椅基金会的工作。肯尼斯·尤金·贝林是加利福尼亚州福斯特城扶轮社的成员之一。

耶稣基督末世圣徒教会

www. lds. org

世界轮椅基金会的使命是为身体残疾的人带去生活的希望、行动方便以及自由。基金会的第一个“全球合作伙伴”便是耶稣基督末世圣徒教会。通过帮助那些渴望过上更美好生活的人，圣徒教会的成员们正在建立一种持久且稳固的慈善传统。

中国残疾人联合会

www. cdpf. org. cn/english/about. htm

中国残疾人联合会代表着中国 6000 多万的残障人士。他们有着肢体伤残等不同的残疾。该组织的目标是促进人道主义和保护残疾人的人权，并确保残疾人平等参与社会生活，对经济增长和社会发展作出贡献，平等地享受中国的物质、文化成果。中国残联在全国大多数社区都开创了新的篇章。

中国慈善联合会

www. chinacharity. cn. net

中华人民共和国民政部

www. mca. gov. cn

中国科学院

http://english. cas. cn

加州科学院

http://www. calacademy. org/

国际狮子会

www. lionsclubs. org

奥克兰体育运动委员会

www. oaklandathletics. com

哥伦布骑士会

www. kofc. org

雪佛龙德士古公司

www. chevrontexaco. com

“全球合作伙伴”

（500 万美元以上）
肯尼斯·尤金·贝林基金会
扶轮社与扶轮社成员
耶稣基督末世圣徒教会
美国国防部
美国国务院

“创始人”

（100 万美元）
中国慈善总会
中国残疾人联合会
墨西哥电信基金会
《史密森杂志》
霍夫曼基金会
富国银行高尔夫巡回赛
世界轮椅基金会加拿大办事处
世界轮椅基金会英国办事处
世界轮椅基金会慈善酒会

“捐赠人”

（50 万美元）
Ability Through Mobility
雪佛龙股份有限公司
戈登·霍尔姆斯/劳埃德和路易斯/Streetwise 杂志
亨利·奈尔斯基金会
肯尼斯·尤金·贝林收藏

哥伦布骑士团
李罗伊·丹森信托公司
拉尔夫与贝蒂·恩格尔斯塔
莎琳·H·科朗地产
奥克兰体育社区基金

“自由支持人”

（25 万美元）
卡尔波利俱乐部
水晶大教堂全体牧师
大卫·沃尔特斯
唐·威廉姆斯和里奇·克莱恩
El Desarollo Integra
现代集团
罗恩和玛丽安妮·德赖斯巴赫/ 德赖斯巴赫企业
罗纳德·梅里特/邦德制造
国际友好城市组织

“希望给予者”

（10 万美元）
奥驰亚集团有限公司
美国犹太人联合分配委员会
摩纳哥协会“儿童救助会”
凯瑟琳·B·雷诺兹基金会
加州圣玛丽学院天主教喇沙社会行动研究所
大卫·E·贝林家族
埃德和克尔斯滕·博伊斯
埃里克·鲁德尼

墨西哥扶轮联合会
联合基金会
加油墨西哥基金会
乔治·古韦亚信托
朴熙达/微型分享现场活动
小约翰与琳达·里比罗
强生公司
天使投资联盟
凯文与贾尼斯·吉莱斯皮
玛莎·山姆·海尔泰伦迪,保罗·海尔泰伦迪及其家族
米汉家庭基金会
百万圆桌会议
撒玛利亚人的钱包
三星
塞顿学院
希德和琪琪·亨德里克斯
德沃德·诺尔斯爵士
纽约州
史蒂文·波尔科与马拉·胡可
查特罗斯基金会
塞姆纳尼基金会
托马斯·A·希诺基金会
蒂姆与凯西·埃勒
瓦尔与贝利亚·努内斯
越南健康教育与文学项目
韦恩·克拉克
世界轮椅基金会澳大利亚办事处

其他支持者

阿巴斯·I·优素福基金会
贝林子嗣基金会
克里斯托弗·里夫瘫痪患者基金会
希腊东正教教会
马耳他骑士团
美国职业棒球大联盟
美国大都会人寿保险
麦当劳叔叔之家慈善基金
沙特阿拉伯皇家基金会
西顿学院
慈善姐妹会
富国银行基金会

附录Ⅳ 我们的团队

2000 年 6 月，我发起成立了世界轮椅基金会。本基金会是一个无党派、无教派的非营利性组织，符合 501(c)3 条款的规定。此后我创建了环球健康与教育基金会，并将轮椅基金会并入其下。这里给出的是为完成我们的使命作出贡献的部分人员名单：

加州总部

安妮特·安德森，是肯尼斯·尤金·贝林的行政助理和中东地区的运营主管。安妮特·安德森曾经是贝林家族的管家和助手，在 2000 年轮椅基金会成立时她就加入了基金会。她在企业作分销、仓库和质量监控经理的经历为她在基金会工作作好了准备，因为上述职能对项目运营和货物运输十分重要。她已经参与了多次轮椅派发的活动，她认为轮椅派发活动无论对活动受众还是团队成员来说都是“一件美好的事情，一件即刻改变人生经历的体验”。安妮特·安德森的女儿塔拉也曾参与到轮椅派发活动中，她目前在基金会从事捐赠者事务的兼职工作。

大卫·贝林自 2003 年起任轮椅基金会主席。在此之前他是黑鹰汽车博物馆馆长(黑鹰汽车博物馆是史密森学会的隶属机构，是世界上拥有最好的老爷车收藏品的机构之一)。大卫在西雅图海鹰队做了五年董事长(1993～1997)，他也是(美国)全国橄榄球联盟财政委员会的成员。他毕业于普林斯顿大学和迈阿密大学法学院，大部分职业生涯都在加利福尼亚从事房屋建筑与开发。大卫作为扶轮社的成员，30 年来一直积极参与专业机构和社区服务组织的活动，并在其间担任许多组织的委员会成员。他是史密森美国国家历史博物馆和“国家历史日”的董事会成员。

杰夫·贝林是轮椅基金会特殊事务部门的主管，主要为基金会及其在世界范围内的工作"传播种子"。他也是房地产经理和总承包人，建造定制和半定制住房以及商品房和福利房。他还从事承租人改善工作。杰夫是扶轮社成员，也是加州丹维尔扶轮社保罗·哈里斯协会会员。他1980年在南卫理公会大学取得文学学士学位，主修房地产和金融。现已婚，有四个孩子。

斯蒂夫·贝金是环球健康和教育基金会主席和董事会成员，轮椅基金会董事会成员，也是我在慈善方面的主要顾问之一，是我合作了40多年的长期生意伙伴。斯蒂夫是贝林集团股份有限公司和黑鹰集团公司的现任主席。他在黑鹰的工作为我们成为最好的地产开发公司奠定了基础。此后我们在加州和华盛顿州建设了多家规模大、规划完善的高尔夫社区、多层住宅、老年人活动社区、商务办公建筑、地区和街道零售中心，以及多用途建筑。他在其他非营利性组织的工作还包括担任魔鬼山医院基金会理事以及圣拉蒙吉瓦尼斯俱乐部主席。

查理·巴特菲尔德来自于一家航空公司，事业顶峰时做到了商务飞行员。查理于1992年加入我们的组织，担任西雅图海鹰队的飞行员，主要负责飞行操作以及与全世界非政府组织的国际合作事务。她与我一起乘飞机参与了我所有的人道主义活动，包括往非洲运送教育物资和衣物，往世界各地运输轮椅，以及协调与各国元首的重要会面。除此之外，她目前负责指导与我们环球健康与教育基金会合作的亚洲地区博物馆的动物标本采购工作。2012年，查理在轮椅基金会年度慈善盛典上被授予"最佳志愿者"的荣誉。

伊娃·卡尔顿于2003年加入轮椅基金会，现在是轮椅基金会第二大业务繁忙区域拉丁美洲与加勒比海地区的运营总监，负责这两个地区的所有轮椅发放事务。她主要负责通过能力建设促进捐赠人和国内合作机构的合作、项目集资、关系拓展和问题解决等方式有效地运输和分配轮椅。伊娃在塔夫斯大学弗莱彻学院取得了法律与外交硕士学位，主修谈判、冲突解决与人道主义救援。伊娃能说流利的英语、西班牙语、德语和法语。在加入轮椅基金会之前，伊娃从事美国对外援助合作署的人权发展工作，以及马萨诸塞州电信和能源部门的冲突调解工作。

蒂芙尼·卡马乔是轮椅基金会的公众教育经理。她于2002年加入基金会，协助向大众宣传世界各国对轮椅的需求以及基金会的使命。蒂芙尼负责捐赠者的咨询以及向潜在捐赠人和基金会办公室发送宣传材料。蒂芙尼认真仔细，她的这一特点在其创建个性化的捐赠营销工具和准备会议、项目以及邮寄中需要的各项事务中发挥了作用。现在她也加入到了环球健康与教育团队中以协助接下来的项目。

韩云，国际金融理财师，现为肯尼斯·尤金·贝林投资公司的首席投资经理兼环球健康与教育基金会财务总监。韩云拥有注册财务策划师的专业职称，近期又成为了二级注册金融分析师候选人。作为财富管理的专业人员，韩云在金融领域已有12年以上的工作经验。她一直与我一起致力于股票投资领域的管理工作，这包括证券组合构建、现行证券分析以及风险管理等。韩云曾在一家拥有8亿美元管理资产的注册投资管理公司担任财务顾问。在此之前，她在位于旧金山的道明宏达理财公司担任投资顾问，该公司合并后更名为美国贸易控股公司。在任职期间，她处理过超过5亿美元的高资产净值关系。她曾持有美国金融业监管局系列为6、7、9、10、63和66的许可证。她从加州大学伯克利分校获得个人财务策划证书，并获得中国某一大学的学士学位。韩云通晓汉英两种语言，热衷于周游世界。

乔尔·霍奇自2000年起便一直担任世界轮椅基金会的项目经理，同时他还致力于世界各地的环球健康与教育基金会项目。作为基金会的一名代表，乔尔走遍世界各地分发轮椅。乔尔拥有密苏里州州立大学的生物学学士学位。他曾从事过生物科技领域的工作，也曾在私人银行以及堪萨斯城的联邦储备银行工作。他与他的妻子莫莉现居住在加利福尼亚州的马林,并育有两个儿子。

格里·莱利是世界轮椅基金会的运输和物流经理。格里结束了在计算机硬件与软件支持领域的工作后,于2003年加入基金会,并负责轮椅制造和交付工作。他曾说,为了熟悉错综复杂的国际海运知识,他曾经历过一段相当艰难的学习过程。他早期掌握的一些技能和工程类专业知识在工作中派上了用场。他能够使分离的功能和数据实现统一,并能实现许多航运过程的自动化。同时,他还参与并协助完成了运输数据库的设计工作。世界轮椅基金会的使命与存在的价值就是帮助那些需要帮助的人,格里喜欢在这样的一个组织工作。

玛莎·华纳,注册会计师,是我们的财务控制师。她于2001年加入世界轮椅基金会。她与审计员密切合作,设计了会计政策和程序。玛莎曾在加州弗里蒙特市的一家公司做了九年的公共会计师,并在建筑和保险业行业做了12年的财务控制师。玛莎目前已婚,并育有两个孩子。

中国办事处

沈安琪是环球健康与教育基金会以及世界轮椅基金会中国办事处的首席代表。在中国,她已率先开展了许多的社区推广和宣传活动,如红轮椅项目和移动博物馆项目。作为“环球自然日”活动的创始人之一,她和她的团队仅用了四个月的时间策划,就成功地于2012年在中国三大城市推出了“环球自然日”活动。今天,这个活动已覆盖中国北京、上海、天津、重庆、深圳、山东、浙江、黑龙江、陕西以及美国夏威夷等多个地区,逾5000名师生参与其中。2004年加入我们之后,安琪于2006年回到上海,并在那里接手了我们的业务,包括我的业务实体、贝林集团(中国),并担任首席执行官和董事会成员。她一直在积极促成土地收购和获取使用权,并与政府以及公众保持积极的关系。她在上海东滩花园项目的销售和营销管理中发挥着重要的作用。加入贝林集团之前，安琪曾在旧金山湾区的银行业工作。安琪于2002年毕业于加州圣玛丽学院，并获得金融和经济学学位。

蒋朝勇先生于2005年加入贝林集团，目前担任项目发展总监。蒋朝勇先生是贝林集团的主要成员，主要为集团以及在中国的多个项目负责业务开发、土地并购、法律支持以及财务管理等方面的工作。在加入贝林集团之间，蒋朝勇先生曾在普华永道、安达信以及安永等国际会计师事务所工作，在项目并购、评估以及审计方面有着六年以上的专业经验。蒋朝勇先生毕业于复旦大学，1999年获得中国注册会计师资格。

蔡永康(Christopher Choy)是环球健康与教育基金会的国际发展和合作总监。同时他也是"环球自然日"的创始人之一，担任该项目的国际执行总监。在加入基金会之前，他在清华大学附属中学担任学生活动主任。蔡永康先生毕业于加州圣玛丽学院，拥有哲学学士学位，之后，他又获得了圣约翰学院西方哲学和文学的双硕士学位。

陈天，2010年加入环球健康与教育基金会中国代表处，任"环球自然日"项目中国区总监及基金会在华所设NGO上海育拓青少年发展中心法人代表，主要负责项目策划及执行，以及基金会公共关系管理。他的专业为酒店管理和国际经济。他一贯以专业服务意识和先进的商业理念规划和服务项目。此外，他还是一名资深的公益人士，担任上海多个区县的青联委员，曾荣获第八届中国青年志愿者优秀个人特别奖，以及上海市五四青年奖章。

李晶，2005年夏天加入环球健康与教育基金会中国代表处。作为负责轮椅捐赠项目的项目经理，她主要负责轮椅订单操作、轮椅捐赠仪式安排、轮椅质量监控及政府关系维护。2011年春天，她开始负责博物馆项目，主要工作包括：动物标本的进出口操作，动物标本展览的设计陈列工作以及与博物馆、政府部门的关系维护。她就读于上海交通大学金融学专业，并在2003年获得了经济学学士学位。她热爱她的工作，因为“给予比获取更快乐”。

陆翠英女士，2009 年加入环球健康与教育基金会中国代表处，担任人事及财务经理，全面负责中国代表处行政、人事以及财务管理方面的工作。陆翠英女士主修会计及财务管理专业，在加入世界轮椅基金会之前，其在商业、工业和咨询服务业都曾涉足相关财务工作，积累了丰富的财务实践和管理经验，具备会计师及经济师资格，曾被交大职业培训学校聘为教师，指导过逾 60 名初级学员取得了会计专业的资格证书。如今，陆翠英女士将继续用其丰富专业的职业技能更好、更有效地为环球健康与教育基金会服务。

黄嘉异，2012 年加入环球健康与教育基金会中国代表处，任项目主任一职，主要负责网络、多媒体以及项目规划管理。大学毕业后曾在一家国企工作；因在大学期间热衷于志愿者服务，故在 2 年后放弃国企高薪，于 2011 年正式进入公益圈。他热心公益，乐于助人，喜欢挑战自我、寻找自我价值，以自己力所能及的事情来改变世界。

李嫣琪，2013 年夏天加入环球健康与教育基金会，担任项目主任，主要负责项目数据分析、研究及媒体事务。她毕业于复旦大学社会工作学系，获学士及硕士学位。在校期间，曾在欧莱雅、麦肯锡、上海儿童医学中心等多家企事业单位有过实习经历。在加入基金会前，她曾在国内知名的建筑设计公司担任战略发展分析师。能够结合所长，从事公益事业，让她每一天的工作都充满了动力。

郁梅，2012 年加入环球健康与教育基金会中国代表处，任项目专员，主要负责项目推进、项目事务协调、志愿者管理及社会组织关系维护。她 2005 年正式开始工作，先后在浦兴社区、上海益优青年服务中心工作，具有丰富的社区服务、志愿者管理、项目策划以及事务协调经验。她先后获得“圆梦接力看世博优秀工作者”、“2011 年度浦东新区优秀少先队辅导员”、“浦东新区第二届‘十佳’自强模范”等荣誉。她十分热爱她所从事的工作，因为她可以帮助许许多多十分需要帮助的人。

余晓燕，2013 年加入环球健康与教育基金会中国代表处，担任出纳会计，主要负责日常银行事务、企业季度预算和财务报表，参与企业年度审计、年检以及税务汇算清缴。她毕业于华东理工大学工商管理专业，获得管理学学士学位。毕业后在一家国企从事财务工作七年。她十分热爱她所从事的工作，因为这可以使她从中学习进步，并帮助到很多需要帮助的人。

佛罗里达办事处

杰克·德鲁利与我在 1960 年相识。当时，他刚搬到佛罗里达州的劳德代尔堡。我当时是建筑商，而德鲁利一家正需要一处住宅。由此，我开始雇用杰克的广告公司负责贝林房地产公司的市场宣传。我搬到加州之后，杰克就一直留在佛罗里达。2000 年，已退休的杰克打电话给我，祝贺我创办了世界轮椅基金会。我想发挥杰克的聪明才智。一个月之后，由杰克负责的劳德代尔堡国际轮椅基金会北美东南办事处正式成立。杰克负责国际轮椅基金会在美国东南部、南美、中美洲以及加勒比海地区的活动。

内华达州办事处

唐·威廉姆斯是世界轮椅基金会的朋友和志愿者，负责内华达州的轮椅捐赠工作。内华达办事处已在州内捐赠了 2000 多辆轮椅。通过唐与已故内华达州商人拉尔夫·恩戈尔斯塔的朋友关系，内华达办事处还向拉尔夫的故乡北达科他州捐赠了 2100 辆轮椅。唐的专职工作是买卖老爷车，他是世界顶尖的战前经典老爷车专家。但是唐说他热爱上了我现在正在世界范围内从事的慈善活动，并会尽自己所能帮助我们，其中就包括为基金会筹集了超过 100 多万美元的资金。

国际顾问委员会

我们的顾问委员成员中包括两个我最亲密的朋友:西班牙国王胡安·卡洛斯和他的妻子索菲亚王后。他们两位都热衷于慈善事业。通过他赞助的多个基金会,卡洛斯国王个人为西班牙新技术的创新和发展提供支持,并努力促进西班牙经济、商业、科研和社会的进步,推动西班牙社会各阶层的团结统一。索菲亚王后花费了大量时间从事社会和公益活动。她是索菲亚王后基金会的执行总裁,同时还是吸毒者援助基金会、皇家信托残疾人基金会以及包括索菲亚王后高等音乐学院在内的各种文化和音乐组织的名誉主席。索菲亚王后同时参与了一些国际项目,帮助推动农村妇女事业以及针对弱势群体的小额贷款事业。